描かれた歴代天皇

▲後醍醐天皇　東京大学史料編纂所蔵模写

▲後村上天皇　大阪府守口市・来迎寺蔵

▼後亀山天皇　京都市右京区・旧嵯峨御所　大本山大覚寺蔵

◀光厳天皇　京都市右京区・常照皇寺蔵

▼光明天皇　京都市東山区・御寺泉涌寺蔵

▶後光厳天皇　東京大学史料編纂所蔵模写

◀（左ページ）後小松天皇　京都市東山区・雲龍院蔵

◀後円融天皇　京都市東山区・雲龍院蔵

▶後花園天皇
京都市上京区・大應寺蔵

聚楽第行幸図屏風　豊臣秀吉が聚楽第に後陽成天皇を迎えた、天正 16 年（1588）の聚楽第行幸の様子を描く。後陽成天皇は、白衣を着した禁裏駕輿丁たちが昇く鳳輦の中にいる。当時の行幸の様子を活写した貴重な絵画史料である　堺市博物館蔵

◀正親町天皇　京都市東山区・御寺泉涌寺蔵

▶後陽成天皇　京都市東山区・御寺泉涌寺蔵

室町・戦国 天皇列伝

後醍醐天皇から後陽成天皇まで

久水俊和
石原比伊呂 編

戎光祥出版

はしがき

後醍醐《ごだいご》・光明《こうみょう》・後陽成《ごようぜい》は頻度数８、光厳《こうごん》６、後小松《ごこまつ》５、後亀山《ごかめやま》４、正親町《おおぎまち》３、後村上《ごむらかみ》・長慶《ちょうけい》１と続き、崇光《すこう》・後光厳《ごこうごん》・後円融《ごえんゆう》・称光《しょうこう》・後花園《ごはなぞの》・後土御門《ごつちみかど》・後柏原《ごかしわばら》・後奈良《ごなら》は０。

これは、日本史選択の受験生には必須バイブルである『日本史用語集』（二〇一七年度版、山川出版社）における中世後期の天皇の掲載状況である。中世後期の天皇は半数近くが未掲載であり、八冊ある高等学校『日本史Ｂ』の内、〝どの教科書にも載っていない〟ことを意味する。

それをいうなら足利《あしかが》将軍だってと思うかもしれない。だが、足利将軍は義栄《よしひで》（十四代）以外すべて掲載されている。夭折《ようせつ》した義量《よしかず》（五代）や義勝《よしかつ》（七代）すら、複数の教科書に掲載されているのである（こうなると義栄がかわいそうに思えてくるが）。

二〇一七年には『室町幕府将軍列伝』（戎光祥出版）が発刊されて、好評を博した。鎌倉幕府や江戸幕府と比べると決して目立っているとはいえないが、それでも、「暗殺！」「くじ引き！」とヒントを出すだけで、とりあえずは答えが出てくると思われるほど、各将軍の個性は強かった。それに対し、中世後期の歴代天皇は、ヒントを出されても、なかなか正答が得られないのではなかろうか。

歴史上強烈なインパクトを残した後醍醐天皇は、誰もが認める個性派だが、それ以外はみな〝その他大勢〟の無個性という印象を抱いているかもしれない。しかし、それは誤った認識である。

中世後期、とりわけ室町時代という名称から、この時代の国家運営は室町幕府が一身に担っていた印象だが、彼ら（天皇）とて、ただ内裏《だいり》に引き籠もってお茶をすすっていたわけではない。

たしかに、近代歴史学が誕生した明治期、中世は天皇家が衰退した「暗黒時代」と称されていた。そして、皇国史観《こうこくしかん》が闊歩《かっぽ》した戦前も、近代天皇と同一的に捉えており、天皇への忠誠エピソードが国家主義的教育のツールとして用いられる程度で、具体的な中世後期の天皇の個性を描けず（もしくは描かず）にいた。戦後に学問の自由が保障されると、今度は、武家が天皇を含む公家を服従させたのが中世、という論調が目立つようになり、中世国家運営を「公家」対「武家」の構図で論じられるようになった。

しかし、近年はそのような公武対立史観とは違う、中世後期の具体的な天皇像が描かれつつある。中世後期は、決して幕府が朝廷の権限を奪取して独善的に国政を運営していたのではない。いわば、朝廷と幕府の二人三脚により国家が運営されていたという見解が有力となっている。そして朝廷では、天皇と太政官《だいじょうかん》による政務運営スタイルが室町時代においても機能しているのである。

天皇家が分裂し、激しい対立関係となったことや、頼りにならない相棒である幕府の不甲斐なさにより財政状況が困窮したことは、ごまかしようがない史実である。だが、さまざまなトラブルにも屈せずに代を重ねていったことも史実である。

また、天皇は政務に関する作法や礼節、学問に遊芸と身につけなければならない素養が多岐にわたる。歴代の天皇は、自身の個性に合わせて、それぞれの分野で足利将軍に負けないくらいのユニークさを発揮したのである。

本列伝は、かつて暗黒時代と揶揄された中世をしたたかに生き抜いた歴代天皇のドラマである。教科書において無名の中世後期の歴代天皇が躍動する姿を、気鋭の研究者の方々が見事に描ききったので、ぜひとも味読していただきたい。

なお、「列伝」には、①多くの人びとの伝記を書き並べたもの、②紀伝体の歴史で、著名な人臣の伝記を書き連ねたもの、の二つの意味があるが、本書では前者の意味で使用していることをあらかじめお断りしておく。

二〇二〇年一月

久水俊和

目次

第一部　南朝天皇列伝

第二部　北朝天皇列伝

凡例

一、本書では、南北朝期から織豊期までの南朝天皇四人、北朝天皇十三人を取り上げ、各天皇の事績や個性、武家政権との関係等をまとめた。このほか、天皇になっていないが、天皇の父となった貞成親王、次期天皇と目されながら早世してしまった誠仁親王、および南朝天皇の後胤である後南朝勢力をコラムとして取り上げた。

一、明徳三年（一三九二）に南北朝合一がなされるが、本書では便宜上、その後も「南朝天皇」「北朝天皇」の語を使用する。

一、南北朝期の年号については、南朝・北朝で別の年号を使用しているが、本書では併記はせず、南朝天皇の項目では南朝の、北朝天皇の項目では北朝の年号を使用した。

一、人名や歴史用語には適宜ルビを振った。読み方については、各種辞典類を参照したが、歴史上の用語、とりわけ人名の読み方は定まっていない場合も多く、ルビで示した読み方が確定的なものというわけではない。また、執筆者ごとに読み方が違う場合もあり、各項目のルビについては、各執筆者の見解を尊重したことをお断りしておきたい。

一、用語についても、それ自体が論点となりうるため、執筆者間で統一をしていない。

一、掲載写真のうち、クレジットを示していないものについては、戎光祥出版編集部の撮影である。

第一部　南朝天皇列伝

南朝天皇家略系図

※ゴシックは本書で立項した天皇

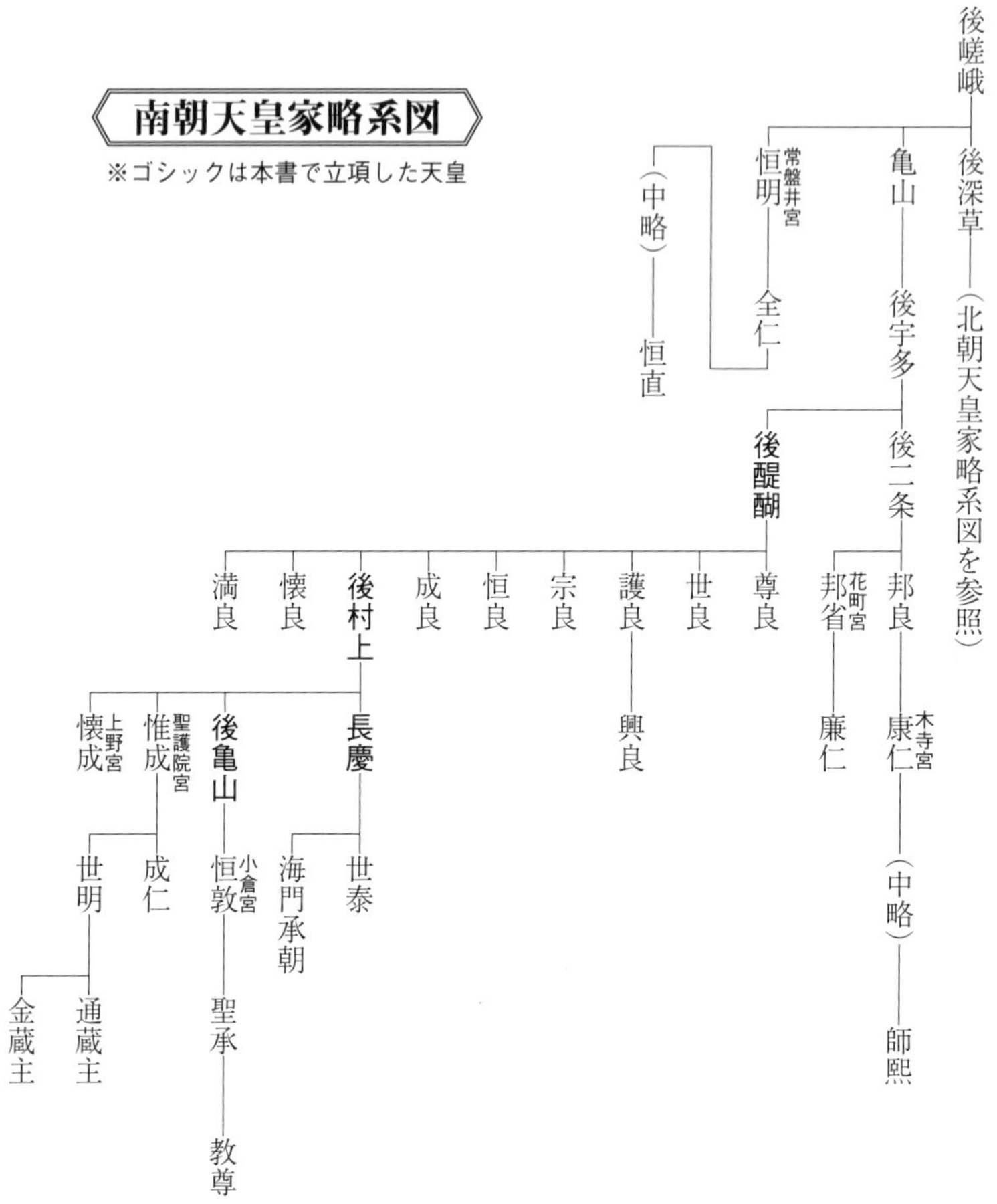

後醍醐天皇

——影響を与えた後宇多の教え

誕生　正応元年（一二八八）十一月二日
崩御　延元四年（一三三九）八月十六日

諱　尊治
父　後宇多天皇
母　五辻忠子（談天門院）

在位期間
文保二年（一三一八）二月二十六日
～延元四年（一三三九）八月十五日

陵墓　塔尾陵（奈良県吉野町大字吉野山字塔ノ尾）

はじめに――波瀾万丈な生涯

後醍醐《ごだいご》天皇の生涯は波乱万丈である。天皇在位中に鎌倉幕府の打倒を目指して、笠置城《かさぎ》（京都府笠置町）に籠もって戦うが、落城して捕らえられ、隠岐に配流《はいる》となった。だが、護良親王《もりよししんのう》や楠木正成《くすのきまさしげ》の活躍で、諸国の反幕府運動が盛り上がったため隠岐を脱出し、鎌倉幕府滅亡後、建武《けんむ》の新政《しんせい》を行った。しかし、新政は足利尊氏《あしかがたかうじ》の離反をきっかけにわずか二年半で崩壊し、足利氏に幽閉されるがまた脱出。吉野《よしの》（奈良県吉野町）に行き、南朝《なんちょう》を立ち上げ、延元四年（一三三九）八月十六日に五十二歳で病没した。

後醍醐天皇の一生は困難の連続であるが、決して諦めない不撓不屈《ふとうふくつ》の性格であった。しかし、凄まじい政治欲の持ち主で、目的のためには手段を選ばず、観念的、独裁的、謀略的（網野善彦氏）というようにマイナスのイメージで語られることも多い。では、実際はどのような人物であったのだろうか。

人格形成に一番影響するのは、若い頃の親子関係だろう。そこでここでは、父の後宇多上皇《ごうだじょうこう》との関係を中心に見ていく。後醍醐は、兄後二条《ごにじょう》の子孫に天皇を継がせようと考える後宇多と不仲であったと言われている。一方で、後醍醐の洛中《らくちゅう》支配の手法や、真言密教《しんごんみっきょう》への関わりなどで、後宇多譲りの部分が多いという指摘も出ている。それでは、当時の公家の日記などから後醍醐と後宇多の人間関係を探ってみよう。

一、尊治の誕生と親王宣下

後醍醐天皇誕生前の朝廷

朝廷を取り巻く社会情勢は、後醍醐天皇の生き方を決定付ける要素の一つである。まずは、後醍醐天皇が生まれる前の朝廷の状況を確認しておこう。

承久《じょうきゅう》の乱《らん》（承久三年〈一二二一〉）により、朝廷は危機的な状況に陥った。後鳥羽《ごとば》上皇が鎌倉幕府の北条義時《ほうじょうよしとき》を追討するために挙兵したが、後鳥羽側が敗北し、後鳥羽・順徳《じゅんとく》上皇が配流に処され、仲恭《ちゅうきょう》天皇は廃されてしまう。討幕に消極的であった土御門《つちみかど》上皇も自ら進んで配流になり、天皇家は大打撃を受けた。

乱後、後鳥羽の異母兄である後高倉院《ごたかくらいん》の皇統で朝廷の立て直しが図られたが、四条《しじょう》天皇がわずか十二歳で亡くなり、この皇統が途絶えてしまった。そこで、幕府が推薦した邦仁《くにひと》を天皇に据え、朝廷を再建することになった。邦仁は承久の乱への関与が比較的少なかった土御門上皇の子息であったため、突如白羽の矢が立ったのである。これが後嵯峨《ごさが》天皇で、後醍醐の曾祖父にあたる。後嵯峨は子息の後深《ごふか》草《くさ》・亀山《かめやま》を天皇にして、院政《いんせい》を行った。

後嵯峨が院政を開始したとき、朝廷では四条天皇の外祖父《がいそふ》であった九条道家《くじょうみちいえ》が権力をふるっていた。

道家は、鎌倉幕府将軍頼経《よりつね》の父であり、幕府と朝廷の連絡役である関東申次《かんとうもうしつぎ》を手中に収めることで、朝廷での勢力を拡大した。一方、幕府では頼経の周囲に反北条勢力が結集していた。危機感を抱いた執権北条時頼《ときより》は反北条勢力を一掃し、頼経を京都に送還する。同時に関東申次の道家も更迭され、失脚した。

このような貴族の専横を二度と起こさないように、幕府は朝廷に院を中心とした強固な政治体制を築くよう求めた。そこで後嵯峨は、幕府と相談しながら有能な公卿《くぎょう》を評定衆《ひょうじょうしゅう》に選び、その合議によって院を支える院評定制を導入し、鎌倉後期の朝廷の基盤を作り上げた。こうして、朝廷と幕府の緊密な関係は保たれ、関東申次や摂政《せっしょう》・関白《かんぱく》などの朝廷の要職は、幕府の意向を尊重しながら決定されることになった。

幕府に恩義を感じていた後嵯峨は、後継の政務担当者（治天《ちてん》）の人選も幕府に任せようと、指名せずに亡くなった。そのため、幕府は後深草・亀山の母である大宮院《おおみやいん》に生前の後嵯峨の意向を確かめ、その結果、亀山天皇が治天となり、天皇親政を行うことに決定した。その後、亀山は息子の世仁《よひと》（後宇多）に譲位し、亀山の子孫に皇位継承が限定されそうな様相になった。その状況に失望した後深草は出家しようとしたが、後深草に同情した幕府が、後深草の皇子である熙仁《ひろひと》（伏見《ふしみ》）を践祚《せんそ》させ、後深草に院政を執らせることにした。これ以後、亀山の皇統（大覚寺統《だいかくじとう》）と後深草の皇統（持明院統《じみょういんとう》）の双方から天皇を出すことが幕府の基本方針となり、鎌倉後期の朝廷はこの基本方針に縛られることになった。

異例の遅い出世

正応元年（一二八八）十一月二日に、後宇多上皇の第二皇子として尊治《たかはる》（後の後醍醐天皇）が誕生した。母は五辻忠継《いつつじただつぐ》の娘・忠子《ちゅうし》である。五辻家は中流の公家で、忠継も従三位参議《さんぎ》までしか昇進できなかった。そのため、忠子の身分は低く、後宇多が天皇に在位していたときに、典侍《てんじ》として宮仕えしていた。後宇多との間には、尊治のほか、姉の奨子《しょうし》と弟で仏門に入った承覚《しょうかく》と性円《しょうえん》を授かっている。

天皇になるための第一歩は、親王宣下を受けることである。この時期、天皇になった人は、生まれてすぐに親王宣下を受けている。後宇多の第一皇子である邦治《くにはる》（後二条）も数え年の二歳で親王になっている。しかし、尊治の親王宣下は十五歳であった。母の身分が低いことが影響し、長らく皇位と縁遠い生活を送っていたのである。その後、二十一歳で皇太子となり、三十一歳で践祚した。当時の一般的な天皇は幼児から十代前半に立太子《りったいし》し、十代のうちに天皇になっているので、後醍醐の践祚は異例の遅さであった。しかし、遅くに天皇になったからこそ、後醍醐は天皇になる前から朝廷政治の知識を蓄えることができたのである。それでは次に、後醍醐天皇の青年時代を見てみよう。

母の准后宣下と尊治の親王宣下

正安三年（一三〇一）、尊治が十四歳のときに大きな転機が訪れた。七月二十日に、母・忠子が准后《じゅごう》宣下を蒙ったのである。准后とは、太皇太后《たいこうたいごう》・皇太后《こうたいごう》・皇后《こうごう》の三后《さんこう》に準ずるものである。当時の公卿である三条《さんじょう》実躬《さねみ》の日記（『実躬卿記』）では、忠子が准后宣下を受けたことを記したあと、近年は亀山法皇が寵愛して、高倉西大炊御門南の御所に住まわせていたことが書かれている。つまり、忠子の准后宣下は亀山法皇の取り計らいによるものであった。

忠子が准后となり身分が高くなったことで、忠子の子供たちも日の目を見るようになる。忠子の准后宣下の翌年である正安四年六月十七日、尊治は親王宣下を受け、同腹の奨子も同じ日に内親王となった。皇子・皇女の待遇は母の地位により大きく左右されるものだったのである。

二、父・後宇多上皇からの愛情

祖父亀山法皇・父後宇多上皇との交流

親王宣下の翌年である嘉元元年（一三〇三）十二月二十日、尊治の成人を祝う元服が執り行われ、尊治は三品《さんぼん》の位を賜った。元服の式は後宇多の御所である万里小路殿《までのこうじどの》で行われている（『続史愚抄《ぞくしぐしょう》』）ので、後宇多の主催で行われたのだろう。翌年の三月七日、尊治は大宰帥《だざいのそち》に任命された。位も官職も得た尊治は、一人前の宮廷人として歩み出したのである。

先ほども触れた三条実躬は後宇多と同年代の公卿で、『実躬卿記』にこの時代の朝廷の様子を書いている。そこに時折、尊治親王も登場する。それによると、このころから尊治は父後宇多と行動を共にすることが多くなる。徳治二年（一三〇七）正月七日の白馬節会《あおうまのせちえ》の記事には、「現在、尊治は後宇多上皇と御同宿」とあり、尊治と後宇多が同じ御所に同居していたことがわかる。尊治の元服が後宇多の御所で行われたことと考え合わせると、元服のころから、後宇多が尊治を手元に引き取って養育することにしたのであろう。

『実躬卿記』の記事をいくつか見ていくと、嘉元三年正月六日には、後宇多が年始の御幸で亀山法皇の御所である常盤井殿《ときわいどの》に向かったが、その際、尊治も後宇多の車に同乗して行った。同年四月三日には、亀山の御所で蹴鞠《けまり》の会が行われ、後宇多・尊治が参加している。尊治が亀山を蹴鞠の観覧席まで連れてくるなど、祖父・父・尊治との仲睦まじい交流の様子がうかがえる。

後宇多院画像（法体）　東京大学史料編纂所蔵模写

亀山法皇の崩御

しかし、この後、亀山法皇は重い病気に罹ってしまった。死を覚悟した亀山は、洛中で亡くなると朝廷が混乱すると考え、七月二十一日に嵯峨の亀山殿に移った。後宇多・尊治も亀山殿に詰めて見守り、忠子も亀山殿近くの宿所に移った。亀山の容態は一進一退であったが、九月十五日に崩御となった。

亀山法皇は亀山殿に移った直後である七月二十六日に、親族や妻に対して荘園や御所などの財産分与を行っている（「亀山院《かめやまいん》凶事記《きょうじき》」、『鎌倉遺文』二九巻二二二八五号文書）。そのなかで、忠子にも彼女が住んでいた御所と荘園三ヶ所を譲り渡している。そして忠子が亡くなった後は、尊治に譲るよう遺言している。亀山は晩年に末子の恒明《つねあき》親王を授かったため、後宇多に恒明を立太子させるよう約束させるなど、恒明に愛情を注いでいたのだが、この処分状を見ると、尊治のことも気に掛けていたことがわかる。

『増鏡《ますかがみ》』の「さしぐし」では、亀山が尊治をそばに置き、かわいがって育てていたため、尊治が亀山の崩御をほかの人にも増して悲しんだと記されている。尊治が後宇多と同居する前に、亀山の許で暮らしていた時期があったのであろう。このように、祖父亀山と父後宇多が尊治を手塩にかけて育てたのである。

後宇多の尊治養育方針

さて、後宇多は尊治を手元で育てて、どのような道を歩ませようとしたのであろうか。それがうかがえるのが、嘉元三年（一三〇五）三月六日に後宇多の御所で行われた『群書治要《ぐんしょちよう》』の談義である（『園太暦《えんたいりゃく》』康永三年〈一三四四〉十月二十三日条）。この談義に後二条天皇・後宇多上皇とともに尊治も出席した。『群書治要』は、唐《とう》の太宗《たいそう》の命令で政治の要となる文章を六十八種の典籍から抜萃して編纂した政治の参考書で、帝王学の書として扱われていた。後宇多は尊治をその勉強会に参加させていることから、尊治を政治の要枢をつかさどる人物にしたかったのだろう。

また、後宇多は徳治二年（一三〇七）正月七日に尊治を白馬節会に出仕させている。このことを記した『実躬卿記』によると、親王が白馬節会に出仕する例は長い間絶えていて、儀式中の親王のふるまいがはっきりとわかる記録がなかったため、新しく作法を作り、尊治は左大臣《さだいじん》の鷹司冬平《たかつかさふゆひら》を師範として作法を習ったとある。前年の十二月二十三日には、尊治のために白馬節会の練習が後宇多の御所で行われ、その様子を後宇多が寝殿《しんでん》から見守っていた。後宇多は、親王の出仕が絶えていた行事にまで尊治を参加させ、宮中の儀礼を学ばせている。こういった経験が、『建武年中行事《けんむねんじゅうぎょうじ》』の執筆など、正しい朝廷行事を守り伝えようとする後醍醐の姿勢につながっていると考えられる。

後宇多の寵妃遊義門院と尊治親王

後宇多は、遊義門院《ゆうぎもんいん》をとりわけ寵愛していたことがよく知られている。遊義門院は後深草の皇女で、後二条天皇の准母《じゅんぼ》とされ皇后の尊称を受けた。永仁二年（一二九四）に後宇多上皇の御所に入り寵愛をこうむった。後宇多と遊義門院は連れ立って寺社に御幸《ごこう》することがよくあり、そこにしばしば尊治も同行していた（『実躬卿記』徳治元年〈一三〇六〉十一月二十四日・同二年正月十一日・十七日条など）。そのため、尊治は遊義門院とも親しく交流していたのである。

ところが、徳治二年七月、遊義門院が赤斑瘡《あかもがさ》という病気に罹ってしまった。赤斑瘡は今でいうはしかのことである。現在では、それほど心配する病ではないが、昔は死亡率が高く、たいへん怖れられた疫病であった。

『実躬卿記』には、この病に罹ってしまった遊義門院が七月二十四日に危篤となったことが書かれている。そこで、遊義門院の病気平癒を祈願するため、後宇多が尊治に石清水八幡宮《いわしみずはちまんぐう》に代参するよう命じた。ところが、尊治が参詣の準備をしている間に、遊義門院の息が絶えたという知らせが入った。それでも、尊治はあきらめきれず石清水に参ったのである。

後宇多は、最愛の人の回復を願う参拝を尊治に託した。それだけ尊治を信頼していたのである。尊治も、その思いに応えたいと思ったのだろう。

後宇多は、遊義門院の死去の翌々日に悲しみのあまり出家してしまった。

三、東宮尊治親王

尊治親王の立太子とその政治的立場

また、続いて大覚寺統にとって不幸な出来事が起こった。徳治三年（一三〇八）八月二十五日に、後二条天皇が二十四歳の若さで亡くなったのである。同時に後宇多法皇の院政も終了となり、翌日には富《とみ》仁《ひと》親王（花園《はなぞの》）が践祚し、持明院統の治世が始まった。そして、皇太子をめぐる争いが起こる。このとき、有力な候補となったのが、尊治親王と亀山が晩年に推した恒明親王である。

後二条が亡くなってから一週間ほど経った閏八月三日に、後宇多が尊治に宛てて譲状《ゆずりじょう》をしたためた（「後宇多法皇譲状案」、『鎌倉遺文』三〇巻二三三六九号文書）。これは、後宇多が管理してきた知行国・荘園群・御所等を尊治に譲り渡すものであるが、このときの尊治親王の立場を示すものとして非常に有名な文書である。

そこには、「尊治一代の後、後二条の子息である邦良親王に譲与すべし。尊治の子孫で、聡明な者や人民の難儀を救う能力のある人物は親王として朝廷に仕え、天皇を輔佐するように。」と書かれている。この文章から、後宇多は後醍醐を中継ぎで一代限りの天皇にし、後醍醐の子孫は天皇になれないよう規定したと多くの研究者が考えている。また、この規定が原因で、後宇多と後醍醐が不仲であったとも言われている。

しかし、河内《こうち》祥輔《しょうすけ》氏はまったく別の見方をしている。河内氏によると、後宇多は後醍醐の子孫が皇位継承することを容認していたという。後醍醐は単純な傍系ではなく、「皇統」をつくり、場合によっては直系となることもありうる立場にあったとしている。

河内氏がこのように考えた理由は、先ほど紹介した後宇多譲状の続きの文章にある。そこには、「（尊治の子孫の中で）古代中国の聖帝・虞舜《ぐしゅん》や、夏《か》王朝の始祖である禹《う》のように、世の人々が声をそろえて褒めたたえる人物ならば、天皇の先祖である天照大神《あまてらすおおみかみ》の神意に任せましょう。」と書かれている。前半の文と合わせてみると、「尊治の子孫で非常に優れた人物なら、親王として朝廷に仕えていれば、自然の成り行きで皇位に就くでしょう」という意味になる。これは、まさに尊治が歩んできた道そのものである。その上、邦良は病弱であったので、尊治の皇子が皇位を踏む可能性は決して少なくはない。

後宇多の考えは、まず尊治を天皇に就け、その後、基本的には後二条―邦良の皇統を優先させるが、後醍醐の子孫を皇位継承から外す意図はなかったのである。後宇多の出した条件は、決して後醍醐に対する厳しい制約ではなく、後宇多との信頼関係を築き上げてきたからこそ勝ち得た権利だったと言える。

後醍醐が一代限りの天皇と考えられているのには、もう一つ根拠がある。それが、嘉暦三年（一三二八）に持明院統の後伏見《ごふしみ》上皇が鎌倉幕府に対して出した「御事書《おんことがき》并《ならびに》目安案《めやすあん》」（宮内庁書陵部蔵）で、森茂暁氏が紹介している。これは、後醍醐を譲位させ、早く持明院統の治世とするよう、後伏見が幕府に働きかけた文書である。このなかで、「大覚寺統については、後二条院流はすでに中絶し、後醍醐は一代の主とすることが先年定められた。」と書かれている。そこから、後醍醐を「一代の主」とすることが当時広く知られていたと考えられている。

しかし、この文章には事実と異なる点がある。後二条流は中絶したとされているが、この時点で後二条の第一皇子である邦良は亡くなっていたものの、第二皇子である邦省《くにみ》親王は健在で、邦省は邦良没による皇太子の選定で候補の一人に挙げられていた。このことから、後二条流が途絶えていないことは明白である。そうすると、後醍醐を一代の主と定めたとする部分も、後伏見の曲解の可能性が高い。後伏見は自統を有利に見せるため、事実を歪めたのであろう。

ここからも、後醍醐が一代の主で、その子孫は皇位の望みを断たれたとする解釈は考え直すべきである。

東宮尊治の政治的活動①——所領の管領

徳治三年（一三〇八）九月十九日、尊治が皇太子に決定した。尊治が東宮になってから、後宇多と尊治は離れて暮らすことが多くなったようで、正和三年（一三一四）正月十八日には、後宇多が東宮尊治のもとに御幸し、翌日大覚寺に戻っている（『花園天皇宸記《しんき》』）。正和二年には、後宇多が「大覚寺殿」と呼ばれている（後伏見上皇院宣《いんぜん》案、『大日本古文書　醍醐寺文書』二、三二三頁）ことから、真言密教に傾倒した後宇多が、これ以前に本拠地を万里小路殿から大覚寺に移したのであろう。

尊治親王は、東宮時代に所領についての令旨《りょうじ》（親王の意向を受けて出される命令書）を発行している。正和二年十一月三十日、前少納言藤原冬綱《ふじわらのふゆつな》に美濃国古橋北方を播磨国矢野例名《やのれいみょう》の替地として知行するよう命じる令旨を出している（白河本東寺百合古文書八六、『相生市史』七巻六二七頁）。また、同三年七月三日には令旨で善統《よしむね》入道親王に七条院《しちじょういん》領十七ヶ所を安堵している（東寺百合文書を函一、『大日本古文書　東寺文書』六、二頁）。東宮が所領関係の令旨を出すことは極めて珍しいため、ここから後醍醐天皇の特異性を指摘したり、権力欲の表れとする説もある。

しかし、正和三年の令旨写の端裏《はしうら》に「旧院（後宇多）が隠居した後、（尊治親王が）諸御領を管理する権限を行使された時の令旨である」と書かれている。つまり、後宇多が大覚寺に隠居したため、尊治が令旨を出していたのである。尊治の令旨に出てきた所領はすべて大覚寺統が保持している所領である。徳治三年に後宇多が所領等を尊治に譲っていたが、そのときに大覚寺統が所有する所領の管理権も尊治に譲ったのだろう。尊治は後宇多に大覚寺統の所領の管理を任されたため、令旨を出したのである。これも後宇多の意向に従ったものであった。

東宮尊治の政治的活動②――公家の人事

東宮になると、公家の位階の昇進を毎年一人分申請する権利が与えられる。この制度を御給《ごきゅう》といい、東宮のほか、上皇・女院《にょいん》もこの権利を持っている。自身に仕える公家など、身近な人物の昇階を推薦する場合が多い。

【表1】に、東宮尊治の御給を受けて昇進した人物を示した。このうち、六条有忠《ろくじょうありただ》と六条季光《すえみつ》はともに六条有房《ありふさ》の子息である。六条有房は後宇多が大抜擢した人物で、有房の父は公卿（従三位参議以上）に達していないのに、後宇多が有房を大臣にまで昇進させたため、花園上皇が驚きをもって記している（『花園天皇宸記』元応元年〈一三一九〉六月晦日条）。滋野井公尚《しげのいきんなお》は滋野井実前《さねさき》の子息で、実前は後宇多院政期でのみ官職を得ている。尊治が申請したこれらの御給は、後宇多の意向に沿ったものである。

一方、後に後醍醐の近臣となる人物の名前も見える。北畠具行《きたばたけともゆき》は師行《もろゆき》の次男であるが、師行は従三位に昇ったあと、すぐに亡くなってしまっている。四条隆資《しじょうたかすけ》も父隆実《たかざね》が早世していて、出家していた祖父の隆顕《たかあき》が隆資を後見していた。父親が早くに亡くなると、子の昇進は非常に不利になる。尊治はそのような不遇な公家に目を懸けることで、自身に仕えてくれる公家を獲得しようとしたのだろう。

年 月 日	昇進した公家	位
延慶２年（1309）正月６日	六条有忠	従三位
延慶３年（1310）正月５日	北畠具行	従四位下
正和３年（1314）正月５日	滋野井公尚	従五位上
正和４年（1315）正月７日	六条季光	従五位上
文保２年（1318）正月５日	四条隆資	正五位下

表１　東宮尊治親王の御給（『公卿補任』）

尊治親王は、長く後宇多の庇護下にあったため、独自の側近を得にくい状況であった。前節で尊治が遊義門院の病気平癒祈願の代参をしたことを述べたが、そのとき三条公秀《きんひで》が尊治の供をするよう後宇多に命じられた。その際、公秀の父実躬が「尊治親王に付き従うことは望みではないが、後宇多上皇からの命令であったので拒否しなかった」と記している。このように、尊治のために働こうという公家はほとんどいなかった。尊治は、今後天皇として活動するうえで、ぜひとも側近となる人物を確保しておきたかったであろう。

このあと、北畠具行は後醍醐親政期である元亨四年（一三二四）九月二日に蔵人《くろうどの》頭《とう》に抜擢されている。四条隆資も、正中三年（一三二六）二月二十九日に蔵人頭に任命されている。蔵人頭は天皇の身近に仕え、天皇と摂関や太政官《だいじょうかん》との連絡調整を務める役で、最高機密を保持する役でもあり、まさに天皇の手足として働く重職である。

尊治は後宇多の意向に沿いながらも、一方で自身の側近となる人物を発掘しようとしていた。

四、践祚から天皇親政へ

後宇多院政期の後醍醐天皇

尊治親王は文保二年（一三一八）二月二十九日に践祚し、万里小路殿から冷泉富小路内裏《れいぜいとみのこうじだいり》に移った。後宇多法皇は大覚寺から万里小路殿に戻り、院政を執った。このときの後醍醐天皇と後宇多法皇との関係は良好だったのであろうか。

それがうかがえるのが、文保二年十二月二十九日に後醍醐が後宇多に宛てて出した書状に、後宇多が返事を書き入れて返した文書である（鹿王院《ろくおういん》文書、『鎌倉遺文』三五巻二六九一五号文書）。これは、十二月二十七日から二十九日にかけて行われた朝廷の任官行事である除目《じもく》について、連絡と相談をしたものである。それをみると、後醍醐が除目折紙という任官候補者の一覧を後宇多に見せ、後宇多がそれを承認している。後醍醐と後宇多が連絡を取り合って、政務を進めていたことがわかる。

また、その書状の追伸で、後醍醐は新関白の拝礼について後宇多に相談をしている。同年十二月六日、関白の二条道平《にじょうみちひら》が辞職した。後嵯峨院政以降、摂関などの高官の人事は、鎌倉幕府に問い合わせて決定するのが慣例になっていたので、朝廷は道平の辞職を幕府に知らせ、承認を得ようとした。そして、その返事が来るまでの間は関白を続けるようにと後醍醐が道平を留めた。しかし、道平は聞き入れず、十九日に正式に関白を辞めることになった（『公卿補任《くぎょうぶにん》』文保二年）。

その後任となったのが、新関白の一条内経《いちじょううちつね》であったが、その拝礼で問題が起こった。新関白の拝礼への出仕を承諾する公家がおらず、このままでは拝礼の儀式が行えないため、後醍醐が後宇多に相談したのである。後宇多の返事によると、後宇多のほうも三条公明《きんあきら》に出仕するよう声を掛けようとしたが参上しなかったと書いている。後醍醐は大宮季衡《おおみやすえひら》に出仕を促すべきかと後宇多に尋ね、後宇多が「必ず罷り向かうべし」と言ったらどうかとアドバイスしている。

後醍醐天皇画像　東京大学史料編纂所蔵模写

幕府が一条内経の関白任官を承認していないため、公家たちは内経の拝礼に出席するのを避けているのである。このままだと儀式が滞ってしまうので、後醍醐と後宇多は打開策を探っている。ここからも、二人で協力して朝廷を運営していこうとする姿勢がみられる。

一方で、幕府の承認なしでは、院や天皇の思うように朝廷政治が進行しないという当時の朝廷の実情もうかがえる。後醍醐が討幕を志した理由として、皇位継承問題の元凶である幕府を倒そうとしたと言われることが多いが、公家たちが幕府の意向を慮って、日常的に朝廷政治が立ち行かなくなる状況を打破したいという思いもあったと考えられる。

後宇多法皇からの政権委譲

元亨元年（一三二一）十二月九日、後宇多が鎌倉幕府に派遣した吉田定房《よしださだふさ》が京都に戻ってきた。定房は、政務を後宇多から後醍醐へ譲り渡す承認を幕府から取り付けるため、鎌倉に下ったのである。無事、幕府の同意を得られたため、この日から後宇多法皇が院政を停止し、後醍醐天皇の親政が始まった（『花園天皇宸記』）。『増鏡』の「秋のみ山」では、仏道に専念したい後宇多が自発的に政務を後醍醐に譲ったことが書かれている。それにもかかわらず、政治権力を握ろうとする後醍醐が、後宇多に政務を辞めるよう強制したと考える人が多くいる。しかし、ここはやはり、『増鏡』に書かれている状況が真実なのではないだろうか。

これ以前に、後宇多は所領の管理を後醍醐に任せていたので、ここで政務を任せるのはごく自然な流れであろう。また、後宇多は後二条天皇にも政務を譲ろうとした形跡がある。遊義門院の死没により後宇多が出家した際、政治のことは後二条天皇が取り計らうようにしたいと後宇多が幕府に仰せられたという噂があった（『実躬卿記』徳治二年七月二十六日条）。後二条天皇は翌年に亡くなっているため、この政権委譲は実現しなかったと思われるが、後宇多が政務から離れたいという意志を早くから持っていた可能性が高い。

春宮邦良親王との関係

後醍醐の践祚後、後宇多の思惑通り邦良親王が皇太子に立てられた。後醍醐の在位が長くなり、天皇としての実績を残していくなかで、邦良側は焦っていた。このままでは、後醍醐流が皇統として定着してしまう可能性がある。早く後醍醐を退位させ、天皇に就きたいというのが本音であっただろう。『増鏡』の「春の別れ」では、邦良と後醍醐の仲は表面上良いが、本当は睦まじくなくて、それを後宇多が困ったものと思っていたと書かれている。

また、後醍醐の乳父《めのと》である吉田定房と邦良派である中御門経継《なかみかどつねつぐ》は日頃から確執が深かった（『花園天皇宸記』元応元年十月二十八日条）。そのような貴族間の対立が、後醍醐と邦良の不和を煽っていた。

こうしたなか、後宇多が重篤に陥る。『増鏡』の「春の別れ」には、亡くなる直前の後宇多の様子が描かれている。それによると、元亨四年（一三二四）四月末ごろから後宇多の病気が重くなった。後醍醐は大層嘆いて、夜昼なく見舞いの使者を大覚寺に飛ばした。使者から回復の見込みはないと連絡を受けたときは、後醍醐が大覚寺に行幸して、後宇多と親しく話をした。その後、邦良も後宇多を見舞い、後宇多から天皇になる心構えなどの教えをうけたという。そして、後宇多法皇は同年六月二十五日に亡くなった。

その二ヶ月後である八月二十六日に、六条有忠が邦良親王の使として関東に下向した（『花園天皇宸記』）。翌年にも、天皇を継承するのは邦良の子孫であると主張するため、幕府に邦良の使者が派遣され、後醍醐のほうからは、それに反論する使者が派遣された。このように、両方の使者が同時に幕府に馳せ向かう事態となった（『花園天皇宸記』正中二年〈一三二五〉正月十三日条）。

後醍醐と邦良の仲を取り持ってくれていた後宇多の死去により、後醍醐の陣営と邦良の陣営の対立が表面化したのである。後醍醐天皇がこれまで安定して政権運営を行えたのは、後宇多の存在が非常に大きかったのである。

結局、後醍醐と邦良の争いは、嘉暦元年（一三二六）三月二十日に邦良が亡くなったことで幕引きとなった。中御門経継・六条有忠といった邦良派の公家は、絶望して出家してしまった。

皇子たちへの教育

東宮邦良の死去にともない、再び皇太子をめぐる争いが勃発した。森茂暁氏によると、このときは、邦良の弟邦省、亀山の皇子恒明、持明院統の後伏見の皇子量仁《かずひと》、そして後醍醐の皇子尊良《たかよし》が候補に挙がっていたという。結局、鎌倉幕府が調停に入り、量仁が皇太子に立てられた。

このとき候補になった尊良親王は後醍醐の第一皇子で、このころは二十歳前後と考えられている。尊良は元服後、中務卿《なかつかさきょう》に任命され、節会にも出仕するなど（『増鏡』春の別れ）、後醍醐の親王時代と同様の道を歩んでいる。第二皇子の世良《よよし》親王は、後醍醐が紫宸殿《ししんでん》や議定《ぎじょう》などに出御するときに御供をしていた。嘉暦三年（一三二八）十月九日には、後醍醐が世良に議奏《ぎそう》（太政官からの建議《けんぎ》を天皇に奏上する）を担当させようと思うので、世良を支えてやってくれと関白の二条道平に頼んでいる。そして当日、世良が無事に議奏をやり遂げると、後醍醐が上機嫌になっている（『道平公記』）。息子の成長を喜ぶ父親の顔が目に浮かぶようである。

このように、後醍醐は子息の尊良・世良を朝廷に出仕させている。「後醍醐の皇子は親王として朝廷に仕えるように」という後宇多の方針を、後醍醐は忠実に実行していたのである。

おわりに――父・後宇多の教え

父後宇多との関係を中心に、後醍醐天皇の足跡を見てきた。後宇多は後醍醐を手元に置いて教育し、愛情をかけて育てていた。そして、後醍醐も父の考えを尊重して行動していた。後醍醐と後宇多は良好な関係を築いており、それがあるからこそ、後醍醐の政治手法や宗教への関わり方などで後宇多との類似点が見出せたのである。後醍醐は異色の天皇といわれるが、その根底には後宇多の教えがあったのである。

（中井裕子）

【主要参考文献】

網野善彦『異形の王権』（平凡社、一九九三年）
井上宗雄全訳註『増鏡』中・下（講談社、一九八三年）
内田啓一『後醍醐天皇と密教』（法藏館、二〇一〇年）
小川剛生「『後光明照院関白記（道平公記）』解題・翻刻・人名索引」（『調査研究報告』二二、二〇〇一年）
河内祥輔「後醍醐天皇をどのように見るか」（『東海史学』四八、二〇一四年）
中井裕子「検非違使別当の人事からみる鎌倉後期の朝廷」（『日本史研究』五二八、二〇〇六年）
兵藤裕己『後醍醐天皇』（岩波書店、二〇一八年）
森　茂暁『後醍醐天皇―南北朝動乱を彩った覇王―』（中央公論新社、二〇〇〇年）

後村上天皇

——北朝方との果てない「戦争」

誕生　嘉暦三年（一三二八）
崩御　正平二十三年（一三六八）三月十一日

諱　義良・憲良
父　後醍醐天皇
母　阿野廉子

在位期間
延元四年（一三三九）八月十五日
〜正平二十三年（一三六八）三月十一日

陵墓　檜尾陵（大阪府河内長野市寺元）

はじめに――南朝最長の在位期間

南朝第二代・後村上《ごむらかみ》天皇の在位期間は、延元四年（一三三九）の即位から、正平二十三年（一三六八）の死去まで、三十年という南朝歴代天皇の中でも最長であった。南朝は、後醍醐天皇の死後、本格的に北朝・室町幕府軍との絶え間ない戦いに突入する。後村上は南北朝内乱の中でも、吉野陥落、観応《かんのう》の擾乱《じょうらん》、南朝軍による四度に及ぶ京都奪回、足利尊氏《あしかがたかうじ》から義詮《よしあきら》への将軍交替といった、激動の時期に南朝を主導せねばならなかったのである。

そんな後村上の生涯を象徴するキーワードは、「戦争」の一言に尽きる。後村上が生まれた嘉暦三年（一三二八）は、父後醍醐による最初の鎌倉幕府打倒の計画が頓挫した正中《しょうちゅう》の変《へん》から四年後にあたり、その五年後の元弘三年（一三三三）五月に鎌倉幕府は滅亡する。後醍醐が打ち立てた建武政権下では、地方支配の一環として東北地方の統治を委ねられ、北畠親房《ちかふさ》・顕家《あきいえ》父子に奉じられて奥州へと下向する。ところが、足利尊氏の離反により政権は瓦解。以後、奥州と畿内を転戦し、延元四年の吉野での即位を経て、北朝・室町幕府との果てしない「戦争」に生涯身を投じるのである。

南北朝内乱期において、身分・階層を問わず「戦争」と無縁であった人間などほとんどいなかったであろう。そうした意味で、南朝天皇後村上と「戦争」との関わりを殊更強調することは的外れのように思われるかもしれない。

しかし、後村上は、天皇自身が武装して戦場に臨むなど、内乱期のほかの天皇の中でも特異な側面を見せており、北朝・室町幕府に対して強硬な姿勢を貫いた父後醍醐と同様に、強烈な個性を発揮していたのである。それは、すでに指摘されているように、父後醍醐から受けた影響が作用していたのは間違いなかろうが、やはり幼少より、戦場に身を置かねばならなかった過酷な環境も大きな要因であった。

そこで本項では、後村上と、南北朝期の「戦争」との関わりに注目して、その生涯をたどってみたい。後村上の事績については、すでに村田正志氏や、森茂暁氏の一連の研究によって明らかにされており、いまさら屋上屋を架すつもりはない。しかし、後村上という一個の人格を形成した「戦争」や、それに関わって後村上を直接支えた人物の動向から、南朝天皇後村上の生涯を概観してみることも無駄ではなかろう。

一、「移動」する天皇

諸国を転々とする長い旅路

まず、後村上天皇の生涯を象徴するキーワードの「戦争」との関わりを追究する前提として、彼の「移動」という問題に焦点をあてたい。

後村上天皇画像　大阪府守口市・来迎寺蔵

後村上は、前近代の天皇の中で、皇子・親王時代を含めれば日本列島の最も長い距離を移動した人物といえよう。むろん、総移動距離という点でいえば、京都から熊野三山《くまのさんざん》への熊野参詣を三十四回も行った院政期の白河院《しらかわ》のほうが上であろうが、長距離移動という点では後村上に軍配があがる。その軌跡をたどってみよう。

鎌倉幕府が滅びて建武政権が発足した五ヶ月後の元弘三年（一三三三）十月、わずか六歳の後醍醐天皇皇子・義良《のりよし》親王（のちの後村上天皇。親王宣下はこの翌年五月であるが、以後、便宜的に義良親王と表記する）は、父の地域支配構想の一環として、北畠親房・顕家父子に奉じられて奥州へと下向する。京都から陸奥までの直線距離は五九三km。ルートにもよるが、実際の移動距離となると、およそ八〇〇kmに及ぶ。

その後、親王は陸奥での二年の滞在を経て、建武二年（一三三五）十二月、後醍醐に反旗を翻した足利尊氏討伐のため、北畠父子と共に陸奥・出羽の軍勢を率いて上洛する（『神皇正統記《じんのうしょうとうき》』『梅松論《ばいしょうろん》』）。翌年の二月に尊氏が九州へ没落すると、三月に元服を遂げ、叙三品・陸奥守に任じられて、再び奥州へと下向する。この時点で長距離移動の総計は約二四〇〇kmである。だが、義良の旅はまだ終わらない。

京都の趨勢は周知のように、九州から東上を果たした足利尊氏が後醍醐との戦いに勝利し、吉野に移った後醍醐は延元二年（一三三七）八月、北畠顕家に上洛を命じて、義良は再び奥州から畿内を目指す。この道中は前回と異なり、行く手を阻む幕府軍を蹴散らしながら、また、その追撃を振り払いながらの困難を伴うものであった。この時点で、義良のおおよその総移動距離は三二〇〇km以上に達する。むろん、自分の足ではなく輿《こし》などの乗り物での移動であったろうが、問題は移動距離ではなく、長期間、一所に落ち着いて滞在することなく、諸所を転々としたという点である。これは生涯変わることはなかった。

強い帰京の願い

義良ら一行は、ようやく畿内へと入り吉野へと赴くも、延元三年（一三三八）五月に、北畠顕家が摂津の天王寺《てんのうじ》（大阪市天王寺区）から和泉堺の石津《いしづ》（堺市西区）にかけての幕府軍との戦いで敗死する。これにより、畿内における南朝の勢力は一気に衰退してしまう。

そこで義良は、北畠親房らと共に、東国の南朝方糾合に向けて三度目の東下を伊勢の大湊《おおみなと》（三重県伊勢市）から敢行するものの、海上で大風に遭い「伊勢篠島」（愛知県南知多町）へと吹き戻され、吉野へと戻ることとなる。そして、翌年に践祚すると、その後約七年間、生まれてから奥州に下向したとき以来、実に数年ぶりに一所に留まることができたのである。

しかし、後村上はまたしてもそこに腰を落ち着けることはできなかった。正平三年（一三四八）正月、

後村上天皇行在所　大阪府河内長野市・金剛寺

高師直《こうのもろなお》率いる幕府軍が、河内国の四條畷《しじょうなわて》一帯（大阪府四條畷市・大東市）での合戦で楠木正行《くすのきまさつら》ら南朝軍を破り、吉野へと進撃を開始したことにより、後村上たちは吉野を捨て、いったん紀州へと逃れ、大和の賀名生《あのう》（奈良県五條市）へと落ち延びねばならなかった。

こののちも、摂津住吉《すみよし》（大阪市住吉区）・山城八幡《やわた》（京都府八幡市）や、河内金剛寺《こんごうじ》（大阪府河内長野市）・同観心寺《かんしんじ》（同）を転々として、最終的に住吉の行宮に十年間滞在して、そこで生涯を閉じるのである。

このように、後村上の人生は「移動」の連続だったのである。さらに、京都にいた期間も、最晩年に入京したことが推測される後村上の子長慶《ちょうけい》天皇を除けば（森二〇〇五）、南朝天皇の中で最も短かったと考えられる。だとすれば、むしろ後村上の帰京への願いは、父後醍醐よりも強かったのではないか。幾度となく窮地に陥っても、絶え間ない幕府軍との戦いを継続した後村上の粘り強さは、こうした点に求められる。

後村上が後醍醐の意志を受け継ぎ、北朝・室町幕府との徹底抗戦を通して一統を目指したことは、森茂暁氏が詳細に論じており（森二〇〇七）、それに異論を差し挟む余地はない。また、後醍醐没後の後村上を支えたのは、後醍醐の意志を体現しようとした北畠親房をはじめとする、洞院実世《とういんさねよ》・四条隆資ら対幕府強硬路線の公卿たちであったことも、後村上の思想形成に影響を及ぼしたであろう。

だが、後村上にとって幼い頃のかすかな記憶しかない都の景色と、そこでの安住こそが、自ら切望したものだったのであり、後村上は単に父の悲願を受け継いだだけではなく、自身の強い意志として積極的に北朝・室町幕府との戦いを続けていったとも考えられるのである。それは、数度に及ぶ京都の奪還に見て取ることができる。

二、果てしない「戦争」

武装する天皇

後村上の治世において、南朝は正平七年（一三五二）、正平八年、正平十年、正平十六年の四度にわたって、京都を北朝・室町幕府から奪回する。このうち、最初の京都奪回は、観応の擾乱によって結ばれたいわゆる正平《しょうへい》の一統《いっとう》と、その破綻によるものである。

正平六年十一月の足利尊氏・義詮父子の南朝への降伏に始まる正平の一統は、崇光《すこう》天皇の廃位《はいい》と、北朝廷臣《ていしん》の解官《げかん》をはじめとする北朝の廃止であり、南朝主導による後醍醐の治世への回帰であった。翌年の閏二月には後村上の帰京が実現し、賀名生から京都を目指した後村上一行は、楠木氏の本拠地である河内の東条《とうじょう》を経由して、摂津の住吉社に至り、同社神主津守国夏《つもりくになつ》の館「住之江殿《すみのえどの》」（大阪市住吉区）を行宮としたのち、八幡の男山石清水八幡宮へと入った（『園太暦《えんたいりゃく》』）。

後村上自身は八幡に留まるなか、楠木正儀《まさのり》らの軍勢が京都へと侵入し、足利義詮を近江へと追いやり、光厳《こうごん》・光明《こうみょう》・崇光の三上皇と直仁《なおひと》親王を拉致するなど、北朝を完全に消滅させることに成功した。しかし、翌月には義詮の軍勢に京都を奪い返されて、後村上たちは二ヶ月間、八幡に籠城するも、五月十一日に陥落する（『園太暦』「祇園執行日記《ぎおんしゅぎょうにっき》」）。

翌日に、八幡から奈良へと落ち延びる後村上一行の様子は次のように京都へと報じられている。後村上天皇と思しき人物は、甲冑《かっちゅう》・直垂《ひたたれ》を着して兵たちに紛れていたが、馬の鞍《くら》の前《まえ》つ輪《わ》（馬具の鞍橋《くらぼね》の一部で前部の輪形に高まった部分）あたりに、神器の類と思しきものが入った新しい葛籠《つづら》を付けていたために判別できたという（『園太暦』）。

つまり、後村上は甲冑に身を包み、輿ではなく乗馬するという、天皇としては異例の姿で行軍していたのである。この話を聞いた北朝の廷臣洞院公賢《きんかた》は、「実否はわからないが、伝え聞いた話はこの通りである」と、半信半疑で自身の日記に書き留めている。『太平記《たいへいき》』は、このときの後村上の武装理由を、敵の追撃から守るべく味方の軍勢に紛れ込ませるためとしており（『太平記』第三十一巻）、『園太暦』とニュアンスは異なるが、実否は別にしても、後村上が武装して戦場に臨む天皇であるという認識は、広く共有されていたのではなかろうか。それは、後村上自身の性格に起因していた可能性もある。

というのも、八幡陥落から二週間が経った五月二十五日に、洞院公賢は人づてに、後村上が三歳の皇子（のちの長慶天皇）に譲位したとの話を聞いて、その理由を天皇が合戦に際して自ら戦場に臨み、南朝軍の士気を高めるためかと推測している（『園太暦』）。天皇自らが戦場で陣頭指揮を執ることなど、当時において実際にありえないことであろうし、誰もが考えもしなかったであろう。

しかし、公賢をしてそれを想像せしめたのは、やはり後村上が後醍醐の子であるという紛れもない事実と、正平の一統の際にみせた北朝に対する苛烈な姿勢、そして八幡での籠城戦といったさまざまな要素が南都敗走時の姿に関する風聞《ふうぶん》とあわさって、強烈に作用したと考えられる。

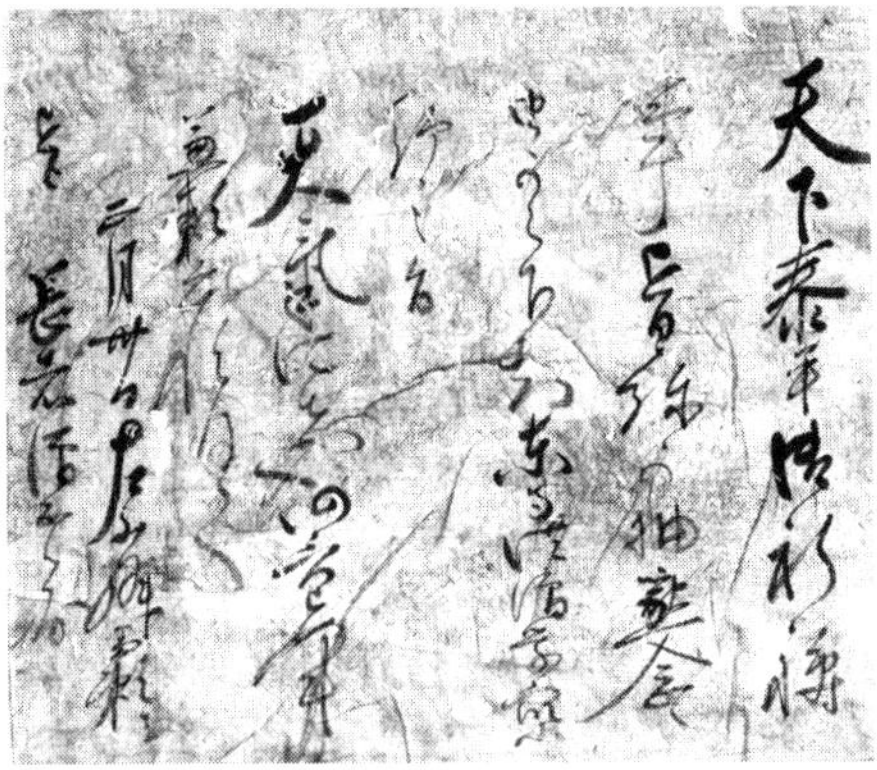

（年未詳）正月30日付後村上天皇綸旨（東寺百合文書）
京都府立京都学・歴彩館蔵

加えて、公賢は延元元年（一三三六）三月の後村上（当時は義良）の元服に際して、加冠《かかん》役を勤めたという経験がある（『御遊《ぎょゆう》抄《しょう》』）。公賢が、当時九歳だった子どもの将来をどこまで予見したかはわからないが、後村上の気性に何かしら好戦的なものを感じ取っていたからこそ、その印象が十数年経っても生きており、右の風聞に疑問を抱きつつも、「さもありなん」と感じていたのではあるまいか。

そうすると、武装をしたり、皇位を息子に譲って自ら戦場に臨もうとするといった後村上の姿勢も、あながち単なる風聞ではなく、彼の性格から起こりうる事実の一端を伝えており、当時の人々もありえる事実として捉えていたとしても不思議ではないのである。

和平の模索と葛藤

従来、後村上は和平派であったことが指摘されており、同じく和平派であった楠木正成の三男の正儀を重用して、たびたび北朝・幕府との交渉にあたらせた。交渉は、正平三年（一三四八）正月のもの（『園太暦』）を皮切りに、正平二十二年（一三六七）まで史料上に散見するが、いずれも不首尾に終わっている。

後村上が、和平へと本格的に舵を切った要因としては、正平七年の八幡合戦における四条隆資の討ち死にや、正平九年の北畠親房の死など、後村上を支え続けた南朝首脳陣の相次ぐ死と、京都奪還の困難さを実感し始めた点に求められるだろう（森二〇〇七）。

かといって、後村上が強硬な態度を改めたかといえば、そうではなかった。幾度となく行われた交渉の失敗がそれを物語っている。後述するように、正平六年五月の足利直義《ただよし》と正儀の代官を通じた交渉では、直義の申し出を突っぱねた北畠親房らのせいでまとまらず（『園太暦』）、また、最後の交渉となる正平二十二年のときは、武家側に対して出した後村上天皇綸旨《りんじ》に、「降参」を促す文字があったために、足利義詮の怒りを買って破談となっている（『後愚昧記《ごぐまいき》』）。

もちろん、それぞれの状況により、南朝側の主導者の意見が色濃く反映されている可能性はある。だが、結果として交渉がまとまらなかったという事実は、後村上の中に和平を願いつつも、妥協に踏み切れない、意地のようなものが最後まであったのではないか。そこには、後村上自身が抱え込んでいた、幕府に対する強硬的な考えと、それでも和平を実現しようとする矛盾が垣間見えているように思えてならない。そうした後村上を補い支える存在として、南朝の軍事力と外交の主力を担った楠木正儀が位置づけられていたのではなかろうか。次に、後村上と楠木正行・正儀兄弟との関係から、後村上の人格にアプローチしてみたい。

三、楠木正行・正儀兄弟との関係

畿内の武士編成の紐帯

後村上天皇は、父後醍醐天皇と同様に、綸旨によって武士に対する軍事指揮権とそれにともなう恩《おん》賞宛行《しょうあておこない》、さらには守護職《しゅごしき》・地頭《じとう》職の任免を行っていた（森二〇〇五）。武士との直接的な結び付きは、南朝天皇の最大の特色であり、これまでみた「戦争」との関わりを示すものである。

後村上が膝下の武士たちをつなぎとめるために、涙ぐましい努力を重ねていることは見逃せない。たとえば、畿内の南朝軍は摂津・河内・和泉・紀伊等の武士によって構成されていたが、後村上は南朝天皇に即位した直後から、摂津の武士には越中の（「渡辺惣官家文書」）、和泉の武士には三河の所領を与えていたように（「和田文書」）、実際に知行が不可能な遠隔地の荘園を空手形として与えることでしか彼らをつなぎとめられなかった（生駒二〇一四）。

非常に不安定な関係にみえるが、それでも彼らは基本的に南朝への奉仕を継続していた。その媒介として彼らをつなぎとめていたのが、南朝の軍事力の中核を担った楠木正行・正儀兄弟である。

『太平記』第二十一巻は、延元四年（一三三九）八月の後醍醐の死と後村上の即位の話を載せるが、後醍醐の死に落胆する公卿たちを吉野の執行《しゅぎょう》吉水法印《きっすいほういん》が励ます場面で、正行は二千余騎の軍勢を引き連れて吉野の皇居の守護にあたり、人々を勇気づける役割を果たした存在として描かれる。ただし、南朝廷臣としての正行の活動が一次史料で確認できるのは、この『太平記』の話の半年後にあたる延元五年四月のことである。

それは、同年二月に後村上が河内国の観心寺に小高瀬荘《こだかせ》領家《りょうけ》職を寄進《きしん》する旨を伝えた綸旨の施行《しぎょう》（命令を伝達して実行させること）であった（「観心寺文書」）。このときの後村上天皇綸旨は、後村上が発給した綸旨の中で最も早いものとされており（森二〇〇七）、後村上の即位と政務開始にともない、正行も南朝での活動を開始したことがわかる。おそらく、後村上ら南朝の首脳陣は、後醍醐を支えた正成の後継者として、また、南朝膝下の南河内一帯に影響力を持つ存在として正行を取り立てたのであろう。

しかし、正行が正平三年（一三四八）正月の四條畷合戦で敗死すると、正行を破った高師直が吉野を攻撃して後村上たちを賀名生へと追いやり、南朝は最大の危機を迎えることとなる。また、観応の擾乱の影響下では正行の弟正儀の活躍もあり、南朝は命脈を保つが、正平二十三年三月に後村上が死去すると、その翌年の正月に正儀は南朝を去り北朝に帰順する。そして、文中二年（一三七三）八月、幕府軍を率いた正儀によって、長慶天皇は行宮の河内天野《あまの》（金剛寺）を攻められて、吉野へと逐われる。したがって、楠木兄弟の動向と、後村上および南朝の消長とは軌を一にしていたといっても過言ではないのである。

後村上と楠木兄弟の距離は極めて近かったと考えられ、『太平記』の中で後村上と直接対話をする武士として描かれるのが、彼ら二人だけということも、それを如実に示している。次に、後村上と二人の兄弟の関係をたどってみたい。

「股肱」の臣・楠木正行

後村上と楠木正行との関係を物語る『太平記』の逸話としてとりわけ著名なものに、高師直との決戦（四條畷合戦）に際して死を覚悟した正行と弟正時《まさとき》たちが、吉野の後村上のもとへ最後の挨拶に訪れる場面がある（『太平記』第二十六巻）。そこでは、後村上自らが紫宸殿の御簾《みす》をあげて自身の顔を正行たちにさらし、父正成以来の功績に対する謝意と、今度の合戦での正行への全権委任、正行を「股肱《ここう》」（頼みとする臣下）としているので、行動を慎んで命を全うするように、と直接述べる姿が描かれる。

このとき、正行は後村上のもとを無言で退出した後、後醍醐天皇の廟所・如意輪堂《にょいりんどう》（現如意輪寺）に参り、

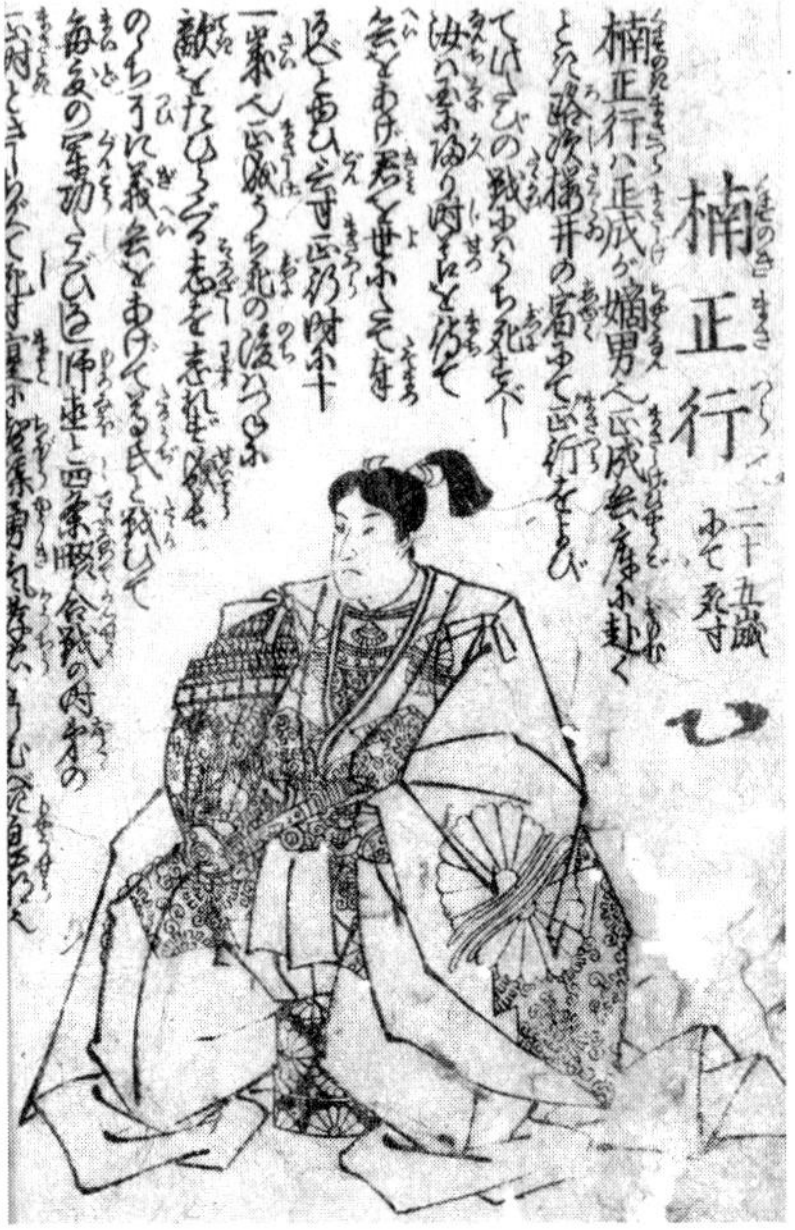

楠木正行　『百将伝』　当社蔵

辞世の句を壁板に書き付けるなどして河内へと赴くのであるが、実際に後村上と正行との間で右のようなやり取りがあったかどうかは定かではない。

だが少なくとも、正行が師直との合戦に、当初から討ち死にする覚悟で臨み、後村上もその覚悟を理解していたなどとは考えられない。次に、その点を確認してみたい。

幕府は、正平二年八月の紀伊隅田《すだ》での挙兵以後、十一月に至るまで河内・摂津で連戦連勝を重ねる正行に対して危機感を抱き、高師直・師泰《もろやす》兄弟を総大将とした正行追討軍の河内への派遣を決定した。

南朝は、十二月十一日に幕府軍が京都を発したとの情報を得ており、すぐさまその対応策を打ち出したことは、南朝の和泉守護代であり楠木一族の大塚惟正《おおつかこれまさ》が、同国の武士和田《みきた》氏に宛てた書状からわかる。そこには、惟正が和泉の南朝軍を淀川《よどがわ》の最下流部に位置する摂津の渡辺《わたなべ》（大阪市北・中央区）まで派遣するので、和田氏にも急ぎ出陣すること、今回の合戦がいつも申していることではあるが「せんと」（先途＝勝敗・存亡の決する大事）なので、しっかりと配下の「さとの人・百しやう」（里の人・百姓）等を招集し、楯を多く持たせよといったことなどが記されている（「和田文書」）。

この大塚惟正の書状から、正行たち南朝軍は八月の挙兵以来、幕府軍との合戦に際して常に「決戦」という意識で臨んでおり、四條畷合戦に至る師直との対決も、その延長で捉えていたと推測される。だとすれば、全軍の指揮官たる正行も、惟正と同じ認識を有していたであろう。

そこには当然、後村上の意向も作用していたのではないか。作戦の指示等はなかったとしても、河内から京都へ向けて北進を続ける正行の軍事行動に、帰京への大きな期待をかけていたはずである。よって、死を覚悟して後村上に最後の挨拶を述べ戦場に赴く正行、その覚悟を見抜いて正行に「死ぬな」と述べる後村上、という『太平記』の描写は再考の余地があるといえよう。ただし、後村上が正行を「股肱」の臣と認識していたことは、確かな史料から確認するのは難しいものの、自身の即位と同じくして南朝の廷臣の一人に取り立てたという事情からも、事実であったと捉えてよかろう。

格別の信頼を集めた楠木正儀

一方、正行の弟の正儀は、後村上との関係が兄よりも深かったことが知られる。前記した第一次京都攻防戦の結末について、『太平記』は、南朝が八幡を包囲する幕府軍の背後を衝かせるために、正儀と和田正氏《まさうじ》の二人を密かに下山させるも、正儀がいつまでたっても出撃してこず、正氏も病に倒れてしまったため、八幡の行宮が陥落したとする。その際、正儀は「父にも似ず、兄にも替はりて、心少し延びたる者」と酷評されるのである。

このとき、正儀が八幡を離れていたのは確かであるものの、五月六日には和泉方面で幕府軍と合戦に及んでいたことが確認でき（「和田文書」）、八幡への救援を足止めされていたともとれる。加えて、病死したという和田正氏も、その後の『太平記』の記事に何事もなかったかのように登場していることをふまえると、右のエピソードはフィクションとみなしたほうがよさそうである。

後村上は、結果として失態を犯した正儀を責めるようなことはなく、むしろ、正儀に大きな信頼を寄せていたことは、坂口太郎氏が指摘するように、八幡陥落の翌十二日、八幡から賀名生へと撤退する途中の大和国宇陀《うだ》郡に、わざわざ正儀を呼び寄せ、自分が留守にしていた間の、賀名生の住民の動向を尋ねたという『園太暦』に記された風聞からもうかがい知ることができる（『園太暦』文和二年三月十七日条、坂口二〇〇二）。

では、後村上にとって正儀とはいかなる存在だったのだろうか。両者の関係を具体的に探るうえで手掛かりとなるのが、『太平記』が載せる二つの逸話である。

正平十四年（一三五九）十一月、前年に二代将軍に就任した足利義詮は、南朝本拠への親征を決定し、その主戦力として関東から畠山国清《はたけやまくにきよ》率いる数万騎の軍勢を呼び寄せる（『園太暦』『後深心院関白記《ごしんしんいんかんぱくき》』）。『太平記』は、この報せに接した正儀と和田正氏が、河内の天野の行宮（金剛寺）へと参り、畠山軍への対抗策を平然と奏聞《そうもん》し、それを聞いた後村上以下、南朝の公卿らがみな頼もしく思ったとする（『太平記』第三十四巻）。

また、正平十六年十二月八日の、南朝による四度目にして最後となった、正儀らの京都奪還（『後愚昧記』『後深心院関白記』）に際しては、次のような話がある。

後村上は、南朝に投降した細川清氏《ほそかわきようじ》からの京都侵攻の提案に対して、正儀にいかがするべきかと直接相談を持ちかける。そして、正儀の自分一人でも京都を攻め落とすことはたやすいことだが、味方の少ない状況ではすぐにまた敵に奪い返されてしまうのは必定、という意見に耳を傾けつつも、たとえ一夜でも住み慣れた都に戻れるのならと願う公卿らとの意見の一致で、攻撃へと踏み切る（『太平記』第三十六巻）。史実では、この正儀の言葉通り、南朝軍が京都を占領するものの、約二十日後の二十七日に、近江へと逃れていた足利義詮によって奪い返されてしまう（『後愚昧記』）。

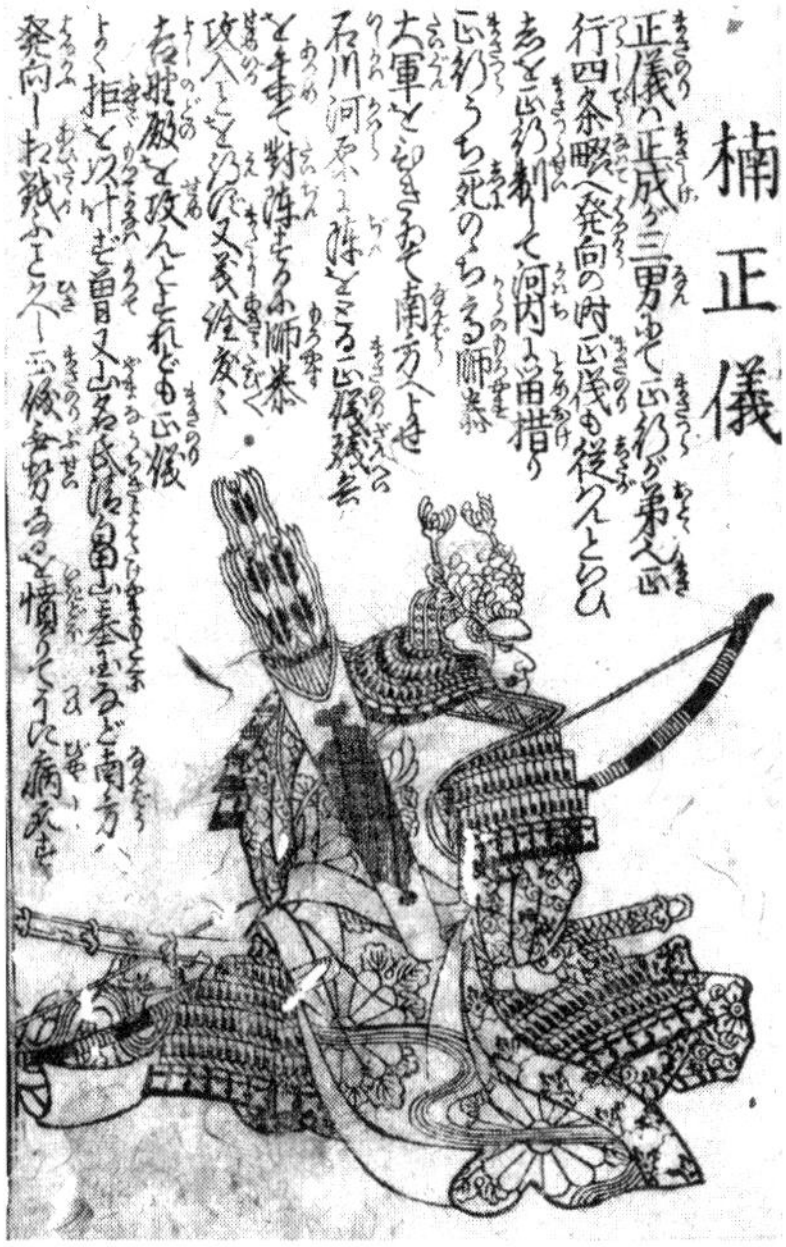

楠木正儀　『百将伝』　個人蔵

これら『太平記』のいずれの逸話も、事実かどうか定かではない。何よりも重要なのは、右の二つのエピソードの中で、正儀が後村上にとって〝頼もしい存在〟として描かれていることである。そこには、「心少し延びたる者」と揶揄された頼りない正儀の姿はない。

そして、八幡陥落後の大和宇陀での後村上と正儀のやり取りに関する風聞や、正儀が後村上の意向をふまえたかたちで北朝・幕府との和睦交渉を進めていたことは、両者が日常的に直接対話をする間柄にあり、信頼関係を築いていたことを裏付けている。

この点で注目すべきは、正平二十年八月三日付の後村上天皇綸旨の奉者を正儀が勤めていることから、正儀が後村上の蔵人の役目を果たしていたとする森氏の指摘である（「土谷孫三郎氏文書」、森二〇〇七）。実は、兄の正行にもその徴証はあり（生駒二〇一四）、兄弟揃って蔵人としての立場にあったとすれば、二人は後村上にとって側近とも呼べる存在であった。

それだけに、正行は早くに死んでしまったが、正儀に対する後村上の信頼感は強かったであろう。むしろ、正儀に対する依存ともいえる面も後村上には見受けられる。

たとえば、正平八年六月、賀名生の山民が、北畠親房の娘をめぐる密通事件に関わったという罪で梟首《きょうしゅ》されたことに対して蜂起した際、前月から摂津に出陣し、京都への侵攻に備えていた正儀らが、後村上の警固のために賀名生へ呼び戻されるといううわさがあった（『園太暦』）。正儀たちが実際に賀名生へ向かうことはなかったが、後村上の窮地に際しては正儀が動くもの、と認識されていたことを示していよう。

逆に正儀のほうは、後村上に対する信頼を抱きつつも、父正成が後醍醐を冷静にみていたのと同じように（生駒二〇一七）、後村上一辺倒であったわけではなさそうである。

正儀が南朝の中で和平論者であり、基本的には和平を望む後村上の意向を汲む存在であったことは前記した。

正平六年五月、正儀は足利直義との和睦交渉を進めていたが、北畠親房の横やりが入り、結局まとまることはなかった。その際に正儀は、「幕府に参るので、大将を吉野へ差し向けてくれたなら、自分が軍忠を遂げて吉野への通路を封鎖し、ただちに攻め落としてみせます。そうすれば後村上天皇もすぐさま没落されるでしょう」と、代官を通じて幕府に語ったという（「観応二年日次記」、亀田二〇一四）。

むろんこれは、親房たち南朝の上層部に、自分の面目をつぶされたことに腹を立てた突発的な言動であり、後村上に対する怒りでもなかったであろう。だが、後年に至って正儀はこの言葉を実現する。つまり、正儀はいつでも南朝を見限る可能性を有していたのであり、後村上が死ぬまでそうしなかったのは、長年にわたる両者の信頼関係が強まっていたことの裏返しでもある。

おわりに――住吉行宮での死

後村上は、南朝天皇即位以後、吉野、賀名生、河内（観心寺・金剛寺）を転々としたが、正平十五年（一三六〇）九月、終の住処となる摂津の住吉行宮へと移った（『新葉和歌集《しんようわかしゅう》』）。

この年の五月に、前記した畠山国清の大規模な南朝討伐によって、観心寺の行宮を攻められた後村上たちが、北朝・幕府軍との最前線に位置する住吉へと移ったのは、京都へ侵攻するためであった。そのことは、後村上天皇の異母兄・宗良《むねよし》親王が撰した歌集『李花集《りかしゅう》』にみえており、当時信濃にいた宗良も、後村上から合力を命じられている。後村上がこのタイミングで入京を目指したのは、前年から九州を席巻し、南朝の勢力を拡大していた懐良《かねよし》親王の存在も影響していたであろう（森二〇〇五・二〇〇七）。

京都への進攻はすぐには開始されなかったが、翌正平十六年九月に細川清氏が南朝へ帰参したのをきっかけに、十二月に楠木正儀らの軍勢が入京を果たしたものの、短期間で京都を放棄したことについてはすでに触れたとおりである。この四度目の京都争奪戦を最後に、後村上は京都の地を踏む機会を完全に逸してしまう。

その後、北朝・幕府軍と南朝軍との間に大きな合戦もなく、正平二十一年十一月から翌年にかけて、楠木正儀を代表とした和平交渉が行われたが（『師守記《もろもりき》』）、それもまとまることはなかった。

正平二十三年三月十一日、北朝・幕府との和睦が実現しないなか、後村上は住吉行宮で死去した。その死について記す史料は、死因について触れていないが、『李花集』には「住吉殿」（後村上天皇）が宗良親王に送った手紙に、長い間病を患っているとあることから、病死と考えられている。四十一歳という年齢での死を、若死と捉えるのは、現代人の感覚かもしれない。

だが、幼少より京都と東北との長い道のりを何度も往復しながら、その身を戦場にさらしたり、長じてからも一所に落ち着くことさえできず、南朝天皇としての威厳を守り続けねばならない日々は、後村上の身体に極度のストレスを強いたことであろう。それが病の原因ともなったであろうし、大病を患わずとも、いつ死んでもおかしくはない状況にあったというのが実状だったのではないか。

繰り返し述べるように、後村上の死にともなう楠木正儀の北朝・室町幕府への帰順は、南朝にとって「終わりの始まり」であった。すなわち、事実上、後村上という南朝天皇の死が引き金となって南朝は終焉へと向かうのである。そうした意味で後村上の生涯は、南朝という後醍醐天皇の死後にかたちを成した、一個の政治勢力としての歴史そのものであったと評価できるのである。

（生駒孝臣）

【主要参考文献】
生駒孝臣『中世の畿内武士団と公武政権』（戎光祥出版、二〇一四年）
生駒孝臣『楠木正成・正行』（戎光祥出版、二〇一七年）

岡野友彦『北畠親房』（ミネルヴァ書房、二〇〇九年）
亀田俊和『南朝の真実』（吉川弘文館、二〇一四年）
亀田俊和『観応の擾乱』（中央公論新社、二〇一七年）
坂口太郎「男山八幡合戦と楠木正儀」（『季刊ぐんしょ』五十六号、二〇〇二年）
村田正志『村田正志著作集　第一巻　増補南北朝史論』（思文閣出版、一九八三年）
村田正志『村田正志著作集　第二巻　続南北朝史論』（思文閣出版、一九八三年）
森　茂暁『南朝全史』（講談社、二〇〇五年）
森　茂暁『皇子たちの南北朝』（中央公論新社、二〇〇七年。初版一九八八年）

長慶天皇

――伝説の多い謎に包まれた生涯

誕生　興国四年（一三四三）
崩御　応永元年（一三九四）八月一日

諱　寛成

父　後村上天皇
母　嘉喜門院

在位期間
正平二十三年（一三六八）三月?
　～弘和三年（一三八三）冬?

陵墓　嵯峨東陵（京都府京都市右京区嵯峨天竜寺角倉町）

はじめに――伝説多き大正生まれの天皇

長慶《ちょうけい》天皇は、大正生まれの天皇である。そして、筆者の好物である南部《なんぶ》せんべいの創始者ともいわれる。何か突拍子のないことを述べているように思えよう。しかし、事実、長慶天皇は大正十五年（一九二六）十月二十一日に誕生したのである。

そのからくりは、長らく在位説と非在位説が対立しており、明治近代国家では歴代天皇には数えられていなかった。それが、歴史研究者の努力により、学術的実証が深化し、長慶が即位したことは歴史事実と認定され、大正十五年に晴れて歴代天皇入りを果たしたのである。

一方、南部せんべいの創始者という由縁は、八戸《はちのへ》都市圏の地方紙『デーリー東北』において平成十三年（二〇〇二）一月九日から連載された「せんべい物語」に詳しく述べられている。要約すると、北朝方に追われ青森南部地方の名久井《なくい》岳山麓まで逃げてきた長慶が、食べ物もなく困っていたところ、家臣の赤松助左衛門《あかまつすけざえもん》が付近の農家からソバ粉とゴマを調達し、自分の鉄かぶとをなべ代わりに焼いて長慶に差し上げたという。これが南部せんべいの原型であり、長慶はせんべいの表に忠義の範とされた楠木正成の「菊水《きくすい》」、裏に赤松の「三階松《さんかいのまつ》」の家紋をそれぞれ焼き入れるのを許した。また、長慶がなぜ遠く青森まで赴いたかについては、父後村上天皇が幼少時に陸奥《むつ》国を訪問した経験があることや（陸奥守として奥州下向は史実）、弟明尊《みょうそん》（後の後亀山天皇《ごかめやま》）が行宮（現・恵光院《けいこういん》〈青森県三戸郡南部町〉）を造営し迎えたとする説がある。

仮にも皇太弟《こうたいてい》が、即位前に出家して青森に滞在しているという、とても、アカデミズム歴史学の批評に耐えうるとは思えない説だが、すでに昭和四年（一九二九）に八戸が市制に施行した際に、地元特産品の南部せんべいのアピールのためにストーリーを作り、昭和二十二年の昭和天皇東北行幸《ぎょうこう》の八戸訪問の際にも紹介したと〝白状〟している。楠木「菊水」と赤松「三階松」の焼き入れも、話に真実性を持たせるため、南朝ゆかりの二氏を絡めたとのことである。

だが、突拍子もない説と一蹴できるであろうか。同じ青森県内の弘前市には、かつて長慶天皇陵墓《りょうぼ》参考地とまでなった旧相馬陵《そうまりょう》があり、昭和十年に宮内《くない》大臣の諮問機関として設置された臨時陵墓調査委員会によりまとめられた報告書には、青森県に残る長慶陵伝説地が、当時参考地であった相馬陵を含む九箇所もあげられている。

信頼にたる史料によるならば、伏見宮《ふしみのみや》家に伝来した音楽書の中に、『箏相承系図《そうそうじょうけいず》』という箏《そう》（琴）の師弟関係を表した系図があり、後村上の弟弟子に「陸奥親王」と記されている。後村上の後の今上《きんじょう》（当代の天皇）となると長慶を指すと考えられ、父後村上同様に陸奥守に任じられていたのであろうか。宮内庁の見解では、当系図は南北朝期に作成されたとのことなので、北朝側から陸奥親王との呼称にて認識されていた可能性は高い。また、八戸市の櫛引《くしひき》八幡宮には、同市の根城《ねじょう》を拠点としていた南部信光《のぶみつ》が、

南部氏の拠点・根城跡　青森県八戸市

後村上から拝領したという国宝に指定されている白糸威《しろいとおどし》褄取鎧《つまどりよろい》が奉納されている。当神社にはもう一点、鎌倉期の様式である赤糸威鎧《あかいとおどしよろい》も奉納されており、こちらも国宝指定を受けている。声高々に後村上拝領と述べる〝白い方〟よりトーンダウンしているものの、〝赤い方〟も長慶が所有していたとの伝承がある。

　陸奥国とゆかりが深い父後村上、その後村上の信任厚く最後まで南朝方として奮戦した南部氏。親王時代に陸奥守へ任じられていたとしても形式的な可能性が高いが、陸奥親王という名称。このあたりが長慶と青森を結びつけた〝震源地〟なのかもしれない。

　これほど謎が多く、数多の伝説を持つ室町・戦国期の天皇はいるだろうか。本項は、この謎多き天皇の実像に可能な限り迫ってみたい。

一、長慶天皇は実在したのか

江戸時代から始まった存在論争

長慶天皇は、江戸時代から存在論争が繰り広げられ、論争は明治期にまで持ち越された。

ただし、抹殺博士こと重野安繹《しげのやすつぐ》により〝抹殺〟された児島高徳《こじまたかのり》（『太平記』以外の史料にはほとんど登場しないため架空の人物とされたが、その後モデルとなった土豪の存在が指摘された）や、アカデミズム仏教史を確立した辻善《つじぜん》之助《のすけ》により〝救出〟された親鸞《しんらん》（当該期の記録や親鸞自身の記録がないことから架空説が浮上したが、自筆の書状の発見により実在が証明される）のように、その実在性が論争になったのではない。長慶院と呼ばれた人物がいたことには間違いないが、はたしてこの人物は即位したのか否かが争われてきたのである。

明治時代に称えられた長慶不在位説の急先鋒である谷森善臣《たにもりよしおみ》は、後村上天皇の皇子の内、兄を後亀山天皇、弟を長慶院と比定し、後村上の後、後亀山が即位し寛成《ゆたなり》親王（長慶）を皇太弟としたが、長慶が即位することなく南北朝合一となったとした。つまり、長慶「院」とは、長慶「天皇」でも院政の「院」でもなく、後に入寺した寺院名で称された、天皇になることができなかった元皇太弟の僧侶ということになろう。

また、非在位説の有力な傍証となっているのが、いわゆる「三代説《さんだいせつ》」である。その根拠となるのは、後醍醐天皇の皇子宗良親王によって弘和元年（一三八一）に成立した『新葉和歌集』の序文に「かみ元弘のはじめよりしも弘和の今にいたるまで、世は三つぎ年はいそとせ《（五十年）》のあひだ」「呉竹のその人かずにつらなりても三代の御門につかへ」と、記されていることである。つまり、元弘年間（一三三一〜三三）から弘和年間（一三八一〜八四）の約五十年間は、後醍醐・後村上・後亀山の三代の治世と解釈できるのである。一方、長慶を含んだ「四代」と記されているものは、北朝側の編纂《へんさん》や後世の者の手によるものが多く、信用しがたいということも「三代説」の後押しをした。

大正時代に存在が証明される

大正時代まで持ち越されることとなった長慶在位不在位論争だが、親鸞〝抹殺人〟の一人でもある八《や》代国治《しろくにじ》は、その著書『長慶天皇御即位の研究』において、非在位説に対していねいな反証を行い、在位の事実を証明した。八代は証拠となる史料の厳密な検討を行い、信頼性を証明し、即位説の確証を各個提示した。まず、建徳二年（一三七一）書写の醍醐寺《だいごじ》所蔵の『帝系図《ていけいず》』に「当《寛成》、（今）」と、当今すなわち現天皇の諱《いみな》に、長慶の諱である寛成と記されていること。前出の『新葉和歌集』古写本の応永三十二年（一四二五）に記された奥書《おくがき》に「南朝慶寿院法皇御在位之時」と、長慶の別称である慶寿院《けいじゅいん》の名が記されていること（ただし、谷森は慶寿院＝後亀山としている）。前田侯爵家所蔵の天授三年（一三七七）七月十三日付の『嘉喜門院集袖書《かきもんいんしゅうそでがき》』に「内の御かた《長慶院法皇》」と、天皇を指す内御方の脇書きに長慶院法皇とあること。後柏原天皇《ごかしわばら》（在位一五〇〇〜二六年）の代に作成された『帝王御系図《ていおうごけいず》』に「吉野帝寛成法皇」とあること。応永十五年に書写された、歴代天皇を列挙した『人王百代具名記《にんのうひゃくだいぐみょうき》』に「〔（欠損）第九十八太上天カ〕皇寛成」とあること。北朝の洞院満季《とういんみつすえ》が王家の系図をまとめて応永三十三年に完成した『本朝皇胤紹運録《ほんちょうこういんじょううんろく》』にも、「号長慶院」と付された「寛成親王」が確認できること。

以上を徴証とし、長慶の在位の事実を証明した。また、谷森が後亀山に比定した慶寿院が誤認であること（『建内《けんない》記《き》』という貴族の日記にそれぞれ別人で記されている）、長慶が兄で後亀山が弟であることも（『印信《いんじん》秘《ひ》抄《しょう》』という仏教書の奥書に「長慶院殿《大覚寺仙洞御兄》」とある）、逐一史料をあげて反証した。大覚寺は、後亀山が晩年過ごした大覚寺統の名称の元になった寺院で、後亀山の尊号を与えられるまで大覚寺殿と呼ばれていた。

そして、〝駄目押し〟ともいえる証明が、令和改元で話題となった『万葉集《まんようしゅう》』研究の大家武田《たけだ》祐吉《ゆうきち》により、大正五年に発見された『耕雲千首《こううんせんしゅ》』古写本である。『耕雲千首』は長慶在位中の天授二年に行われた千首和歌会の花山院長親《かざんいんながちか》（法名「耕雲」）の詠草《えいそう》である。複数の写本が存在するが、その内の大正五年発見の写本は、紙質・書風から慶長年間（一五九六〜一六一五）までには書写されていたと考えられ、元中六年（一三八九）に記された奥書も写されている。そこには「仙洞《長乗(慶)院殿》幷当今《大覚寺殿》」とある。長乗院は長慶院の写し間違いと考えられ、元中六年に上皇（仙洞）と天皇（当今）が存在していたことになり、後村上がすでに死去していることからも、上皇が長慶、天皇が後亀山と解釈するしかなかろう。

このように、先人の歴史家たちは、厳密な史料検討を行い、証拠を積み重ねて実証していったのである。長慶の即位は動かしがたい事実となり、その後の宮内省《くないしょう》による調査を経て、大正十五年十月二十一日皇統加列の詔書《しょうしょ》が発布され、非在位との不名誉な疑いが晴れて、めでたく「長慶天皇」の諡号が与えられ、第九十八代天皇として公認されたのである。

もらえなかった諡号と二つの称号

先ほどの在位非在位論争にて、慶寿院なる長慶天皇の別号が出てきたが、当該時においても長慶院・慶寿院との二つの称号が併存していた。

この二つの称号について論究した村田正志《むらたまさし》は、そもそも長慶院なる称号は、正規の手続きにより贈られた諡号《しごう》（天皇号）ではなく、住所に基づく称号という。住所に基づく称号は、北朝初代の光厳天皇が、伏見の光厳院に幽閉されていた時があり、それにちなんで付けられた事例がある。また、二代光明天皇も、同じ伏見の大光明寺《だいこうみょうじ》から採用されたと思ってよい。

南朝四代の内、後醍醐・後村上の両天皇は南朝による諡号である。後醍醐号は、南朝の忠臣北畠親房の『神皇正統記』から遺勅《いちょく》（天皇の遺言）が実証できるが、後村上は遺勅ではなかろうかの推定に留まる。ただし、平安時代の延喜《えんぎ》・天暦《てんりゃく》の治の醍醐《だいご》・村上《むらかみ》両天皇を意識した諡号であるということは人口に膾炙された話ではある。

南朝最後の後亀山天皇は、南北朝合一後、三種の神器譲与の儀により、北朝の後小松《ごこまつ》天皇から尊号が与えられた確証がある。後亀山とは大覚寺統の祖亀山を意識した遺勅によるものであろう。よって、長慶のみ諡号が与えられた形跡がなく、長慶の死去時は南朝最衰退期であったため、諡号が与えられなかった可能性を村田は指摘している。

陵墓はどこなのか

では、住居による称号との説は理解できたが、長慶院や慶寿院なる寺院はどこにあるのだろうか。

この二寺院の内、慶寿院ははっきりしている。この寺院は、足利尊氏が後醍醐を弔うために創建した京都五山第一位の天龍寺《てんりゅうじ》（京都市右京区）の塔頭《たっちゅう》である。残念ながら慶寿院は現存していないが、開基は長慶皇子の海門承朝《かいもんじょうちょう》であり、父の菩提を弔うため慶寿院を菩提所《ぼだいしょ》としたことまでは確証が得られている。ただし、この寺院に長慶本人が居住したかまでは定かではない。

大正十五年（一九二六）の長慶天皇認定の際、当時の宮内省は天皇となるからには陵墓を確定せねばならず、臨時陵墓調査委員会が立ち上げられた。そして、全国の長慶終焉伝説の地として、北は北海道函館《はこだて》（旧銭亀沢村《ぜにがめざわ》）から、南は福岡県嘉穂《かほ》郡（旧碓井《うすい》村・千手《せんず》村）まで、七十三箇所がリストアップされた。とくに、関連寺社や旧家などに残る史料の整理や、京都府・大阪府・奈良県・和歌山県などの有力な伝説地の調査を行った。史料の収集により、『長慶天皇側近者事蹟研究資料』が編纂され、長慶関連の史料が網羅的に所収されたため、副次的に、現在における長慶研究のバイブル的史料集となった。

だが、残念ながら長慶の陵墓を証明する確証を得ることはできなかった。しかし、天皇陵は必ず指定せねばならない不文律があるため、調査委員会は一つの仮説を立てた。それは、地方に散った南朝縁者や関係者は晩年上洛しているケースが多いことから、長慶もご多分に漏れず晩年に京へと戻ったのではと推測したのである。そして、別称として慶寿院が用いられていることからも、皇子の海門が入院している慶寿院で余生を過ごした可能性が高く、慶寿院跡地を整備して陵墓を作り、昭和十九年（一九四四）二月十一日の紀元節《きげんせつ》に嵯峨東陵《さがのひがしのみささぎ》として、天皇陵が定められた。よって、長慶天皇は大正生まれで、昭和に葬られたともいえよう。

ならば、なぜ慶寿天皇ではなく長慶天皇なのだろうか。そもそも、長慶院とはいかなる寺院なのだろうか。前述の村田は、慶寿院はあくまで海門が父の菩提を弔うために開基した菩提所で、居住はしていなかったのではと指摘する。住所ではなく菩提所が称号として用いられる例は、崇光天皇の皇子栄仁《よしひと》親王が、菩提所である大光明寺塔頭の大通院《だいつういん》との称号で用いられている。よって、菩提所である慶寿院の称号が用いられていても何ら不思議ではない。

そして、本丸の長慶院だが、長慶は出家後、覚理と号した。村田は僧覚理を禅僧と位置付け、南朝との関係が深い臨済宗法燈派《りんざいしゅうほうとう》の禅寺の中に長慶院なる寺院があるのではと推理した。そして、和泉国の大雄寺《だいゆうじ》（大阪府高石市）に属する長慶院なる禅院に晩年居住していたのではとの仮説を立てた。村田のこの仮説は批判的見解もあり、定説とまではなっていない。また、大雄寺も現存してはおらず、南海電気鉄道の伽羅橋《きゃらばし》駅前に跡地を示す石碑が建てられているのみである。結局、「長慶」の由来はどこからなのか。謎は深まるばかりである。

二、史料上で確認できる足跡と生涯

即位と退位はいつか

ここでは、史料上で確認できる長慶天皇の足跡をたどってみる。ただし、長きにわたり在位非在位論争が繰り広げられた最たる原因は、史料の残存状況である。室町・戦国期の天皇の中で、史料の乏しさはピカイチであり、それゆえ謎多き天皇とされるのである。

長慶は、即位時期も退位時期も推測の域を出ない。即位に関しては、正平二十三年（一三六八）三月十一日に死去した後村上天皇の後を受けて践祚したと考えるのが妥当とされているが、それより前にさかのぼるのではという説もある。とりあえず、今日では正平二十三年即位説を用いている書籍がほとんどである。

比較的異論が少ない即位年の推定に対し、退位についての説は多岐にわたる。日本最大の日本史辞典である『国史大辞典《こくしだいじてん》』を筆頭に、多くの辞書類は弘和三年（一三八三）を後亀山天皇への譲位年としている。

前述の在位説の確証を提示した武田祐吉も、弘和元年は在位していた事実があり、弘和三年閏《うるう》九月に院宣《いんぜん》が出されていることから弘和元年から三年の間に皇位継承が行われたとし、弘和は辛酉《しんゆう》改元（辛酉の年は改元を行うという習わし）であるため、弘和三年の元中改元こそ代始《だいはじめ》改元（天皇が代わると改元するという習わし）ではとの見解を示している。

八代国治『長慶天皇御即位の研究』では、最も在位期間が短い正平二十四年説から、建徳元年（一三七一）・文中二年（一三七三）・弘和元年説までの四説、さらに長慶・後亀山兄弟の不和による南朝分裂説まであげ反証を行っている。この中で、一次史料起因による説が文中二年譲位説である。室町幕府による記録である『花営三代記《かえいさんだいき》』では、応安六年八月二日条に弟後亀山へ譲位したとの記事があり、江戸時代の林鵞峯《はやしがほう》（春斎《しゅんさい》）編纂の通史『続本朝通鑑《ぞくほんちょうつがん》』もこの説を採用している。しかし、八代は文中二年譲位説の根本史料は『花営三代記』のみであり、ほかの史料から総合的に判断すると、『花営三代記』の記述は、同時期に河内国天野（大阪府河内長野市）にて行われた北朝軍と南朝軍の戦いで、南朝が大敗したことに起因する風説等を記したものとする。

よって、本書では最も妥当と思われる弘和三年に譲位という説を取ることとする。

さて、長慶の政務の実体を見るうえで最も効果的なのが、彼が発した命令書であろう。天皇在位中は綸旨、譲位後は院宣が残っており、現在の南朝研究の第一人者である森茂暁は、正平二十三年から弘和三年までの十五年半の約六十通の綸旨を整理した。綸旨とは、秘書である蔵人を介して出される天皇の命令書である。

森の研究をまとめると、長慶が発した綸旨は、後村上の比ではないけれども、弟の後亀山よりははるかに凌いでいるとのことである。綸旨の内容は、所領・所職の安堵《あんど》、料所・知行《ちぎょう》地の給与、祈祷の命令のほか、軍事関係のものが多く、これを北朝方の室町幕府との戦いを軸に展開したからとする。また、和睦関連の史料がないことからも、長慶天皇は主戦派と位置付けられる。

森は、長慶綸旨で特筆すべきこととして、伊予国の河野道尭《こうのみちたか》を伊予国守護にするとの綸旨をあげている。天皇が武家の役職を綸旨で任命するという、後醍醐天皇以来の綸旨至上主義が継承されていることがわかる。

そして、発給先のほとんどは大和・河内・和泉・紀伊といった大阪・奈良・和歌山の山間部の寺や僧侶であり、とくに河内の金剛寺・観心寺、和泉の久米田寺《くめだでら》に多く残っており、こういった寺々が南朝を支えたと、森は位置付ける。

謎に包まれた生涯

長慶天皇の母は嘉喜門院《かきもんいん》だが、その出身は諸説ある。『帝王系図』に「母内侍二条関白（二条師基）猶子」とあり、二条師基《にじょうもろもと》の養子であることはわかる。誕生の記事はないが、応永元年の『大乗院日記目録《だいじょういんにっきもくろく》』にある長慶死去の記事に五十二歳とあるので、単純に引き算すると興国四年（一三四三）生まれとなる。そして、諱は寛成と名付けられた。

践祚は、前述したように後村上天皇死去の正平二十三年（一三六八）頃と推定される。践祚当初は摂津国の住吉行宮（大阪市住吉区）に居り、践祚と同じ年に大和国の吉野（奈良県吉野町）へと移ったが、

住吉行宮跡　大阪市住吉区

翌年には、河内国天野の金剛寺（大阪府河内長野市）に入ったという。正平二十五年には建徳、建徳三年には文中へと改元したことが『大乗院日記目録』からわかるが、改元理由は定かではない。その間、御製《ぎょせい》（天皇の和歌）を詠んだり、所領・所職安堵や軍功・祈祷賞賛の綸旨を発給したりするなど積極的に活動している。長慶の綸旨は遠く神奈川の湘《しょう》南《なん》の地でも発見されており（神奈川県茅ヶ崎市の上正寺《じょうしょうじ》）、各地に南朝勢力の根を張ろうとの心意気が感じられる。

だが、文中元年（一三七二）、南朝の牙城の一つ懐良親王の大宰府征《だざいふせい》西府《せいふ》が、室町幕府の九州探題今川貞世《きゅうしゅうたんだいいまがわさだよ》（了俊《りょうしゅん》）により陥落する。森茂暁は、南朝は地方勢力により支えられており、この征西府陥落を境に綸旨の数が減少することを指摘する。南朝の生命線ともいえる南朝―征西府ラインが遮断されたのである。

さらに駄目押しは、文中二年に北朝へと寝返った楠木正儀が、淡路国守護の細川氏春《うじはる》、摂津国守護の赤松光範《みつのり》らを導き天野に侵攻したことである。大敗を喫した長慶奉ずる南朝は、吉野退却を余儀なくされる。正儀は、南朝の猛将楠木正成の三男であり、当時の南朝の支柱ともいえ、この裏切りが相当堪えたであろうことは想像に難しくない。そのようなこともあり、正儀の北朝投降が南朝瓦解と結びつけられ、長慶退位の風説が京都でささやかれたのである。

それでも、文中四年には、吉野にて五十番歌合《ごじゅうばんうたあわせ》や五百番歌合《ごひゃくばんうたあわせ》を開催し、この年の夏には天授へと改元した。そして、知行地給与の綸旨を連発するなど、精力は衰えてはいなかった。先に述べた、伊予の河野道尭への綸旨による守護補任もこの頃である。また、父後村上に対する追善仏事も三回忌（正平二十五年）、九回忌（天授二年〈一三七六〉）と意欲的に行っている。天授二年には、焼失した大和国天《てん》川《かわ》の河合堂《かわいどう》（奈良県天川村）の復興を命じており、吉野における勢力の立て直しを図っている。さらに、同じ年の夏に、在位説の実証にも用いられた『耕雲千首』の基となる千首和歌会が、吉野にて開催されている。翌年も御楽《おんがく》に興じるなど、正儀ショックからの立ち直りの兆しが垣間見られる。

長慶は、天授五年の頃には大和南西部の栄山寺《えいさんじ》（奈良県五條市）に行在所を構えた。また、天授七年は辛酉の年だったため、革命すなわち天帝の命令が改まる年にあたるとの思想に基づく辛酉改元を行い、弘和元年（一三八一）とした。この頃、長慶は病気に悩まされていたようで、平癒の祈祷を盛んに行わせている。それでも気力衰えることなく、宗良親王編纂による『新葉和歌集』の奏進を受けた。『新葉和歌集』には、長慶の御製五十二首が収録されており准勅撰《じゅんちょくせん》として扱われている。長慶が詠んだ歌には、『古今和歌集《こきんわかしゅう》』『万葉集』『伊勢物語《いせものがたり》』『源氏物語《げんじものがたり》』が援引されており、教養の高さをうかがわせる。さらに、この年は『源氏物語』の注釈書である『仙源抄《せんげんしょう》』を著し、天皇としての文化的素養が取得されていることがわかる。御製や『仙源抄』は、漢籍からの典故《てんこ》もあり、弘和二年の勅書には孔子《こうし》・魏《ぎ》徴《ちょう》の語が引用されていることからも、漢学の素養も見出せる。

不予《ふよ》からは回復したようだが、弘和三年には弟熈成《ひろなり》親王（後亀山天皇）へと譲位し、上皇となる。譲位の理由は明らかではないが、上皇となった後も精力的に院宣を発していることからも、政務への意欲は衰えていないことがわかる。譲位と同じくして元中へと改元されており、代始改元と思われる。

元中年間（一三八四～九二）は、長慶にとって試練の時代といえよう。紀伊高野山《こうやさん》の霊宝館には、高野山と連関する丹生都比売神社《にふつひめじんじゃ》へ納められた元中二年付けの願文《がんもん》が所蔵されている。この願文は、長慶唯一の自筆の文書であり、そこに記された「今度之雌雄」という文言が、歴史研究において物議を醸してきた。「雌雄」とは弟の後亀山との対決か、北朝との決戦かという二通りの解釈があり、いまだに結論を得ていない。ただし、並々ならぬ決意を表明していることは確かであり、いよいよ何らかの決着の時は迫ってきたのである。

しかし、元中三年までは戦勝祈願、所領の安堵や給与の院宣が見られるものの、元中三年四月五日の大和の二見《ふたみ》越後守《えちごのかみ》宛の院宣以降、長慶の姿は史料上から消える。辛うじて繋ぎ直していた吉野―九州ラインの征西府側も、長慶の消息を把握できなくなる。

また、潜伏伝説が多く残る青森は、陸奥の根城にて南朝の孤塁を築いていた勇将南部信光《のぶみつ》への後村上綸旨が残っており、吉野―陸奥ラインが築かれていたことがわかる。だが、南部は後村上から甲斐国を与えられ、もともとの本領であった甲州に進出するものの、長慶と結びついた綸旨等は残存していない。

南部は、南北朝合一後再び八戸へと撤退する。結局、正平の晩年までは吉野とのつながりを見出せるが、長慶即位後の一次史料がないのが現状である。

長慶のゆくえは、南北朝合一後においても不明である。後亀山と共に上洛した形跡もなく、応永元年（一四九四）八月一日の『大乗院日記目録』の長慶死亡記事が久々の史料上の登場であった。

前述の長慶院の称号にて触れたように、和泉国の大雄寺塔頭の長慶院なる禅寺に居住していたのか、京都嵯峨の天竜寺塔頭の慶寿院にて余生を過ごしていたのかも、明確な証拠があるわけではない。はたして彼の晩年は、どこでどのような余生を歩んでいたのであろうか。

このような謎が、南部せんべい創始説などの伝説の素地となったのである。

おわりに――歴史の闇に消えた皇子たち

長慶天皇の皇子は、五人ほど確認できる。比較的史料が残存しているのは、慶寿院の項で述べた海門承朝である。海門は、相国寺《しょうこくじ》（京都市上京区）や南禅寺《なんぜんじ》（京都市左京区）といった京都五山の上位の禅寺のトップを務め、幕府との関係も良好であった。北朝の後小松天皇の側近万里小路時房《までのこうじときふさ》は、広才博覧にして法徳無比の耆老《きろう》と、海門を高く評価している。嘉吉三年（一四四三）、父の菩提所である天龍寺塔頭慶寿院にて没した。そのため、慶寿院跡には父長慶の陵墓とともに海門の墓所もある。

長慶の第一皇子と目されるのは、世泰《よやす》親王である。父長慶より先に死去したようで、『新葉和歌集』に父長慶と母教子による哀傷歌が収められている。後醍醐天皇が眠る吉野の如意輪寺塔尾陵《とうのおのみささぎ》（奈良県吉野町）の脇に墓所がある。

禅僧として活躍した海門に対し、密教僧として活躍したのが行悟《ぎょうご》である。行悟は、天台宗《てんだいしゅう》系の円満院《えんまんいん》（滋賀県大津市）に入り、後円満院宮《のちのえんまんいんのみや》と称した。世泰・行悟ともに後亀山天皇皇子とする説もあるが、現在では誤りであることが実証されている。

真言宗《しんごんしゅう》の勧修寺《かじゅうじ》（京都市山科区）にも佐山宮《さやまのみや》と称する長慶の皇子が確認できる。『東寺光明講過去帳《とうじこうみょうこうかこちょう》』に「勧修寺宮僧正尊聖」とあり、「寛成親王子」との割書が付されていることから、勧修寺門主の佐山宮と尊聖《そんしょう》は同一人物であると考えられる。

前述の万里小路時房の日記『建内記』では、嘉吉三年時の残存南朝宮家に、護聖院宮《ごしょういんのみや》（後村上皇子が始祖）と玉川宮《たまがわのみや》があげられており、諱は不明だが、この玉川宮は長慶皇子と考えられる。玉川宮をもって長慶本人とする説もあったが、現在は否定されている。玉川宮の娘は六代将軍足利義教《よしのり》の侍女《じじょ》となっており、玉川宮自身は因幡国に転居していたが、事情やその後の消息は不明である。

そして、ほかの南朝皇子同様に、孫の世代となるとその詳細はほとんどわからなくなり、歴史の闇へと消えていくのである。

（久水俊和）

【主要参考文献】

久米邦武「太平記は史学に益なし」（松島榮一編『明治文学全集七八　明治史論集（二）』筑摩書房、一九七六年、初出一八九一年）
重野安繹「兒島高徳考」（松島榮一編『明治文学全集七八　明治史論集（二）』筑摩書房、一九七六年、初出一八九〇年）
芝葛盛「長慶天皇の皇胤について」（『史苑』二―一、一九二九年）
新郷村史編纂委員会『新郷村史』（新郷村、一九八九年）
相馬村誌編集委員会『相馬村誌』（相馬村、一九八二年）
武田勝藏「長慶天皇の綸旨」（『史学』三四―一、一九六一年）
武田祐吉「長慶天皇を仰ぎ奉りて」（同『武田祐吉著作集　第八巻　文学史・歌物語篇』角川書店、一九七三年、初出一九一七年）
谷森善臣『嵯峨野之露』（青山堂書房、一九〇二年）
辻善之助『親鸞聖人筆跡之研究』（金港堂書籍、一九二〇年）
天川村『天川村史』（天川村、一九八一年）
外池　昇「臨時陵墓調査委員会による長慶天皇陵の調査」（『日本常民文化紀要』二九、二〇一二年）
中村悟志「せんべい物語」第一部歴史の巻1～7（『デーリー東北』二〇〇二年一月九～十五日版）
八戸市史編纂委員会『八戸市史　通史編』（八戸市、一九七六年）
八戸市史編纂委員会『新編　八戸市史　中世資料編・編年資料』（八戸市、二〇一四年）
藤井讓治・吉岡眞之監修『天皇皇族実録七五　後村上天皇実録・長慶天皇実録・後亀山天皇実録』（ゆまに書房、二〇〇九年）
村田正志「長慶天皇と慶寿院」（同『村田正志著作集第1巻　増補南北朝史論』思文閣出版、一九八三年、初出

一九四〇・一九四一・一九四四年）
村田正志「長慶天皇研究に於ける武田博士の功績」（同『村田正志著作集第2巻　続南北朝史論』思文閣出版、一九八三年、
初出一九五八年）
森　茂暁『皇子たちの南北朝』（中公文庫、二〇〇七年、初出一九八八年）
森　茂暁『闇の歴史、後南朝』（角川ソフィア文庫、二〇一三年、初出一九九七年）
森　茂暁『南朝全史』（講談社選書メチエ、二〇〇五年）
八代国治『長慶天皇御即位の研究』（明治書院、一九二七年、初出一九二〇年）
臨時陵墓調査委員会編『長慶天皇側近者事蹟研究資料』（臨時陵墓調査委員会、一九三八年）

後亀山天皇

――南北朝合一のはざまで

誕生　正平五年（一三五〇）もしくは正平七年
崩御　応永三十一年（一四二四）四月十二日

諱　熙成
父　後村上天皇
母　嘉喜門院と阿野実為娘の二説

在位期間
弘和三年（一三八三）冬頃
　～元中九年（一三九二）閏十月五日

陵墓　嵯峨小倉陵（京都府京都市右京区嵯峨鳥居本小坂町）

はじめに――南朝の最後を飾る天皇

南朝の歴代天皇のなかで最も有名な天皇が後醍醐天皇であることは、論を待たないであろう。本項の主人公である第九十九代後亀山《ごかめやま》天皇は、南北朝合一という歴史の大きな節目の当事者として、後醍醐の次に有名といってよいのではないか。いや、南北朝合一こそが後亀山の人生のハイライトであり、それ以外についてはわからないところが多い、といったほうが正確かもしれない。ただ、そうであっても、後醍醐以外の南朝の天皇のなかでは史料が比較的豊富に遺されているほうであるので、それらから後亀山の人生をできるだけ復元してみたい。

詳しく述べる前に、後亀山の人生について大まかにみておこう。後亀山は後村上天皇の第二皇子として誕生した。母については嘉喜門院《かきもんいん》と阿野実為《あのさねため》娘の両説がある。生年についても正平五年（一三五〇）と正平七年の両説がある。諱は熙成《ひろなり》。正平二十三年（一三六八）に兄である長慶天皇の践祚にともない東宮となり、長慶の後継者と定められたらしい。弘和三年（一三八三）頃に践祚したようである。しかし、南朝の頽勢はもはや止めようがなく、元中九年（一三九二）に北朝・室町幕府との和睦を行った。いわゆる南北朝の合一である。

合一後は、上皇の待遇を受けるも政治的活動はほとんどみられず、「金剛心《こんごうしん》」を法名として出家して、嵯峨大覚寺で隠遁生活を送っていたとみられる。応永十七年（一四一〇）に突如として吉野に出奔するも、六年後に還京し、応永三十一年に大覚寺にて崩御した。陵墓は嵯峨小倉陵《おぐらのみささぎ》。子孫は小倉宮を称したが、後亀山の孫に当たる聖承《せいしょう》の代に断絶した（聖承の子息として教尊《きょうそん》がいるが、宮家の当主となる以前に出家を強いられたので、宮家としては聖承で断絶したとみてよいだろう）。そのほか、応永十七年に三十六歳で誓願寺《せいがんじ》において出家して十念寺《じゅうねんじ》の開基となった真阿《しんあ》とその跡を継承した宗玉《そうぎょく》（仏妙《ぶつみょう》）も、後亀山の皇子であったと伝えられている（『洛陽誓願寺縁起《らくようせいがんじえんぎ》』など）。

不運にも南朝の最後を飾ることになった後亀山は、時代の転換点をどのように生き抜いたのか。まずは、南朝時代からみていきたい。

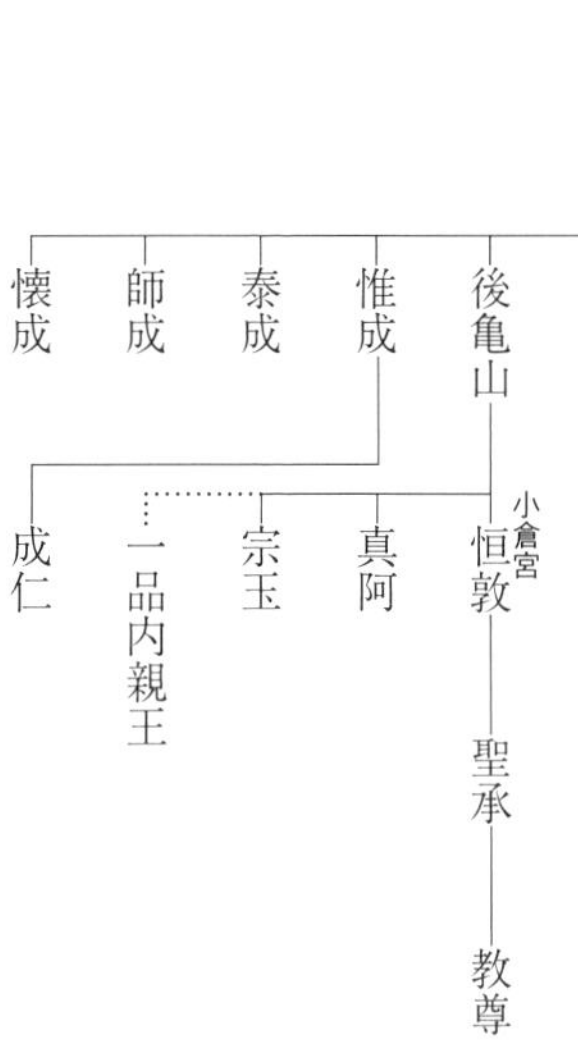

系図1　後亀山天皇周辺系図（本稿に関わる部分のみ、推定含む）

南朝時代の後亀山について注目されるのは、兄である長慶天皇との関係である。長慶は後村上天皇の第一皇子であり、第九十八代天皇として、本書でも久水俊和氏が担当・執筆している。よって、長慶の詳細についてはそちらを参照してほしいが、後亀山はその長慶と対立関係にあったという説がある。

それについて述べるには、当時の南北朝の争

後亀山天皇画像　京都市右京区・旧嵯峨御所　大本山大覚寺蔵

いについて少し詳しくみておく必要があろう。久水氏の担当と少々重なるが、行論の都合上、ご了承いただきたい。

第九十七代後村上天皇の代には北朝との和睦交渉が試みられた形跡があるが、長慶天皇の代にはそれが確認できないため、長慶天皇は和睦に反対する主戦派であったとみられている。その一端を示すと思われるのが、元中二年（一三八五）に長慶上皇が高野山丹生《にう》社に納めた願文《がんもん》で、それは「雌雄を決する戦い」で勝利することを祈願するものとなっている。当時の政治情勢をふまえれば、南朝が北朝に勝利することを祈願したものと考えられる。しかし、和睦派の後亀山天皇との対立において勝利することを祈願したものとみる見方も根強い。後村上の代から和睦派として知られた楠木正儀（正成の孫）が正平二十四年に北朝へ降伏し、弘和二年に南朝に復帰した（できた）ことも、主戦派の長慶が在位している南朝では、正儀の居場所がなかったからではないかといわれている。

ただし、南朝復帰後の正儀が、次節でみる南北朝合一交渉に携わったという記録は確認できない。とはいえ無関係であったとも断定できず、正儀の下準備があったからこそ、後亀山の在位中に南北朝合一が成功したとの見方もある。

一、義満主導で進められた南北朝合一

南北朝合一の条件

大正十年（一九二一）、日本史研究者の三浦周行が、公家の子孫である近衛《このえ》家の所蔵文書から一通の文書の写しを見つけた。それは、南北朝合一に際して当時の将軍足利義満《よしみつ》が南朝側に対して承諾した条件を示したもので、これにより南北朝合一の交渉過程がはじめて明らかになった。当時の南朝の状況や合一後の後亀山の行動を理解するための重要な史料であるので、やや長文ではあるが現代語訳を左に掲げる。

南北朝合一のことについて、これまで何度も吉田兼煕《よしだかねひろ》を通じてご相談しておりましたところ、合意に至ったとのこと、めでたいことです。三種の神器を京都に戻さねばなりませんが、その際には、譲国《じょうこく》の儀式を執り行うべきであることは了解しました。今後は、北朝の子孫と南朝の子孫が交互に皇位につくべきであると決定しました。とくに、国衙《こくが》領についてはすべて南朝方がご支配ください。長講堂《ちょうこうどう》領については、全国みな北朝方の支配とします。これらの内容を、あなた（この文書の宛所である阿野実為）から吉田宗房《むねふさ》とともに後亀山天皇に申し上げてください。後亀山天皇が京都にお入りになる予定などに

ついては、吉田兼煕に指示しておきました。ご了解ください。恐々謹言。

ここからは、

①足利義満が北朝・室町幕府側として交渉を主導していたこと。

②吉田兼煕がその交渉の窓口として南朝側と実際に交渉していたこと。

③三種の神器を吉野から京都に移すに際しては、南朝の後亀山天皇が北朝の後小松天皇に譲位する形式を取ること。

④皇位継承は今後、両朝交互とすること。

⑤全国の国衙領は大覚寺統（南朝皇統）、長講堂領は持明院統（北朝皇統）のものとすること。

⑥南朝側の交渉窓口は阿野実為と吉田宗房であったこと。

⑦後亀山が還京する予定は、義満側が提示していたこと。

などが読み取れる。このうち、③と④と⑤が南北朝合一の条件として、両者の合意に達したものとして知られている。

もう少し詳細に読んでみよう。まず③は、義満が「了解した」（原文では「得其意候」）と述べていることから、それが南朝側からの提案（強い要望）であったことがわかる。どうしてこれを南朝が提案したかというと、南朝が保有している三種の神器こそが唯一本物であり、それを南朝から北朝に譲る形式を取ることで、南朝は北朝に対して自らの正統性を認めさせることができるからである。端的に述べてしまえば、南北朝の争いは「南朝と北朝のどちらの朝廷が正統か」をめぐって生まれたものであるから、南朝にとってこの条件は絶対に譲れないものであったといえる。しかしこれは、北朝にとってはそれまで京都で在位した天皇を否定することにつながる。北朝内で相当の反発があったことは想像に難くないが、義満は押し切ったのであろう（あるいは、のちにみる尊号《そんごう》宣下問題にみられるように、一部の公家にしか相談していなかったのかもしれない）。

足利義満木像　鹿苑院旧蔵

④は、義満が「決定した」（原文では「令治定候畢」）と述べていることから、義満側が主導して取り決めたことのように読める。南朝は自らの皇統のみが皇位を継承すべきと考えていただろうが、それは北朝にとってとうてい受け入れられるものではなかった。南朝としては、③を通すために④を呑んだといえるかもしれない。この項目は、鎌倉時代からの両統迭立の原則を遵守したものとも考えられている。

⑤については、どちらの提案かわかりづらいが、かつて足利尊氏から後醍醐天皇に提示された条件であり、その後、和睦交渉が何度かもたれるなかで常に条件の一つとして、両朝廷の間で懸案事項となっていたという指摘もある。いずれにしても、大和国や伊勢国な

ど紀伊半島の一部と九州以外に所領といえる所領をもはや有していなかった南朝にとって、安定的な経済基盤は必要不可欠であり、その保障を求めた南朝が義満と交渉し、勝ち取った項目であろう。

右の条件は、総合的には北朝より南朝に有利な内容といえる。もし北朝の誰かが交渉を主導していたならば、はたしてこのような条件を呑んだかどうか疑わしい。やはり、義満が交渉を主導していたからこそ、南北朝合一は実現したと考えられる。また、後年のことであるが、後亀山は民の憂いを除くために南北朝合一に踏み切ったと吉田兼敦《かねあつ》（兼熙の子息）に述べたらしい。そのような想いを抱く後亀山が南朝側の主であったことも、南北朝合一実現に大きく寄与したであろう。

後亀山に仕えた人々

明徳三年（一三九二）十月二十八日、後亀山は吉野を出発した。義満との合意事項を履行するためである。行列の様子や経路については、宮内庁書陵部に所蔵されている『南山御出次第《なんざんぎょしゅつしだい》』という史料によって明らかとなる。

行列は三種の神器を先頭として、それに十騎の騎馬が続き、その直後に後亀山が乗輿《じょうよ》する腰輿《ようよ》が続いた。その輿の後は、「三宮《さんのみや》（後亀山の弟である惟成《これなり》親王）」「福御所《ふくのごしょ》（同じく弟の懐成《かねなり》親王）」などの皇族、「関白（近衛経家《つねいえ》カ）」「阿野前内府（阿野実為）」「土御門《つちみかど》前大納言（北畠守親《もりちか》カ）」「同権大納言（北畠親能《ちかよし》カ）」「三条権大納言（三条実兄《さねえ》）」「六条中納言《ろくじょう》（六条時熙《ときひろ》）」「押小路《おしこうじ》中納言」「中院《なかのいん》中納言」「堀川《ほりかわ》宰相」「高倉左兵衛督」「頭中将烏丸《からすま》」「八条《はちじょう》中将」「六条中将」「左兵衛佐」「大膳大夫」「六位蔵人一人」「判官」などの廷臣が付き従い、最後尾は「伯耆堂《（党）》六人」「楠堂《（党）》七人」「和田一人」「秋山」「井谷」などの武士団によって固められていた。廷臣は家名と官職名しかわからない者が多く、武士は名字しかわからない。

南朝から「伊勢国司《いせこくし》」に補任された伊勢北畠氏の関係者がまったくみられない（伊勢北畠氏は北畠親房三男顕能《あきよし》の子孫。北畠守親・親能は次男顕信《あきのぶ》の子孫）ので、南朝の全勢力が後亀山に付き従ったわけではない。しかし、この行列を構成していた廷臣や武士団が、日常的に吉野で後亀山に仕えていたとみてよいのではなかろうか。

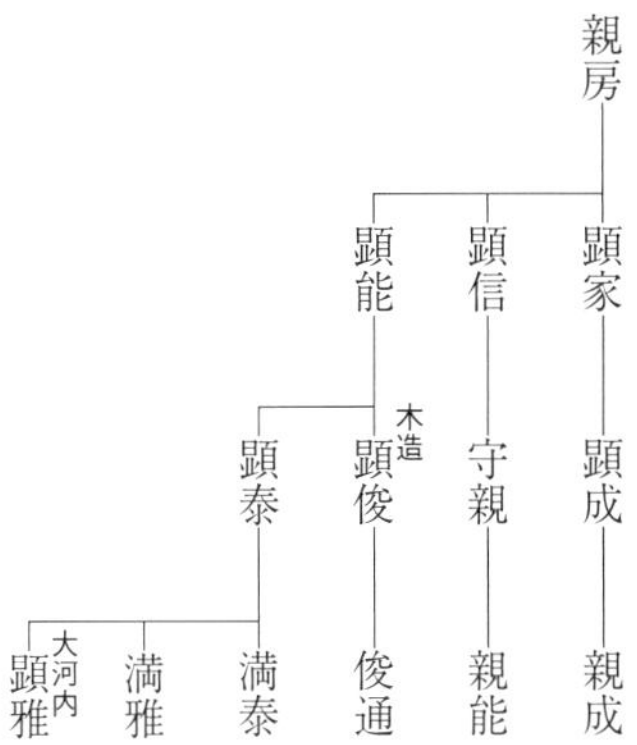

系図2　北畠氏略系図（主に『尊卑分脈』による）

また、『理性院《りしょういん》・金剛王院等相承血脈次第《こんごうおういんとうそうしょうけちみゃくしだい》』という史料の紙背《しはい》に、後亀山が出した命令書である院宣の案（下書き）などが五通遺されている。それらには、「三条前大納言」「八《はち》幡別当法印御房《まんべっとうほういんごぼう》」「中納言」「三条殿」「一品内親王」「吉田一位」「入道」「土御門大納言入道」「帥宮《そちのみや》」などの人物名がみえる。「三条前大納言」は『南山御出次第』の「三条権大納言（三条実兄）」に比定でき、「八幡別当法印御房」は因幡国関係者とも推測されているが、南朝の拠点になったことがある石清水八幡宮の別当《べっとう》（文書発給当時の別当は平等王院登清《びょうどうおういんとうせい》）

であろう。「一品内親王」は後亀山の皇女であろうか。もしその推測が正しければ、後亀山の皇女の存在がこの史料によりはじめて知られる。「土御門大納言入道」は『南山御出次第』の「土御門前大納言」「同権大納言」のいずれかと同一人物であろうか。「師宮」は、南朝において大宰帥《だざいのそち》に補任されたことがある泰成《やすなり》親王（後亀山の弟）を指すのであろう（惟成も大宰帥に任じられているが、その後式部卿になって「式部卿親王」と称されている。泰成は惟成の後任にあたる）。

あとでも述べるように、この五通は、当時後亀山が支配していた所領の一部を与えることを約束したものであるから、いずれの人物も南朝、もしくは後亀山に仕えていた、あるいは仕えたことがある人たちであったことは間違いないと思われる。

右のうち、帰京後の後亀山に近侍していたことがわかるのは、阿野実為や六条時熙などわずかな人物だけであり、人材は不足していたようである（右以外では、阿野実為息公為《きんため》や三条実兄息季久《すえひさ》、玉村《たまむら》駿河守季秀《すえひで》などがいる）。そのことは、後述する尊号宣下の際に報書《ほうしょ》（上皇から天皇へ尊号宣下の辞退を伝える文書。形式的なもの）の作者などが後亀山のもとにはいないのではないかと指摘されていることや、足利義持《よしもち》のもとに御幸した際に供をしたのが、いずれも元北朝の廷臣たちであったことからもうかがえる。

二、待ち受けていた苦難

ほとんど守られなかった約束

『南山御出次第』によると、後亀山の行列は降雨により予定の変更を余儀なくされながらも、橘寺《たちばなでら》や興福寺を経て閏十月二日の夜に、嵯峨大覚寺に到着した。そして到着からわずか三日後の五日に、三種の神器が後亀山から後小松に渡された。しかしこれは、後亀山と義満との間で約束されていた譲位の形式（警固固関《けいごこげん》・節会宣制《せちえせんせい》・剣璽渡御《けんじとぎょ》〈『代始和抄《だいはじめわしょう》』〉）を取るものではなく、さらに関白以下廷臣すべてが扈従《こしょう》すると定められていた剣璽渡御とも異なり、大納言や参議など限られた人物に先導されて三種の神器が移動しただけであった。「源平の合戦の際に安徳《あんとく》天皇が西国で崩御し、その後京都の後鳥羽《ごとば》天皇のもとに三種の神器がもたらされた文治の例に準拠せよ」との義満の指示により、このような簡略な形式になったと記録にあるが、後亀山は崩御しておらず、安徳・後鳥羽の例が先例として必ずしも適切とは思えない。

約束された三ヶ条のうち一ヶ条が早々に、しかも約束した当事者である義満の指示により破られた事実は重い。これに対して、後亀山側がどのように反応したのか記録がなく不明であるが、決して納得はしていなかったであろう。にもかかわらず、それを受け入れざるをえなかったところに、北朝・義満と南朝の実力差が表われている。

それでは、ほかの二ヶ条（今後皇位は両朝交互、全国の国衙領は大覚寺統のものとする）についてはどうだったのであろうか。結論から述べれば、いずれも完全な履行には至らなかった。

後小松に三種の神器が渡されたのち、後小松の後継者にあたる皇太子の地位は、何年ものあいだ不在であった。後小松の長男である躬仁《みひと》が親王となったのは応永十八年（一四一一）であり、翌年に践祚した（称光《しょうこう》天皇）。これにより、「皇位継承は今後、両朝交互とすること」とした約束が反故にされたことが明白となった。

この状況の変化には、義満の死去（応永十五年）が関係している。つまり、両統迭立を約束した義満は、皇位継承者について態度を明確にしなかった（後小松に明確にさせなかった、といったほうが正確か）けれども、次代の義持は合一交渉の非当事者の立場から条件を無視し、後小松の次の天皇として後小松の皇子を立てたのである。義満が先送りした問題を義持が瞬く間に裁断している点は注目すべきであるが、後亀山にとって不本意であったことは間違いない。

最後の「全国の国衙領は大覚寺統のものにする」という条件については、南朝や後醍醐天皇に縁のある国を中心に一部実現されたようである。すなわち、紀伊国や若狭国の国衙領について後亀山から命令が下されていることが知られているほか、先ほど引用した『理性院・金剛王院等相承血脈次第』の紙背に遺された文書からも、紀伊国・因幡国・「越州」の国衙領の一部を後亀山が臣下など関係者に与えていることがわかる。

しかし、その紙背文書には「守護の遵行が問題なければ」との一文が記されており、所領支配の実現には幕府が任命した守護の協力が不可欠であった。しかも、実際に各国で守護の協力を得られたかどうかは不明である。やはり、この約束の履行状況についても、後亀山にとっては不満が残るものであったと考えてよいだろう。

こうした義満側の違約を原因とするのかは不明だが、明徳四年（一三九三）に、後亀山が所持していた観音像が後小松に渡されている。この観音像は、天皇護持を僧侶に祈禱させる部屋である清涼殿二《せいりょうでんふた》間《ま》に安置されていたもので、「二間本尊《ふたまほんぞん》」と呼ばれていた。貞和二年（一三四六）以前にはすでに北朝のもとにはなく、南北朝合一時には後亀山の所持するところであった。なぜ、南北朝合一の時点ではなく明徳四年というタイミングでこの譲渡がなされたのかはわからないが、もしかしたら後亀山の北朝・義満に対するささやかな抵抗であったのかもしれない。

後亀山、上皇となる

南北朝合一後の後亀山は、その居所から「大覚寺殿」と称されていた。「院」や「上皇（太上天皇）」を付して呼ばれていないことから、後亀山が天皇であったという事実は、北朝においては無視されていたことがわかる。ここにも、南北朝合一の条件が履行されなかった様子がみてとれる。

そのような状況が大きく変わり、後亀山が尊号宣下を受けて「院」や「上皇」と称される資格を得たのは、応永元年（一三九四）二月二十三日のことであった。同じ月の六日に後亀山は足利義満と天龍《てんりゅう》寺《じ》で対面しているので、その際に後亀山から義満に対して現状への不満が述べられ、それに義満が応じたために事態が急展開した可能性が高い。

少し脇道にそれるが、この尊号宣下について簡単に解説しておこう。嵯峨天皇以降の天皇は、譲位したのちに自動的に「院」や「上皇」の称号が付与されず、現天皇から前天皇へ「太上天皇」の称号を贈るという文書が出されることが必要であった。この手続きを尊号宣下と称した。同時に、譲位後の天皇（すなわち上皇）の警護をするための人員を定めた兵仗《へいじょう》宣下と、経済的保証をした封戸《ふこ》宣下が出される場合が普通であった。正式には、これらの手続きを経たのちにはじめて「上皇」と称されるのであり、中世においては「上皇」や「法皇（出家後の上皇）」のことを「院」と称したので、「院」とも称されるようになる。後亀山はこれらの手続きを経ていないために、譲位後の天皇でありながら、正式には上皇ではなかったのである。

それでは、義満の突然の決定に公家たちが振り回される様子を、当時の史料からみていこう。

後亀山と義満が対面した翌日、参議東坊城秀長《ひがしぼうじょうひでなが》から左大臣一条経嗣《いちじょうつねつぐ》のもとに、「大覚寺殿に尊号宣下をすることになったのですが、皇位につかず尊号宣下を受けたのは、後高倉《ごたかくら》院の例しかないようです。そのほかに例があれば教えてください」との依頼が届けられた。

後高倉院とは、鎌倉時代の後堀河《ごほりかわ》天皇の父、行助《ぎょうじょ》入道親王のことである。後堀河は承久の乱によって廃位された仲恭《ちゅうきょう》天皇の跡として鎌倉幕府により擁立された。しかしまだ幼く、実際の政務は上皇・法皇などの「院」によって担われるべきであったが、その「院」たる人物はいずれも承久の乱で幕府と敵対して流罪に処されており、適当な（＝幕府にとって都合の良い）「院」が不在であった。そのために、後堀河の父である行助入道親王に白羽の矢が立ち、その結果、親王が「院」として院政を敷き、後堀河を後見する体制が成立したのである。

秀長が挙げたこの事例に対し、経嗣は「後高倉院の場合は、出家後に上皇の称号が奉られているので先例とはみなしがたい」と異議を唱え、そのほかの類似の例も、天皇の父という血縁関係を有していたから尊号宣下が可能であったと述べ、先例の求めがたいことを秀長に伝えている。その後も秀長と経嗣の遣り取りは続くが、それを終えた経嗣は、自らの日記に「今回の尊号宣下は非常に大きな問題であるが、後小松天皇から諮問があったわけでもなく、廷臣たちが集まって討議をしたわけでもない。有無を言わさず決定してしまったという。まことに言葉もないことである。凡人には考えの及ばない決定だ」などと記し、この決定に後小松天皇も多くの廷臣たちもまったく関与していなかったことを問題視している。

天龍寺での対面の際に、義満をここまで動かすようなことを後亀山が述べたのであろうか。あるいは、南北朝合一の条件を少しでも（形だけでも）履行しようと義満が努力した結果なのであろうか。いずれにしても、義満からの〝トップダウン〟によって、後亀山への尊号宣下が決定したことは間違いない（ただし、あくまで皇位につかずに尊号宣下を受けた先例の選定が前提であり、後亀山の在位が認められていない点には注意が必要である）。

右の遣り取りから二週間後の二十一日、秀長が経嗣のもとを訪れた。秀長は、「（後亀山への）尊号宣下を明後日必ず行うこととなりました。しかし、参考にすべき（尊号宣下の際に発給する）詔書《しょうしょ》の文章がなかなか決まらずに困っています。文章は建武の例（光明天皇が後醍醐に尊号宣下した例）に準拠せよとの（義満からの）命がありましたが、今回の尊号宣下と状況が異なるのでそのまま使用できません。ほかの類似の例についても文章に不審な点があります。つきましては、経嗣のほうで折衷案を作ってもらえませんか」と経嗣に依頼をした。

これに対して経嗣は、「そのような重大な事柄にすぐに回答を示すことはできない。が、建武の例に準拠せよという命令ならばそれに従えばよいのではないか。命令に従うことを第一に考えるべきであり、その際の文章については大きな問題とはならない」と回答している。しかし、あまりに義満に阿《おもね》りすぎていると思ったのか、経嗣は再考して翌日に秀長を呼び出し、後二条天皇から後伏見に対する尊号宣下の際の文章などを参考にしてはどうかと提案している。それを先例とすることに義満から疑義が呈されたが、関白二条師嗣《にじょうもろつぐ》が秀長の文案に賛成し、二十三日にようやく尊号・兵仗・封戸の宣下が実現した。

経嗣は、後醍醐天皇の子孫である後亀山に対して尊号宣下がなされたことが、南朝皇統の復活につながることを危惧しているが、後亀山にとっては当然の要求であったといえよう。

出奔し、再び吉野へ

応永二年（一三九五）、足利義満は後亀山のもとを訪れた。このときの様子を記した記録があったことが、戦国時代の公家三条西実隆《さんじょうにしさねたか》の日記『実隆公記《さねたかこうき》』に書かれている。後亀山が上皇としてどのように義満と対面したのか非常に興味深いところであるが、残念ながら記録は現存していないので、その様子を知ることはできない。翌年の前大僧正教賢《きょうけん》という僧侶の十三回忌に際して後亀山は、その弟子の光賢《こうけん》に宝篋印陀羅尼《ほうきょういんだらに》を贈った。そのことを記した光賢の寄進状において、後亀山は「大覚寺仙洞《せんとう》」と称されている。「仙洞」とは上皇の御所を指す言葉であり、転じて上皇の意味にも用いられる。形式上だけでなく、人々の間でも後亀山は「上皇」と認識されていたのである。

大きな壁を乗り越えて、ようやく手にした上皇待遇であったが、後亀山は応永四年にこれを放棄し、まもなく出家してしまう。出家以後も院宣が発給されていることは確認できるので、完全に政治の世界から決別したわけでもないようである。ただ、それ以外の活動で知られているのは、義満との対面や、南北朝合一の際に北朝側の窓口となった吉田兼煕とその子息の兼敦との交流のほか、関白一条経嗣にはじめて書状を遣わし、その後経嗣から『寛平御記《かんぴょうごき》』（宇多《うだ》天皇の日記）を借り受けていることが目立つぐらいであり、政治の表舞台に立つことはなかった。

そのような後亀山の様子に変化の兆しがみられるのが、応永十七年三月に行われた義満死去後の室町《むろまち》殿《どの》への御幸である。当時の室町殿の主は義満の子義持であり、後亀山は義持に面会するためにわざわざ室町殿まで足を運んだのである。義満との対面は、初度を除けば基本的に後亀山の居所である大覚寺で行われてきたので、今回はかなりの異例といえる。御幸の目的は不明であるが、何か切迫した事情があったのではないかと推測される。

同年十一月、後亀山は嵯峨小倉を出て吉野に向かった。その理由について、大きく二つのことが考えられている。

一つは、先述の躬仁の践祚への動きを察知した後亀山が、南北朝合一の条件が履行されない状況に不満を持ち、抗議の意を示すために出奔したというものである。前年に甥にあたる成仁《なりひと》（後亀山の東宮であった惟成《これなり》親王の子息）が（おそらく義持によって）出家させられたことも、後亀山をその行動に突き動かした原因の一つであったと考える見方もある。また、後亀山の皇子と伝えられる真阿と宗玉（仏妙）が誓願寺において同時に剃髪したのも、応永十七年であった（前述）。このことは同時代史料にはみえず、伝承の域を出ないが、閉塞的な状況を悲観した皇子たちが自ら出家したとも、義持により強制されて出家したとも解釈できる出来事である。

もう一つの理由は、経済的な困窮である。このことは、当時の史料（『看聞日記《かんもんにっき》』）に明確に記されている。

義満の在世中は、先にみた国衙領の知行がごく一部ながら実現された可能性があり、さらに義満から「十万疋」（現在の貨幣価値で一億円）を贈られたこともあった（『吉田家日次記《よしだけひなみき》』）。それらだけでは決して充分ではなかったであろうが、義満時代には何とかして収入を得られていたのであろう。しかし義持の代になると、そうした経済的な手当てというのは滞りがちになっていたのではなかろうか。

推測に推測を重ねることになるが、これらの状況証拠から、本稿では次のように考えたい。すなわち、将来的にも経済的にも閉塞した状況を打開するために行われたのが三月の室町殿御幸であり、それは義持への直談判の意味もあった。しかし、状況に変化がみられなかったため、後亀山は行動を起こしたのである。

この出奔の一ヶ月後、広橋兼宣《ひろはしかねのぶ》が「御使」として吉野の後亀山のもとに派遣されているが（『東院毎《とういんまい》日雑々記《にちざつざつき》』）、義持の命を受けてのものであろう。後亀山から事情を聞き、さらには帰洛を促すものであったと思われる。

しかし、後亀山はすぐには帰洛しなかった。後亀山の吉野滞在中に、飛騨国で姉小路《あねがこうじ》氏一族の古川《ふるかわ》家が、伊勢国で北畠氏が、それぞれ反乱を起こして幕府から討伐軍を差し向けられている。姉小路氏は南北朝時代に南朝から飛騨国司に補任されており、南北朝合一後も「飛騨国司」と称されていた。北畠氏も同様で、「伊勢国司」と称されていたことはよく知られている。そのように南朝と関係の深い一族による反乱は、後亀山の出奔と同じく南北朝合一の条件不履行に抗議したものと捉えられている。

しかしながら、姉小路氏一族の古川家の反乱については、公家山科《やましな》家が飛騨国内に有していた所領をめぐる紛争が発端であることが明らかになっており、幕府が討伐軍を差し向けたことについても、管領家斯波《しば》氏の勢力削減策の一環であるとする見方や、義持の代始めにあたって武威を示すためのセレモニーとして行われたとの見方がある。つまり、後亀山に与《くみ》することを目的とした反乱ではなかったと現在では考えられている。

伊勢北畠氏の反乱も同様で、発端はこちらも所領紛争であった。しかも、北畠氏の反乱が起きたのは応永二十二年で、後亀山の出奔から五年も経過している。事態の膠着をみかねての反乱と取れなくもないが、両者を結びつける積極的な証拠はない。

応永二十三年、関東の情勢悪化（上杉禅秀《うえすぎぜんしゅう》の乱の勃発）を受けて、後亀山が政治利用されるのを恐れた義持が、広橋兼宣や幕府管領細川満元《ほそかわみつもと》を通じて後亀山に所領の回復を約束した。それを受けて後亀山は帰洛することを決意する（このことからも、出奔の理由の一つとして経済的困窮があったことがうかがえる）。足かけ七年にもわたる出奔劇は、ようやく幕を下ろしたのである。

おわりに――政治の表舞台から消えた血統

後亀山が吉野に出奔しているあいだの応永十九年（一四一二）、躬仁親王は践祚し（称光天皇）、後小松は上皇として院政を開始した。後亀山の子孫が皇位を継承する道は、もはや完全に断たれたのである。

帰洛後の後亀山の行動を伝える史料は非常に少ない。帰洛翌年に足利義持に対して年始の進物をしたことや、足利義満の十三回忌に馬を奉納したことがわずかに知られる程度である。そして応永三十一年、雷鳴轟くなか崩御した。七十歳を過ぎていたとみられるが、正確な宝算《ほうさん》は不明である。

しかし、失意のうちに崩御したと思われる後亀山の遺志は、その孫である小倉宮聖承に受け継がれた。なお、後亀山の子である恒敦《つねあつ》も小倉宮を称したが、後亀山に先んじて応永二十九年に亡くなっており、事績もほとんど知られていない。

称光天皇は治世の後半に何度も危篤に陥っているが、そのうちの応永三十二年七月末のものは、密かに伏見宮貞成《ふしみのみやさだふさ》親王の子息である彦仁《ひこひと》王（のちの後花園《ごはなぞの》天皇）が皇位継承者として一度は内定したほど深刻であった。このとき「南朝」が皇位を所望したが、一顧だにされなかった（『看聞日記』）。この「南朝」が誰を指すのか不明であるが、後亀山の嫡孫たる聖承がその最有力候補であろう。同年八月に露顕した、称光に対する呪詛《じゅそ》疑惑事件で黒幕として名前が挙がった「大覚寺殿」も（『看聞日記』）、聖承のこととみてよいのではないか。

正長元年（一四二八）七月、またもや称光天皇が危篤状態にあったときに、聖承は伊勢北畠氏を頼って嵯峨小倉から伊勢国に下向した。称光に皇太子はおらず、北朝皇統のうち崇光流の彦仁を次期天皇にすべく事が進められていたなかでのことである。現状では如何ともしがたい状況の逆転を狙っての行動のように思えるが、「関東」すなわち鎌倉公方《かまくらくぼう》足利持氏《もちうじ》が聖承に話を持ちかけたことから始まったものであり（『満済准后日記《まんさいじゅごうにっき》』）、単なる抗議活動ではなかった。この動きに北畠氏当主満雅《みつまさ》が賛同し、聖承を奉じて挙兵するに至った。満雅は同年十二月に幕府軍によって討ち取られてしまうが、北畠氏は反乱を継続し、伊勢守護世保持頼《よやすもちより》を中心とする幕府軍は北畠氏の勢力圏内に攻め込めずにいた。

戦いが長期化すると、幕府と北畠氏との間で和睦の道が模索され、聖承自身も帰洛を望むようになった。しかし、その際にまたもや障害となったのが経済的な問題で、小倉宮の帰洛費用とその後の生活援助（御料所《ごりょうしょ》の設定）について幕府内で議論されている。これは、帰洛費用の一万疋（現在の貨幣価値で約一千万円）と、御料所が定まるまでの生活費を大名たちが負担することで決着し、小倉宮は帰洛、北畠氏による反乱も将軍足利義教《よしのり》が赦免することで終焉を迎えた。

帰洛後の聖承に毎月支給された額は不明であるが、永享三年以降は毎月三千疋（同じく約三百万円）の支給が定められていたようである。しかし、その財源となった大名たちが負担することを渋ったため、聖承はこのままでは「餓死」してしまうとして、状況の改善を幕府に訴えている（『満済准后日記』）。その後、永享七年に足利義教から勧修寺《かじゅうじ》への移住が命じられた際に、「田中庄」（現在地不詳。義満・義持・義教のそれぞれから安堵を受けていたと『満済准后日記』にあるので、聖承が後亀山から受け継いだ所領か）が没収されていることや、没後の「遺跡」が教尊（聖承子息。足利義教の猶子《ゆうし》として勧修寺に入室）に与えられていることから（『看聞日記』）、わずか数年ではあるが所領からの収入も得ることができていたようである（三千疋の支給は、規定としては永享七年まで確認できる）。

なお、その永享七年時に聖承から義教に提出された「鹿苑院殿御書」（『満済准后日記』）は、嘉吉元年

（一四四一）に聖承の求めに応じて万里小路時房《までのこうじときふさ》から返却された「鹿苑院殿御内書」（『建内記《けんないき》』）と同一のものであろう。『建内記』によれば、その内容は全国の国衙領に関するものと「十万疋」に関するものの二通であったという。国衙領に関するほうは南北朝合一の条件に関わるものであった可能性が非常に高い。「十万疋」のほうは、前述した『吉田家日次記』に記述があるものであろう（当時、金銭の贈答の際に一般的に用いられたのは折紙銭《おりがみせん》であり、これはひとまず金額を記した文書を贈り、現物は後日贈るという方式であった。義満から後亀山へ贈られたのは文書のみで、送金はまだなされていなかったのかもしれない）。いずれにおいても、後亀山と義満との間の合意や遣り取りの結果は、その孫や子である聖承と義教との間でも（少なくとも聖承側にとっては）効力のあるものとして位置付けられていたことがわかる。

永享六年（一四三五）に聖承は出家した（実は「聖承」はこの出家後の名であるが、俗名は知られていない）。義教から勧修寺への移住が命じられたのはこの出家後であるが、聖承は勧修寺内に「男女居住」していることを理由に抵抗を示しており、「東山西山安閑在所」への移住を希望している（『建内記』）。この問題がどのように決着したかは不明であるが、嘉吉元年には嵯峨から下京《しもぎょう》の「樋口猪熊《ひぐちいのくま》」（京都市下京区）に居を移していたようなので（『建内記』）、勧修寺移住の話は立ち消えになったようである。聖承は嘉吉三年に死去するが、その場所はこの「樋口猪熊」であったのかもしれない。

永享六年は、義教によって南朝皇胤の断絶方針が示された年でもあり、聖承の出家もその方針に従ったものと思われる。一方、聖承の死去後であるが、嘉吉三年には、南朝の子孫を奉じた集団が皇居に侵入し、宝剣と神璽《しんじ》を強奪した禁闕《きんけつ》の変《へん》が起きている（宝剣は即座に回収されたが、神璽は長禄二年〈一四五八〉まで京都に戻らなかった）。聖承の子息である教尊はこの変に与同した嫌疑をかけられ、隠岐島へ流罪となった。のちの応仁・文明の乱のときに、小倉宮の皇胤とみられる人物が西軍によって祭り上げられたこともあったが、聖承や教尊との血縁関係は不明である。ゆえに、この嘉吉三年が後亀山の子孫である小倉宮の消息が判明する確実な最後であり、後亀山の血統が政治の表舞台から姿を消した瞬間であった。

（大藪 海）

【主要参考文献】

家永遵嗣「14世紀の公武関係・朝幕関係と室町幕府―皇位継承争いのもとにおける国制の再構築―（縮約補訂）」（『学習院史学』五六、二〇一八年）
石井伸宏「鳥取市歴史博物館所蔵「理性院・金剛王院等相承血脈次第」」（『鳥取地域史研究』一四、二〇一二年）
魚澄惣五郎「南北朝合一とその後の後亀山天皇」（後南朝史編纂会編『後南朝史論集』〈新樹社、一九五六年〉所収）
臼井信義『足利義満』（吉川弘文館、一九六〇年）
榎原雅治『室町幕府と地方の社会』（岩波書店、二〇一六年）
大藪 海『室町幕府と地域権力』（吉川弘文館、二〇一三年）
小川剛生「伏見殿をめぐる人々―『看聞日記』の人名考証―」（森正人研究代表『伏見宮文化圏の研究―学芸の享受と創造の場として―』〈文部科学省科学研究費補助金研究成果報告書、二〇〇〇年〉所収）
小川剛生『足利義満　公武に君臨した室町将軍』（中央公論新社、二〇一二年）

小木喬『新葉和歌集　本文と研究』（笠間書院、一九八四年）
田代圭一「南朝皇胤についての一考察―『看聞日記』応永三十年二月二十二日条をめぐって―」（『古典遺産』五四、二〇〇四年）
田村　航「伏見宮貞成親王の尊号宣下―後光厳院流皇統と崇光院流皇統の融和―」（『史学雑誌』一二七―一一、二〇一八年）
中村直勝「後南朝の皇胤とその財政」（前掲『後南朝史論集』所収）
藤井讓治・吉岡眞之監修『後村上天皇実録・長慶天皇実録・後亀山天皇実録』（ゆまに書房、二〇〇九年）
村田正志「南朝の歴代天皇」（同『村田正志著作集』第一巻〈思文閣出版、一九八三年〉所収、初出一九四九年）
村田正志「小倉宮の史実と伝説」（右書所収、初出一九五六年）
森　茂暁『闇の歴史　後南朝―後醍醐流の抵抗と終焉』（角川書店、二〇一三年、初出一九九七年）
森　茂暁『南朝全史　大覚寺統から後南朝へ』（講談社、二〇〇五年）

コラム

Column

後南朝勢力

川上村に残された一通の文書

筆者は姓に水が付くため、水神にこだわりがある。京の都では、禁苑《きんえん》である神泉苑《しんせんえん》が祈雨《きう》・止雨《しう》祈祷の道場としての地位を獲得するまでは、京都鞍馬《くらま》の貴船《きふね》神社と並び、丹生川上《にうかわかみ》神社も祈雨と止雨の奉幣《ほうへい》に預かった。丹生川上神社は、現在は上社・中社・下社の三社ある。それぞれ、奈良県南部の山間部、吉野郡川上村迫《さこ》、同郡東吉野村小《おむら》、同郡下市《しもいち》町長谷《ながたに》に鎮座する。論社《ろんしゃ》（式内社《しきないしゃ》候補が複数ある）ではあるが、今ここでどれが式内社であるかを論じるつもりはない。ただ、三社巡りはドライブにお薦めであることだけは強調しておく。

それはさておき、丹生川上神社の上社がある川上村に、村人が南朝の残党を降参させた応永十五年（一四〇八）十二月二十七日付の文書が残っている。

川上郷三村の内、廿河《にじっこう》・竹原《たけはら》の両荘について。吉水院《きっすいいん》の領地であることには異議はないです。しかし、近年は知行できていないところに、今回、河上三村が上野宮《こうずけのみや》を擁して朝敵となった。寺家（金峯山寺《きんぷせんじ》）と惣郷《そうごう》（川上郷の二十四村）が三村を攻め降伏させた。先例に任せ、元のように吉水院の知行とすることは、惣郷の衆議でございます。

応永十五年戊子　十二月廿七日　惣郷

吉水院は、吉野にある金峯山寺の僧坊《そうぼう》である。吉野といっても、この頃の金峯山寺はすでに室町幕府に従属しており、川上郷の多くもすでに幕府方に従っていると考えられる。

この文書によると、上野宮なる南朝の皇子が挙兵し、吉水院領の廿河・竹原ともう一村（村名不明）を押領《おうりょう》したものの、逆に吉水院のボス・金峯山寺とほかの川上郷の村々から袋叩きにあったようだ。惣郷が軍事力を有していたことを改めて確認できたが、おそらくそれほど大規模な勢力ではなかろう。それでも、大和国の奥吉野の山奥で、南北朝合一後のまもない頃に南朝の皇子が何かしらの反幕府行動を起こしたことは興味深い。

上野宮とはだれか

それでは、この上野宮とはいかなる人物なのだろうか。北朝三代目崇光天皇の孫にあたる伏見宮貞成親王の日記『看聞日記』には、「南方宮福御所」の脇に「上野宮」と記されており、上野宮が福御所《ふくごしょ》と呼ばれていたことがわかる。そして、伏見宮家には南北朝合一の際の後亀山天皇ご一行の入洛《じゅらく》の様子が記された『南山御出次第《なんざんぎょしゅつしだい》』という記録がある。福御所なる人物は、後亀山とおそらく皇太子的立場と思われる三宮の次の三番目に連ねている。歴史学的には、合一がなければ南朝の五代目となった可能性がある、宮名と諱が不明の謎の皇太子的三宮の正体のほうが重要だと思われるが、ここでは、あえて上野宮にこだわる。合一後の南朝皇子の初反乱ともいえる〝上野宮の乱〟の中心人物は、皇太子的人物の次に偉そうな人物であることまではわかった。

では、上野宮は何親王なのだろうか。その諱を探ってみると、諸説あり、いまだに確定はしていない。天皇の事蹟研究において有効なツールとして、宮内省が編纂した「天皇実録」という、天皇ごとに一代記としてまとめたシリーズがある。長らく公表されてこなかったが、近年、ゆまに書房から刊行された。上野宮は、一天皇で複数巻の実録もあるなか、『天皇皇族実録七五　後村上天皇実録・長慶天皇実録・後亀山天皇実録』という、史料の少ない南朝天皇は一まとめにしました感が満載の巻に載っている。そこでは、未即位の後村上天皇皇子の四人目に説成《かねなり》親王として立項されている。

説成とした理由は、南朝の古系図に「説成〈上野太守〉」とあり、そのほかの編纂物からも上野太守＝説成の諱が見出せるからである。また、古系図の説成の脇書きに「イ懐成親王」と訂正されており、正しくは懐成《かねなり》だった可能性もある。さらに、南朝の勅撰和歌集『新葉和歌集《しんようわかしゅう》』にも「上野太守懐邦親王」の名が見え、あるときは懐成、またあるときは懐邦《かねくに》、しかしてその実体は説成、と複数の顔をもつ人物なのか。それともこの三つの諱は別人で、上野太守なる役職は矢継ぎ早に交代していったのだろうか。

さらに、説成は後亀山の有力な後継者の一人であった護聖院宮《ごしょういんのみや》初代の諱と考えられていた時期もあり、そうなると、上野宮＝説成＝護聖院宮というシェーマが成り立つ。上野宮こそ皇太子的立場の人物となろう。そうならば、僻地の取るに足らない小競り合いのイメージがある〝上野宮の乱〟は、最後の得宗《とくそう》・北条《ほうじょう》高時《たかとき》の遺児時行《ときゆき》が起こした中先代《なかせんだい》の乱のような、南朝再興を駆けた一大決戦といえるのだろうか。

残念ながら、現時点ではそれは妄想でしかない。先に述べた『看聞日記』には、上野宮福御所と護聖院宮が約半年のブランクでそれぞれ登場している。よって、この二人は別人の可能性が高い。やはり上野宮の抵抗は、巨人へのネコの甘噛み程度だった可能性が否めない。では、上野宮と護聖院宮が別人なら、護聖院宮は誰であろうか。現在では、『実録』後村上天皇皇子項のトップバッターにあげられている惟成《これなり》親王に比定する説が優勢である。そして、先に述べた、後亀山入洛の際の皇太子的立場とされる三宮の正体も、この護聖院宮＝惟成という説が有力である。

説成に懐成に惟成。兄弟には師成《もろなり》という別人の皇子もおり、まるで落語家の屋号のようなややこしさである。この紛らわしさが、後世の編纂者に上野宮＝説成＝護聖院宮という誤った図式を確立させてしまったのであろうか。よって、南朝関連の史料を紐解くと、説成が上野宮を意味する場合と、護聖院宮を意味する場合の二通り（もしかすると、ほかの皇子に比定している史料も出てくるかもしれないが）あるので注意が必要であろう。

躍動する後南朝勢力

さて、川上郷での挙兵を封じられた上野宮だが、その後も反幕府行動をとり続けるのだろうか。川上での挙兵から二年後の応永十七年、京都の嵯峨にいた後亀山が突如出奔し、吉野へ潜伏する。経済的な困窮や、両統迭立との合一時の約束が反故にされたからという説もあるが、確証は得られていない。さらに、二年後には後小松天皇から称光天皇への譲位が行われ、大覚寺統再興の夢は潰えた。これに拒否反応を起こしたかのように、伊勢国司にしてあの南朝忠臣北畠親房のひ孫とされる北畠満雅が、旧南朝勢力を率いて決起行動を起こす。満雅の挙兵には大和の旧南朝勢力も同調したことから、すわ再び上野宮の出番であろうか。

事実、上野宮の出番はやってきた。

伊勢国司（北畠満雅）が（幕府軍に）攻められ没落する。幕府方の大名たちは帰陣した。南方の上野親王がいろいろ取り計らいをした。（『大乗院日記目録』応永二十二年八月十九日条）

上野宮は、満雅に呼応して軍事行動を起こすのではなく、七年前の反幕府行動とは反対に、このときは幕府と満雅の調停役を買って出ている。その甲斐あり、幕府と満雅の和睦は成立した。翌年には後亀山も京都へと帰還している。

あきらめの悪い満雅は、正長元年（一四二八）にも、称光が皇子を儲けず崩御すると、後亀山の孫の小倉宮を擁して再び挙兵した。合一後も、南朝残党は一筋縄にはいかないのである。

このような、南北朝合一の後において南朝王家や南朝系武士がその再興をはかり、挙兵などの抵抗運動を展開したことを、学術用語では「後《ご》南《なん》朝《ちょう》」と呼ぶ。その要因は、両統迭立の約束が反故にされたり、経済的支援を打ち切られたり、皇位継承権の消滅を意味する出家を強いられたりと、南朝王家への冷遇にあろう。

南朝王家の中で、学園ドラマに必ず出てくる不良生徒のように、最も幕府に反抗的だったのが小倉宮家である。小倉宮は、後亀山院流の正統と目されていたらしく、旧南朝勢力にたびたび担ぎ出される、後南朝屈指の〝御輿〟である。恒敦《つねあつ》―聖《せい》承《しょう》―教尊《きょうそん》と代を重ねた小倉宮は、出家前の聖承

伝河野宮の墓　奈良県川上村

が南朝の皇位奪還のために最も積極的な行動をする。しかし、先に述べた北畠の反乱後、親子共々出家せざるをえなくなり、教尊は、次に述べる禁《きん》闕《けつ》の変への関与が疑われて流罪となる。以降の子孫は伝承の域を出ない。

説成の比定でたびたび登場した護聖院宮は、小倉宮とは対照的に幕府には従順的な立場をとっていた。しかし、初代惟成の孫とされる通蔵主《つうぞうす》・金《こん》蔵主《ぞうす》が、嘉吉三年（一四四三）に後花園天皇の禁裏に押し入り神璽・宝剣を奪い取り、血脈関係が不明の尊秀《たかひで》王らと比叡山に立て籠もった。幕府は鎮圧し宝剣を取り戻したものの、肝心の神璽が奪われたままであった（禁闕の変）。

その神璽の奪還に成功したのが、嘉吉の変にてお家断絶中だった播磨赤松氏の遺臣たちである。彼らは、大和の北山《きたやま》郷と川上郷に潜伏していた北《きた》

山宮《やまのみや》と河野宮《こうののみや》を討ち取り、神璽は無事保護されたのである。赤松遺臣に殺害された二人の宮は兄弟ともいわれる。とくに、河野宮は川上村に伝来する「忠義王文書」の忠義王《ただよし》と同一人物とされ、現在も「朝拝式《ちょうはいしき》」なる慰霊祭が行われている。忠義王文書の真偽についてはいまだ結論が出ておらず、俗説としての評価をぬぐいきれていない。

その後も南朝の子孫を称するものの蜂起が絶えず、応仁の乱においては、西軍の山名方に迎えられて上洛し、東軍の後土御門天皇に対抗した者もいたという。だが、徐々に南朝子孫の姿は信頼にたる史料上では見られなくなり、歴史の闇へと消えていくのである。

（久水俊和）

【主要参考文献】

川上村史編纂委員会編『川上村史』史料編上・通史編（川上村教育委員会、一九八七・一九八九年）

田代圭一「南北皇胤についての一考察」（『古典遺産』五四、二〇〇四年）

藤井讓治・吉岡眞之監修『天皇皇族実録七五　後村上天皇実録・長慶天皇実録・後亀山天皇実録』（ゆまに書房、二〇〇九年）

森　茂暁『闇の歴史、後南朝』（角川ソフィア文庫、二〇一三年、初出一九九七年）

第二部　北朝天皇列伝

北朝天皇家略系図

※ゴシックは本書で立項した天皇

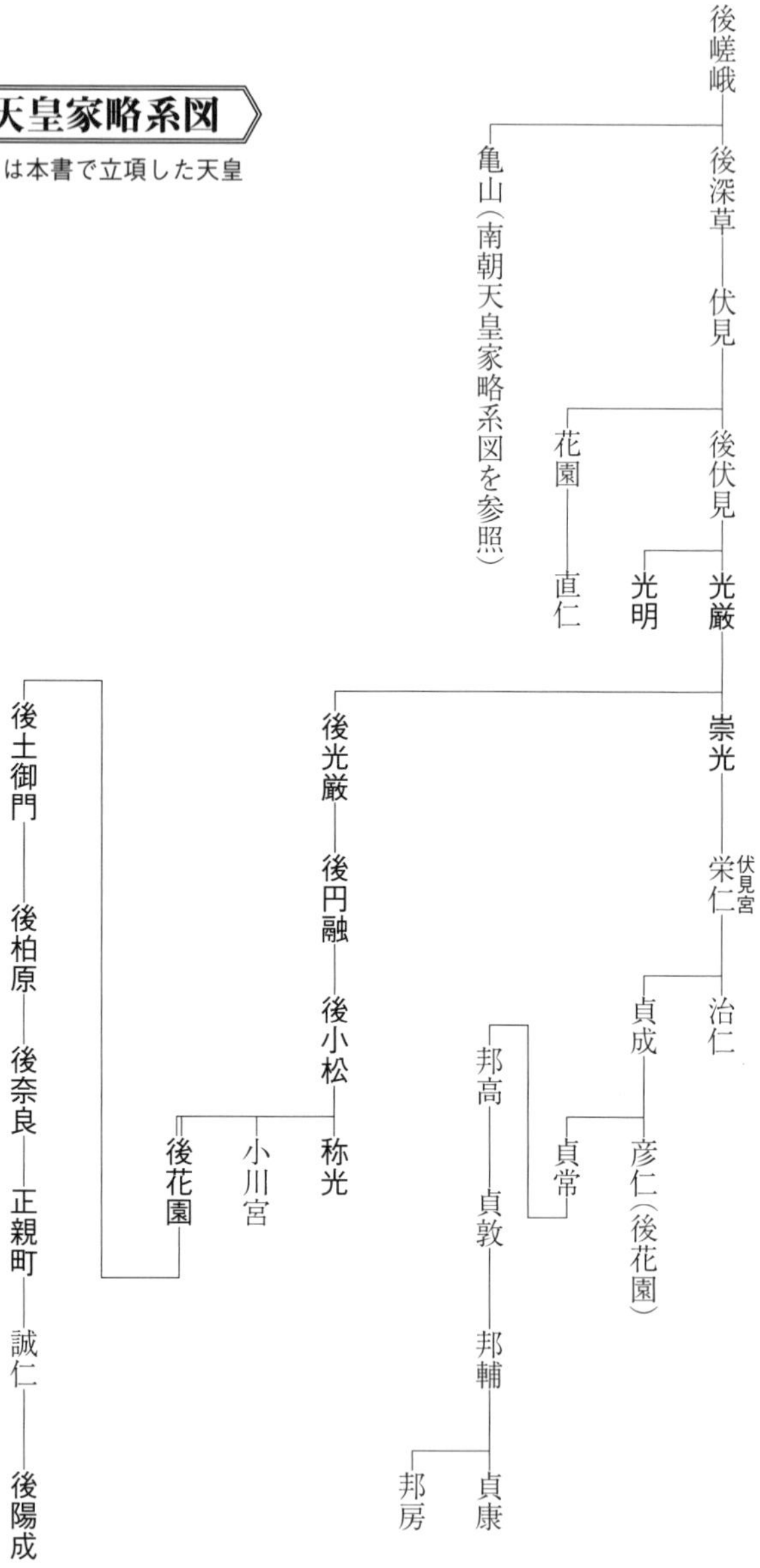

光厳天皇

――南北朝動乱に翻弄された人生

誕生　正和二年（一三一三）七月九日
崩御　貞治三年（一三六四）七月七日

諱　量仁

父　後伏見天皇
母　西園寺寧子（広義門院）

在位期間
元弘元年（一三三一）九月二十日
～元弘三年（一三三三）五月二十五日

陵墓　山国陵（京都府京都市右京区京北井戸町）

はじめに――南北朝動乱の目撃者

鎌倉時代末期、二つの皇統のあいだで起こった皇位継承をめぐる争いは、鎌倉幕府を巻き込むかたちで熾烈をきわめた。元弘元年（一三三一）、持明院統《じみょういんとう》（のちの北朝）の後伏見《ごふしみ》上皇は、鎌倉幕府の支持を受け、自身の第一皇子だった十九歳の量仁《かずひと》親王を大覚寺統《だいかくじとう》（のちの南朝）の後醍醐《ごだいご》天皇の皇太子に据えた。自身の皇子を次期天皇に据えることで院政を敷き、持明院統に主導権を引き寄せようとしたのだ。同年、後醍醐天皇が鎌倉幕府討滅のため出京したあと、量仁は践祚《せんそ》した（光厳《こうごん》天皇）。

光厳天皇は、六波羅探題《ろくはらたんだい》の壊滅、南朝による幽閉、足利政権の裏切りなど、南北朝内乱のなかで最も過酷な時期を生き、凄惨な歴史の現場にことごとく居合わせてきた稀有な天皇の一人といえる。北朝の治天の君《ちてんのきみ》だったこともあり、皇位継承問題での位置づけや、室町幕府との関係、さらに勅撰集《ちょくせんしゅう》『風雅《ふうが》和歌集《わかしゅう》』の編纂など、さまざまな面で注目される天皇だが、ここでは、彼が直面した波乱に隠れがちな親王時代の環境や、帰京した老年期の暮らしなどにも光を当てたい。

一、量仁親王の家族と愛犬

量仁親王の誕生

量仁親王は正和二年（一三一三）七月九日、持明院統の後伏見《ごふしみ》上皇、西園寺公衡《さいおんじきんひら》の娘寧子（のちの広義門院《こうぎもんいん》）との間に誕生した。当時は持明院統の花園《はなぞの》天皇が在位したが、花園にも、その兄の後伏見上皇にも皇位を継承する皇子がおらず、ライバルである大覚寺統が勢力を巻き返すなかで、皇子不在という危機を迎えていた。そうしたなかでの量仁誕生は、祖父となる伏見上皇をはじめ、持明院統の人間にとって、待ちに待った慶事だった。

父後伏見と母寧子はたいへん仲睦まじかったらしく、二人は量仁のほかに、延慶四年（一三一一）に珣子内親王、正和四年に景仁《かげひと》親王、文保三年（一三一九）に皇女、元亨元年（一三二一）に豊仁《とよひと》親王（のちの光明《こうみょう》天皇）、少なくとも五人の子女を儲けた。寧子の父である西園寺公衡は、珣子内親王の誕生時には、生まれた子が皇子ではなく姫だったことを落胆し、その後まもなく、日吉《ひよし》社や摂津尼崎大覚寺などで皇子降誕の祈禱を依頼するほどだった（『日吉十禅師《ひえじゅうぜんじ》冥助記《みょうじょき》』、『大覚寺文書』）。持明院統の正嫡として将来を担わされた量仁は、その後、さまざまに帝王学を身に着けていく。

持明院統の飼い犬

花園天皇が在位中から筆録した『花園天皇日記《はなぞのてんのうにっき》』（以下、『花園』と略称）には、興味深い話が散見される。

量仁が践祚する六年前の正中二年（一三二五）、十三歳の頃、当時飼っていた子犬を、後伏見上皇が関白鷹司冬平《たかつかさふゆひら》のもとに送り遣わした。もともと量仁の犬の母親が冬平の家で飼われており、会わせるためだったようだ。この犬が鷹司家から量仁に返進された際、犬の頸玉（首輪か）には、「たひ人のあさたつそても　しほるなり　きりほしわふる　のちのさゝはら」という和歌を認めた薄様《うすよう》が結び付けられていた。伏見上皇の中宮《ちゅうぐう》で後伏見上皇の育ての親である永福門院《えいふくもんいん》鐘子は、この歌が、折句《おりく》なのか、それとも沓冠《くつこうぶり》なのかを読みあぐね、花園上皇に意見を伺った。折句とは各句の頭一字だけを、沓冠とは各句の末一字だけを取って歌った句である。花園は、今晩は亥《い》の子餅《こもち》を供する夜だから、「きりほし」、つまり歌を短冊に切ることと、猪の子餅を切ることを掛けた「隠し題《かくだい》（歌のお題となる言葉を句中に読み込むこと）」だと読み解いた。そこで花園は、量仁にいって、冬平に対してあえて返歌はつけず、ただ餅一裹《つつみ》を切って薄様に包んで贈らせたという（『花園』同年十月十日裏書）。永福門院と花園の会話については、（岩佐二〇〇七）に詳しい。

鷹司冬平は、伏見上皇が大きな信服を寄せた公家であり、伏見上皇は子の後伏見上皇に対して、「今後、勅撰集を編むのであれば、永福門院鐘子と前関白の鷹司冬平に申し合わせるように」と述べるほどだったという（『井蛙抄《せいあしょう》』六）。もっとも、後伏見の時代には持明院統の勅撰集はなかったとはいえ、量仁の犬の件からは、冬平が伏見上皇のみならず、後伏見上皇や量仁の信任も得ていた様子を看取できる。冬平や花園上皇の機知が目立ちがちだが、十三歳の少年だった量仁親王が持明院殿で子犬を賞玩しており、叔父の花園が量仁を気にかける情景にも目を向けたい。

同じく『花園』元応二年（一三二〇）二月十一日条によれば、同日夜、後伏見上皇が平生飼っている「立菊」という名前の愛犬が重篤の病状を示したため、死去に先立って如空上人の下に送られた。おそらく如空上人は葬送や供養に携わる僧で、宮中や身辺での死穢を避けての処置だったのだろう。このほかにも、朝廷での犬の献上に関する記事が見え、正和二年（一三一三）には、寧子のもとに蔵人の藤原永広《ながひろ》から書が進上されたが、これは献上される犬を一覧するためのものだった（『花園』同年十月二日条）。さらに、元応三年（一三二一）には、このたび新渡の唐犬が献上されることがあり、その唐犬があまりに珍重であるため召し置かれることがあったという（『花園』同年三月二十六日条）。鎌倉時代末期の公家社会では、犬が贈答品とされ、飼育することがあった。日元貿易《にちげんぼうえき》で輸入された珍しい舶来犬が進上されることも、稀にあったらしい。量仁親王ばかりでなく、その両親である後伏見上皇や寧子も犬の献上を受け愛玩することがあり、量仁の少年時代や持明院統ファミリーの様子を偲ばせる。

親王時代の帝王学

量仁親王は、持明院統の正嫡として学問・教育を受け始めたころから、多くの廷臣に囲まれて育った。七歳になった文保三年（一三一九）正月十九日、居住する持明院殿で読書始を行った。その際には、伏見・後伏見・後二条《ごにじょう》・花園・後醍醐五代の天皇の侍読《じどく》を務めた菅原在兼《すがわらありかね》が初めて書を授け、花園・光厳の東宮《とうぐう》時代に東宮学士を務めたことのある菅原家高《いえたか》も「千字文《せんじもん》」を量仁に授けた。在兼・家高ともに、持明院統の厚い信任を得ており、在兼は伏見・後伏見の東宮時代に東宮学士を務め、詩・聯句《れんく》・諷誦文《ふじゅもん》・願文《がんもん》・祭文《さいもん》を得意として、「応長」の改元では勘申《かんしん》した年号が採用された。家高は花園上皇が量仁のために催した聯句の会にも参仕している。磐石な教授陣の下で、量仁の教育が施されたのである。

持明院統では後深草《ごふかくさ》天皇より代々、琵琶も習得され、琵琶を家学として継承する西園寺家が代々指導者となり、琵琶の師範として持明院統の歴代天皇に秘曲を伝授した（豊永二〇〇六）。量仁も、すでに元応元年（一三一九）十一月十八日には、後伏見から琵琶の指導を受けた。さらに元亨三年（一三二三）十一月二十九日、広義門院と永福門院が臨席するなか、西園寺兼季《かねすえ》を師範に迎え、琵琶始を行った。また、十二月十九日には下荻という名器を用いて箏始に至った（以上、『花園』）。

また、叔父である花園上皇も、量仁の漢詩文制作のための稽古として、百日連句《ひゃくにちれんく》を行わせ、修練を積ませている（『花園』元亨元年〈一三二一〉八月二十二日条）。先述した鷹司冬平の和歌への返事の仕方にも、量仁の教育に対する花園上皇の熱心さの一端が見受けられる。量仁に対する一連の教育は、東宮学士など祗候の廷臣に任せるだけではなく、家族や親類を挙げての持明院統の一大事業でもあった。

二、光厳の治世

光厳天皇と花園上皇

花園上皇はたびたび夢想《むそう》を得ており、夢合わせ・夢解きを行い、その詳細を日記に書き止めている。普段から北野天神《きたのてんじん》を篤信していた花園上皇は、正中元年（一三二四）には毎日身を清めて天神御影《みえい》を書写していたが、十一月三日の夢では、時空を超えて昌泰年間（八九八〜九〇一）にいて、簾外の北野天神（菅原道真《みちざね》）と目が合ったという。そして十二月十三日の暁、花園上皇は夢の中で、天神の本地の観音像を持った仏師と語らう夢を見て、「親王は生来、民びとを思いやる心をもっており、学問に精進して賢明さを身に着けたなら、ますます賢王となるだろう」と語り聞かされたという（『花園』同日条）。醍醐天皇の治世を支えた北野天神が量仁親王の将来を保証するという〝夢中夢〟は、花園上皇たち持明院統関係者の切なる願望に、太鼓判をあたえる奇跡体験として喜ばれたのだろう。

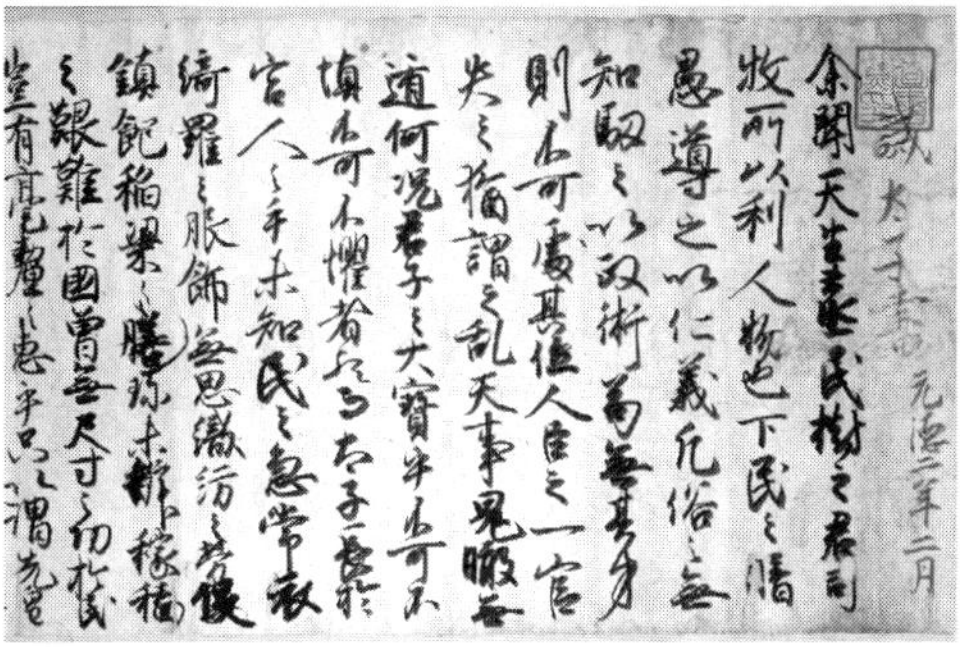

誡太子書の冒頭部分　宮内庁書陵部蔵

嘉暦元年（一三二六）七月、量仁は十四歳で後醍醐天皇の皇太子に立てられ、いわば次期天皇という立場になった。八月、以前から量仁の教育に携わってきた菅原公時《きんとき》が東宮学士に就く。彼は光厳・光明両天皇の侍読にもなった（『御侍読次第』）。

元徳二年（一三三〇）二月、前年に元服し、即位の時を控える十八歳の量仁に対して、花園上皇は「誡太子書《かいたいししょ》」と題する文章で、次のように綴った。「今日、大乱は起こっていないが、その兆しはすでに現れている。太子（量仁）即位の頃には、天下が衰乱するだろう。乱れた国を治めるには、ただ詩書礼楽を身につけることだ。ただし、ただ詩をうまく作り、または議論にふけることは天子の務めではない。よい政事を行うため学問を修めることこそ大切なのだ」と（中村二〇一七）。何のための学問か、あるべき天皇像とは何か。践祚前夜に師・花園が伝えた訓戒である。

元弘元年（一三三一）八月二十四日、後醍醐天皇が笠置山《かさぎやま》で倒幕の兵を挙げた（元弘の変）。延暦寺《えんりゃくじ》を味方につけるなど奮戦したが、南都の協力が得られず、三日後には六波羅探題に捕まった。後醍醐の敗北は量仁の即位計画を早め、九月二十日、避難先だった六波羅から土御門殿《つちみかどどの》に遷座した量仁は践祚し（光厳天皇）、二条良基《にじょうよしもと》から即位灌頂《そくいかんじょう》の印明《いんみょう》を伝授されたともいわれる。問題は三種の神器のうち、神璽《しんじ》と宝剣を後醍醐が京都から持ち去ったことであり、日《ひ》の御座《おまし》に安置している御剣を代替し、践祚が挙行された。六波羅に連行された後醍醐が剣璽を返還したのは、十月五日のことだった。

政情が落ち着かないなか、翌年三月に即位式、十月には大嘗《だいじょう》会《え》が開かれた。花園上皇は光厳天皇の大嘗会を見守り、得意の画技を活かして、大嘗会御禊行幸《ごけいぎょうこう》の見物指図も描き残した（『花園』同二十八日条カ別記）。最近は兵乱のために祭礼に用いる段米の収入が滞っているのに、大嘗会が盛会のうちに無事に成し遂げられたのは、宗廟の助けがあったおかげだと安心している（『花園』同十一月十三日条）。

だが、花園上皇が予言したとおり、光厳天皇のわずかな在位期間には、持明院統が接触していた鎌倉幕府を脅かす動きが各地で止まず、鎌倉幕府は滅亡した。光厳天皇は、後伏見・花園両上皇らと共に逃避した近江国番場宿《ばんばしゅく》（滋賀県米原市）で六波羅勢の集団自決を目撃し、政権に復帰した後醍醐天皇によって在位を否定され廃位となるなど、次から次へと波乱を迎えた。

南北朝並立と光厳院政

後醍醐天皇が主導する建武政権は、幕府残党の挙兵、皇子護良《もりよし》との不和、足利尊氏《たかうじ》一派の離反など、ほどなく不協和音を生じた。後醍醐から追討の命令をうけた新田義貞《にったよしさだ》軍と戦闘を繰り返し、建武三年（一三三六）正月には京都に入った尊氏軍だったが、まもなく新田軍に合流した北畠顕家《きたばたけあきいえ》・楠木正成《くすのきまさしげ》らの軍勢の追撃をうけ、京都から西国へ落ち延びた。

当初、光厳上皇にとって尊氏は、後醍醐方に味方して六波羅を滅ぼした張本人だった（飯倉二〇〇二）。だが、「錦《にしき》の御旗《みはた》」を掲げる建武政権に背いたいま、尊氏軍はもう一方の正統な皇統である持明院統を奉じて、後醍醐方に対抗する策が議され（『梅松論《ばいしょうろん》』）、醍醐寺三宝院《だいごじさんぼういん》の賢俊《けんしゅん》を介して、光厳上皇から新田義貞追討の院宣《いんぜん》を受け取った。五月、西国の諸勢力を糾合した尊氏軍は京都に進軍し、股肱の臣を失った後醍醐の建武政権は崩壊した。

八月十五日、光厳の弟の豊仁親王が践祚した（光明天皇）。十一月に「建武式目《けんむしきもく》」を掲げて幕府再興を提示した尊氏は、後醍醐の皇子を東宮に立てる両統迭立案を示し和睦交渉を図ったが、十二月に後醍

足利尊氏坐像　大分県国東市・安国寺蔵

醐が吉野に脱出したため和睦を断念し、建武五年（一三三八）十一月に征夷大将軍に就いた。朝廷が南北に分裂し、内乱が混迷化するなか、光厳上皇の北朝（持明院統）は以降、室町幕府と二者連合を組むことになる。

後醍醐天皇の南下により、久しく日の目を見た光厳上皇は、室町幕府に推戴されて院政を敷き、定期的に評定《ひょうじょう》を開き、山積する雑訴《ざっそ》（民事訴訟）にも向き合った。だが、その立場が磐石だったわけではない。

康永元年（一三四二）九月六日、美濃守護の土岐頼遠《ときよりとお》が、遭遇した光厳上皇の牛車《ぎっしゃ》に向かって射掛けるという事件が起こった（『中院一品記《なかのいんいっぽんき》』十一月二十九日条）。『太平記《たいへいき》』巻二三によれば、このとき頼遠は笠懸《かさがけ》から帰る途上にあり、酔いに任せて、「院というか、犬というか。犬ならば射ておけ」と光厳上皇を痛罵し、牛車に対して狼藉行為をはたらいたという。頼遠は夢窓疎石《むそうそせき》がいる京都臨川寺《りんせんじ》に逃げていたが、一件を知り激昂した足利直義《ただよし》の命令をうけた軍勢に包囲され、六角壬生《ろっかくみぶ》辺りで誅殺された（『中院一品記』十一月三十日・十二月二日条）。

当時の足利政権は、尊氏に院宣を下した光厳上皇を擁する〝北朝の軍隊〟になることで、内乱期に戦争をする理由や正当性を見出すことになった。だが、組織の常として、足利政権の内部は必ずしも一枚岩ではなく、北朝との協調を歓迎する者ばかりではなかった。それだけに、光厳上皇にとってこの事件は、引き続き尊氏らを北朝にとりこんでいく必要性を痛感させるに充分だった（家永二〇一六）。それにしても、『太平記』が語って聞かせる土岐頼遠の暴言は、子犬を愛玩した親王時代を知るはずがないにせよ、皮肉に過ぎると感じさせるものがある。

三、黒衣の法皇

北朝天皇・上皇の受衣

後醍醐天皇の四十九日である暦応二年（一三三九）十月五日、その菩提を弔う目的から、光厳上皇は嵯峨の亀山殿《かめやまどの》を禅院に改め、その開山《かいざん》に夢窓疎石を指名した（『天龍寺重書目録甲《てんりゅうじじゅうしょもくろくこう》』光厳上皇院宣）。これが基となり、京都五山の一つ天龍寺が成立する。康永三年（一三四四）十二月、光厳上皇は天龍寺臨幸を計画するが、禅院の勃興を快く思っていなかった延暦寺衆徒たちが反対の抗議運動を繰り広げ、北朝と幕府に夢窓疎石の処罰を求めた（「比叡山本院衆会事書《ひえいざんほんいんしゅうえことがき》」康永三年十二月二十七日条）。上皇の禅院行幸は、足利政権も巻き込むかたちで政治案件ともなったため、この時代の政治史研究のなかでも注目されてきた。

光厳法皇画像　京都市右京区・常照皇寺蔵

その間、暦応五年四月八日、光厳上皇は西芳寺《さいほうじ》に御幸し、夢窓疎石から受衣《じゅえ》という儀礼を受ける（『夢窓国師年譜《むそうこくしねんぷ》』同日条）。この受衣とは、いかなる儀礼なのか。従来さほど意識されることもなかったので、ここで説明しておこう。

受衣とは、一般的には、仏教の修行生活を始めようとする者が、師と仰ぐ僧侶に対して弟子の礼をとり、誓約の証に衣鉢《いはつ》などを拝領する儀礼のことである。特徴的なのは、その対象者に、剃髪して僧侶になる者だけでなく、剃髪も寺入りもせず、俗体のまま生活を続ける者を含むことである。たとえば夢窓疎石は、後醍醐・光厳・光明をはじめ、足利直義や義詮《よしあきら》など、参禅を求める一般俗人にも受衣を実施した（『夢窓国師年譜』）。

受衣では、衣鉢と共に、『梵網経《ぼんもうきょう》』にのっとって十重戒《じゅうじゅうかい》も与えられる。受衣と似た儀礼に受戒がある。この二つは、史料上「受衣受戒」と記されることがあるように、厳密には別物と認識されていたようだが、衣鉢の授与と戒の授与がセットになって、受衣と呼ばれる儀礼になったようだ。また、修行者として力量を認めた者には、俗体のまま道号《どうごう》と法諱《ほうい》（法名）を授与する「安名《あんみょう》」の儀も付随していた。死後に戒名を命名されることが多い現代人にはわかりにくい点だが、俗弟子にさえなれば、当時は髪を剃って出家しなくても、法諱、つまり修行者としての名前を得ることができたのである。光厳上皇も、落飾前のこのときには法諱「勝光智《しょうこうち》」を持っていたと思われる。

さらに、中世の禅寺では、一度も会ったことのない、すでに亡くなっている僧侶の墓塔や、遠く離れた中国の僧侶の肖像を拝して嗣法《しほう》を誓う「拝塔嗣法《はいとうしほう》」という形式の受衣がしばしば行われていた。この拝塔方式は、俗人が受衣する際にも採用され、後醍醐天皇や光明天皇は弟子の礼を執ったというが（『夢窓国師年譜』建武元年九月条・貞和二年十一月二十五日条）、嗣法というよりは、俗弟子となって参禅したほどの意味と思われる。足利将軍家の場合も、将軍就任から十五歳までの間に夢窓疎石の影前で拝塔受衣を行い、将軍として玉体安穏と天下泰平を祈ることがライフサイクルとなった（芳澤二〇一八）。

光厳上皇の受衣は暦応五年、西芳寺でのことだった。だが、その八年後の貞和六年（一三五〇）二月八日、光厳上皇は、光厳第一皇子の興仁《おきひと》（崇光《すこう》天皇）に譲位した光明上皇や広義門院らと共に、内道場に招請した夢窓疎石から再び衣盂《えう》を受けた。この三人のほかに、皇太后（徽安門院《きあんもんいん》か）や諸宮妃・官女らも、受衣の席に連なったという（『夢窓国師年譜』同日条）。光明上皇は、この四年前の貞和二年（一三四六）十一月二十五日に、夢窓疎石から受衣を済ませていたから（『賢俊僧正日記』同日条、『夢窓国師年譜』同日条）、このとき光厳と光明の二人は、いずれも二度目の受衣、つまり重受《じゅうじゅ》ということになる。光厳・光明両上皇の重受、女院以下女官が同席した状況から考えると、おそらくこの受衣は、「三代の国母《こくぼ》」広義門院を中心とした持明院統の共同受衣だったと推察される。擾乱前夜、次の皇位継承も思案されるなか、家族総出で夢窓疎石の俗弟子となり、持明院統の結束を確かめようとしたのではあるまいか。

観応の擾乱と流転

翌観応二年（一三五一）、光厳・光明両上皇たちは、観応の擾乱という予期せぬ渦に巻き込まれる。尊氏と直義の反目は、直義が南朝に帰順したことで幕府の内訌というレベルを超え、南朝の勢力を蘇せることになった。光厳上皇は、南北講和を仲介していた夢窓疎石から、幕府が南朝と和睦する意向を聞いていたが（『園太暦《えんたいりゃく》』観応二年三月十二日条）、待っていた結末は、尊氏の南朝帰順だった。十一月、尊氏を降参させた南朝の後村上《ごむらかみ》天皇は、北朝の崇光天皇を廃して三種の神器を没収し、翌三年（正平七年）二月に京都を奪還するなり、光厳・光明・崇光三上皇を幽閉して、光厳院政は露と消えた。精神的ショックを抱えてか、光明上皇は十二月末に落飾した。永享四年（一四三二）に伏見宮貞成《ふしみのみやさだふさ》親王が著わした『椿葉記《ちんようき》』は、「光明院が突如、出家された。菩提心《ぼだいしん》を起こされたためと聞く」としか記していない。

だが、南朝の京都占領が破綻すると、閏二月、後村上天皇は三上皇を男山八幡に連行し、大和国賀名生《あのう》（奈良県五條市）に本拠地を移した。光厳上皇は幽閉を耐え忍んでいたが、不在中の北朝では、足利義詮と二条良基の間で光厳第二皇子の弥仁《いやひと》王の践祚が持ち上がる。治天の光厳上皇は京都不在で、三種の神器も南朝が持ち去っていた。義詮は弥仁王の践祚を決定したが、践祚には治天の君による伝国《でんこく》の詔宣《しょうせん》が必要であった。こうした苦境のなか、キーマンとして白羽の矢が立ったのが、弥仁王の祖母で光厳・光明両上皇の母である広義門院である。

室町幕府では、広義門院を治天の代行者とする提案がなされた。広義門院は、光厳・光明の母であるのみならず、延慶二年（一三〇九）正月に従三位に叙され、その直後に花園の准母《じゅんぼ》として准三宮《じゅさんぐう》と広義門院の号を宣下されたため、北朝では「三代の国母」と敬われる存在だった（『竹むきが記』下）。

観応三年六月、広義門院は、弥仁王践祚と聴政《ちょうせい》を拒んでいたが、再三にわたる懇請に渋々応諾し、八月、弥仁王が践祚した（後光厳天皇）。異例尽くめの〝神器なき践祚〟は北朝のアキレス腱となり、幕府は賞罰を駆使して北朝の権威維持に奔走する（松永二〇一三）。叔父花園の皇子で自身の猶子（実は光厳のご落胤ともされる）直仁親王を皇太子に据えた光厳上皇の意に反し、室町幕府がやむなく後光厳天皇を擁立したため、北朝の治天として光厳上皇の存在意義は損なわれた。このため、のちに光厳の子である後光厳院流と崇光院流の皇統対立が生まれた。

世を捨てる決意

そして同年八月八日、賀名生の光厳上皇は、奈良西大寺《さいだいじ》八世の元耀《げんよう》上人を戒師《かいし》に招き、ついに落飾に及んだ。南朝との交渉役だった京都の洞院公賢《とういんきんかた》は一報に驚き、「ご発心によるのか、南朝を欺くためなのか、よくわからない」と真意を測りあぐねている（『園太暦』同年八月十二日条）。当時、西大寺長老（静観房信昭《じょうかんぼうしんしょう》）は夢窓疎石と共に両朝の和議を仲介するなど、南朝とのパイプを持っていた（『園太暦』

貞和四年正月二十日条)。

文和三年(一三五四)三月二十二日、光厳法皇は、光明法皇・崇光上皇らと共に、賀名生から河内国金剛寺《こんごうじ》(大阪府河内長野市)の行宮《あんぐう》に遷された。幽閉中とはいえ、大和国の山奥に比べれば、金剛寺のほうが京都との連絡・通信手段に恵まれるようになった。

延文元年(一三五六)十一月六日、光厳法皇はこの金剛寺において、和泉国大雄寺《だいゆうじ》住持の孤峰覚明《こほうかくみょう》から改めて衣鉢を授かった。この三度目の受衣から、墨染めの衣を着る禅僧、いわば〝黒衣の僧〟としての光厳法皇の後半生が始まることになった。

光厳法皇は夢窓疎石から受衣した段階で、すでに法諱「勝光智」を持っていたらしい(先述)。天皇家の法諱は三文字であることが多いが、光厳法皇はこの日、法諱三字のうち「勝」字を止めたという(『本朝皇胤紹運録《ほんちょうこういんじょううんろく》』)。このときばかりは洞院公賢も、光厳法皇の三度目の受衣を、「本当に仏門に帰依したお姿だ。乱世の俗事を心得られ、なんと尊いことだ」と評し、光厳法皇の落飾と受衣が、本心からの行動であると感じ取っていた(『園太暦』同年十一月十七日条)。

三度目の受衣の戒師が、南朝に祇候した孤峰覚明になった点については、光厳法皇が南朝に囚われの身だったから、南朝専属の禅僧から受衣したのも、やむをえなかったという見方がある(玉村一九五八)。ただし、光厳法皇の三度目の受衣とこれ以前の受衣とでは、意味合いを異にする。一度目・二度目の受衣は観応の擾乱以前のことであり、戒師は夢窓疎石だった。尊氏も崇拝する夢窓疎石から北朝の治天が受衣することは、持明院統と足利政権との連携や一体感を増すことにもなっただろう。

ところが、擾乱後に行った光厳三度目の受衣の戒師は、夢窓疎石とは関係のない孤峰覚明に変更された。しかも南朝に拉致され、代わりに後光厳天皇を担ぎ出した尊氏に見捨てられた状況での受衣である。落飾後、受衣直前の十月二十日には、嫡子の崇光上皇に持明院統嫡流のシンボルである琵琶の秘曲をすべて相伝し（『崇光天皇日記』同日条）、家長として最後の責務を終えた。三度目の受衣には、公賢が光厳法皇の本気のほどを感じたように、足利政権を含めた世俗との訣別、本格的な遁世《とんせい》の意味が込められている。

孤峰覚明は、出雲国雲樹寺《うんじゅじ》の開山で、隠岐島から伯耆国船上山《せんじょうさん》（鳥取県琴浦町）に脱出した後醍醐天皇、さらに後村上天皇に受衣した禅僧である。足利政権の招請をうけたこともあるが、貞和二年（一三四六）には紀伊国興国寺《こうこくじ》、その後に和泉国大雄寺の住持になった。興国寺は由良《ゆら》港（和歌山県由良町）に程近く、大雄寺とは紀伊半島西沿岸で結ばれ、熊野参詣路に面して南朝にも近い水陸交通の要衝にあった。南朝勢力圏に身をおく状況下、光厳法皇は、金剛寺に出入りする孤峰覚明に救済の光を見出そうとしたのだろう。

なお、三上皇拉致の後に即位した北朝の後光厳天皇は、貞治二年（一三六三）九月、夢窓疎石門弟の春屋妙《しゅんおくみょう》葩《は》から受衣しており（『普明国師《ふみょうこくし》行業実録《ぎょうこうじつろく》』）、足利将軍と同じく夢窓派の俗弟子になることを選択している。楽器も代々の琵琶ではなく、尊氏の師範である豊原龍秋から笙を学んだ。

京都還御と行脚伝説

延文二年（一三五七）二月十八日、光厳法皇は突如、河内国金剛寺を出て、深草金剛寿院《ふかくさこんごうじゅいん》に入った。約五年ぶりに京都への還御を果たした光厳法皇だったが、参入を求める公家衆を寄せ付けず、伏見殿では、入元僧中巌円月《ちゅうがんえんげつ》から『大慧普覚禅師語録《だいえふかくぜんじごろく》』の講義を聴講している（『園太暦』同二月二十七・二十八日条）。落飾と受衣で決意した遁世を加速させている。光厳法皇は、自身の帰洛を母の広義門院の耳には入れたらしいが、その広義門院もまもなく病に倒れ、閏七月二十二日に世を去った。

九月三十日には、受衣の師だった夢窓疎石七回忌を迎え、光厳・光明両法皇は天龍寺雲居庵《うんごあん》に入り、夢窓疎石の追善を祈った。この一年後、光厳法皇は洞院公賢から「小倉法皇」と呼ばれるようになり（『園太暦』延文三年九月四日条）、嵯峨小倉に居を移したらしい。

『太平記』巻三十九「光厳院禅定法皇行脚事」によれば、還京後、伏見に隠棲した光厳法皇だったが、世間の出来事が耳に入ることを良しとはせず、順覚《じゅんかく》なる僧を一人だけ連れて山林斗藪《とそう》の旅に出た。住《すみ》吉《よし》・堺《さかい》を経て高野山《こうやさん》に詣で、その帰路に吉野の後村上天皇との対面を果たし、戦乱の世を回顧したという。

実際に光厳法皇が訪れたことが史料上確認できるのは法隆寺《ほうりゅうじ》である。『斑鳩嘉元記《いかるがかげんき》』には、康安二年（一三六二）九月一日に、「持明院法皇禅僧」、つまり光厳法皇が、馬に乗って法隆寺に参詣し、お供の者はたった一人ではなく、十数人を連れての外出だったと記してあり、現実味がある。法隆寺に参詣した事実と、高野山・吉野・大和路を行脚したという『太平記』の叙述とは別物だが、『太平記』には光厳法皇の心情を反映しているとみる見解はある（岩佐二〇〇〇、飯倉二〇〇二）。大和路を行脚する光厳法皇は、本人が事実として語ったものではなく、『太平記』編者の思想を語らしめたもの（深津二〇一四）と捉えておくのが、まずは穏当なところだろうか。

おもしろいのは、中御門宣胤《なかみかどのぶたね》が、『太平記』のうち「光厳院御事一段」を抜書きしたものを三条西実隆《さんじょうにしさねたか》に贈った際に書き残した次の言葉である。「およそ太平記の眼目は、この両皇の対談にこそ極まると古来いわれてきた。今更に感情を動かすものだ」（『宣胤卿記』永正十五年〈一五一八〉六月十一日条補遺）。後世の読者の眼から見ても、行脚した光厳法皇と、後村上天皇の邂逅は、物語のフィナーレを飾る、大きな見せ場になったようだ。

おわりに――山国荘での歳月

その後、詳しい時期は不明だが、京都の北、大堰川《おおいがわ》の上流にある禁裏《きんり》領の丹波国山国荘《やまぐに》（京都市右京区）へ移り、同地の成就寺《じょうじゅじ》を禅院・常照寺《じょうしょうじ》（現・常照皇寺）に改めて、自ら開山となり、『碧巌録《へきがんろく》』を講読するなど、禅院生活に邁進した。

光厳天皇分骨所　大阪府河内長野市・金剛寺

落飾した光厳法皇は、辞世を記した肖像（常照皇寺蔵）では「無範和尚」を名乗ったように、禅僧として隠遁の実践に努めた。まず、金剛寺で孤峰覚明から受衣した直後、身辺に仕える女房衆に暇を与え（『園太暦』延文元年十一月三十日条）、還京後も公家衆を遠ざけた。また、崩御する約五ヶ月前にあたる貞治三年（一三六四）二月二十一日、四《し》条《じょう》隆蔭《たかかげ》が病によって出家した際には、自ら戒師を務めた（『師守記《もろもりき》』同日条）。隆蔭は、元弘元年（一三三一）九月の量仁践祚の際に蔵人頭となり、光厳法皇が最も信任する側近の一人だった。元弘の変が露見した後の同年十月六日には、六波羅探題に出向き、鎌倉幕府が後醍醐から押収した剣璽を受け取る功もあった（『花園』同日条、『剣璽渡御記』）。

剃髪した権力者が、自ら側近の剃髪の戒師を務める例は、足利義満《よしみつ》と斯波義将《しばよしゆき》たち武家や北朝廷臣の場合が知られているが、義満が剃髪の戒師を務めた側近たちの場合、ほとんど義満による半ば強制的な剃髪が目立つ。これに対して、光厳法皇の場合は、延文二年四月に疱瘡《ほうそう》にかかり、翌三年八月にも重篤の症状をみせるなど、自身も来世を強く意識するような状況にあったから、出家儀礼を通して戒師と弟子という師弟関係になぞらえ、隆蔭と来世も主従関係を約束する意味があった。また、隆蔭の側からみれば、剃髪直前に一品《いっぽん》を所望し、光厳法皇も推挙したものの、同じく光厳側近の勧修寺《かじゅうじ》経顕《つねあき》の反対で叶わぬ夢となったため、その落胆から自発的に剃髪に思い至り、最期に光厳への来世での忠節を誓ったのだろう。

私事ながら、筆者は幼少期に、降雪止まぬ季節に常照皇寺を訪ねた。車から見えるのは、狭い山道に、積雪で折れた木々ばかりで、何時間もかけて辿り着いて見た雪化粧の山門の威容は、今も忘れがたい。光厳法皇の終《つい》の棲家《すみか》は、洛外とはいえ亀山法皇が都の程近くに建てた南禅寺《なんぜんじ》や、愛妃に先立たれた後宇《ごう》多《だ》法皇が入った大覚寺とは、まったくかけ離れている。その遺誡には、「盛大な葬儀はせず、私の愛するこの山中に埋めよ。山民に労力を強いてはならぬ」と綴ってある。北朝の治天から一介の禅僧になるまで、内乱の目撃者が辿った足跡は、ほかに類を見ない高低差を描き、ここ京北の静謐に包まれて終局を迎えた。

（芳澤 元）

【主要参考文献】

赤松俊秀・上横手雅敬・国枝利久編『光厳天皇遺芳』（常照皇寺、一九六四年）
飯倉晴武『地獄を二度も見た天皇 光厳院』（吉川弘文館、二〇〇二年）
家永遵嗣「光厳上皇の皇位継承戦略と室町幕府」（桃崎有一郎・山田邦和編『室町政権の首府構想と京都―室町・北山・東山―』文理閣、二〇一六年）
岩佐美代子『光厳院御集全釈』（風間書房、二〇〇〇年）

岩佐美代子『改訂新装版　京極派歌人の研究』（笠間書院、二〇〇七年）
玉村竹二『夢窓国師』（平楽寺書店、一九五八年）
豊永聡美『中世の天皇と音楽』（吉川弘文館、二〇〇六年）
中村健史「誡太子書箋釈」（『人文学部紀要（神戸学院大学）』三七号、二〇一七年）
深津睦夫『光厳天皇　をさまらぬ世のための身ぞうれはしき』（ミネルヴァ書房、二〇一四年）
松永和浩『室町期公武関係と南北朝内乱』（吉川弘文館、二〇一三年）
村田正志『村田正志著作集4　證註椿葉記』（思文閣出版、一九八四年、初出一九五四年）
芳澤　元「足利将軍家の受衣儀礼と袈裟・掛絡」（前田雅之編『画期としての室町―政事・宗教・古典学―』勉誠出版、二〇一八年）

光明天皇

――家長にならなかった「一代の主」

誕生　元亨元年（一三二一）十二月二十三日
崩御　康暦二年（一三八〇）六月二十四日

諱　豊仁
父　後伏見天皇
母　西園寺寧子（広義門院）

在位期間
建武元年（一三三六）八月十五日
～貞和四年（一三四八）十月二十七日

陵墓　大光明寺陵（京都府京都市伏見区桃山町）

はじめに――受難の日々

ここでの主役は、光明《こうみょう》天皇である。といっても、「光明天皇」と聞いて、「ああ、あの人ね！」と即座に反応できる読者は少ないのではなかろうか。後醍醐天皇などキャラのたつ南朝の天皇に比べて、総じて影の薄い北朝天皇家の中でも、光明天皇はとくにイメージが湧きづらい天皇の一人であろう。

簡単に光明天皇の概要を説明すると、のちの光明天皇となる豊仁《とよひと》親王は、元亨元年（一三二一）に後伏見天皇の皇子として誕生した。建武三年（一三三六）六月に足利軍の攻勢を前に後醍醐天皇が延暦寺に退避すると、尊氏は光厳上皇に新天皇の即位を奏請し、その結果、豊仁親王が光明天皇として即位する。光明天皇は十年と少しの期間にわたり在位して、光厳皇子の崇光天皇に譲位した。

もっとも、光明天皇が高校の教科書などで登場するのは、譲位後の受難に関してであろう。正平七年（一三五二）、「正平の一統」と呼ばれる束の間の南北両朝の融和が瓦解すると、後村上天皇率いる南朝勢力は北朝の光厳上皇など三上皇と、一統以前は皇太子とされていた直仁親王を吉野方面に拉致連行するという挙に出た。その三上皇の一人が光明である。

そのときの様子は、『園太暦』という洞院公賢による日記に詳しいので、もう少していねいに見ておこう。公賢の筆によると、正平七年の閏二月二十一日、京中は武士が「群馳」しており騒々しかった。

わけがわからないまま公賢が情報収集してみると、どうやら後村上天皇が光厳上皇に対して「御所々々」(＝三上皇＋直仁)の八幡(京都南郊)への退避について打診し、それが実行に移されるとのこと。そして、三月四日には近江での戦況激化などを受け、光厳上皇以下を八幡から河内国東条《とうじょう》(大阪府と奈良県の県境周辺部)へ移送することが決まる。

光明天皇らが連行された賀名生行宮跡　奈良県五條市

しかし、東条に腰を落ち着ける暇もなかった。再び公賢が日記に残したところを確認すると、東条でいったん荷解きをした光厳上皇以下のもとには、当然のことながら、お付きの女房などが不足していた。京都に残された貴族たちはそのことを心配して、「とにもかくにも女房などを派遣しよう」ということになったのだが、その準備の真っ只中に、「どうやら光厳上皇以下は賀名生へとお移りになったらしい」との情報がもたらされた。光厳上皇以下は最終的に大和国賀名生(奈良県五條市)へと連行されたのである。

三上皇以下の賀名生滞在は、思いのほか長期化した。南北朝期、しばしば天皇や上皇は比叡山や美濃などに退避したが、それはせいぜい数ヶ月の話であり、戦況が沈静化すると京都に戻った。もちろん、それらはいわば自主的避難であり、南朝という他者により強制連行され

光明天皇画像　京都市東山区・御寺泉涌寺蔵

た今回のケースは勝手が余りにも違ったのだが、ともあれ、連行された面々のうち一足先に解放された人物こそ、本稿の主役たる光明ということになる。

文和四年（一三五五）の八月のことで、その頃の光明は黒衣の僧体となっていたという。おそらく、すっかり板についていたであろう光明の法服姿に、都の貴族たちは、連行されて三年という年月の長さを実感したのではあるまいか。

光明以外の還京はさらに遅れた。『愚管記《ぐかんき》』という記録によると、後光厳法皇の還京については延文二年（一三五七）の二月十七日に噂話として京に伝えられ、その二日後の十九日に後光厳法皇と崇光上皇が京都南郊の伏見に到着したとの報が届けられた（直仁について『愚管記』は触れていないが、同時期に還京したとされる）。

さて、連行中に出家を遂げていた光明は、還京後、ほとんどその動静が伝えられることがなくなった。どうやら仏道に邁進していたらしい。光明が夢窓疎石に帰依していたことについては、仏教史（禅宗史）

などでは比較的知られた事実である。

飯倉晴武氏により指摘されているように、光明は還京して間を置かず、すぐに伏見の保安寺《ほうあんじ》に入り、その後は深草の金剛寿院や伏見の大光明寺《だいこうみょうじ》などに住し、さらに各地を遍歴して仏道の修業に精進する。還京後の光明の実態を端的に伝えるのが、その薨去の際に書き留められた東坊城秀長《ひがしぼうじょうひでなが》による日記記事である。

そこには、「今日、光明法皇がお亡くなりになった。ここ最近は大和国長谷寺《はせでら》にいらしたので、そちらで葬儀は済まされるらしい。年齢は六十一歳だということだ」と書かれている。秀長は「私は在位中の光明天皇にお仕えしたので、月日の移ろいを夢のように感じ、悲嘆の涙は雨のようだ」と続けているものの、どこか他人事というか、すでに光明を現在進行形の関係性がある人物とは見なしていないかのような淡泊さを筆者は感じる。還京後の光明はひっそり仏道に生き、京都社会からは過去の人物として忘れ去られていったようだ。そして、それは光明本人も望むところだったのであろう。

以上が、光明天皇の生涯についてのあらましであるが、次節からは、光明天皇の天皇としての特質を考えていきたい。

一、学芸と儀礼からみる人となり

音楽や学問に誠実に取り組む

光明天皇の人となりは、その学芸に対する姿勢からうかがうことができる。

康永三年（一三四四）の二月末、光明天皇は御遊始《ぎょゆうはじめ》を行った。「〇〇始」とは「書き初め」の「初め」に相当する場合と、「〇〇デビュー」に相当する場合がある。その年初めての「〇〇」も「〇〇始」だし、生まれて初めての「〇〇」も「〇〇始」である。何かを起点として初めての「〇〇」はすべて「〇〇始」であり、起点は、起点としてふさわしければさまざまである。

光明天皇は確実な史料として、少なくとも暦応三年（一三四〇）には御楽始を催したことが明確なので、この場合、年始の御楽始が二月末にずれ込んだということであろうが、注目すべきはこのとき光明天皇が笛を演奏したことである。持明院統の天皇が歴代にわたって所作してきた楽器は琵琶なので、笛を所作した光明天皇の選択は、やや異質である。豊永聡美氏の考証によれば、どうやら光明天皇は琵琶を習得していなかったらしい。

この点をどのように評価するかは難しいところであるが、光明天皇の即位過程を鑑みると、いわば偶発的かつ中継ぎ的に急遽登極《とうぎょく》したものと思われ、持明院統（つまり北朝天皇家）の当主になることを前提とした英才教育を幼少期から受けていたわけではなかったことの影響だろう。ただ、だからといって光明天皇が音楽的素養の涵養《かんよう》をおざなりにしていたわけでは決してない。笛を所作した翌年には、神楽《かぐら》の秘曲を大神景茂《おおみわかげしげ》から伝授されている。楽器の種類こそ、兄の光厳や甥の崇光など、いわゆる持明院統のなかでも〝嫡流〟だった面々とは異なるものの、天皇として音楽に対して誠実に向き合っていたことは間違いないだろう。

音楽以上に光明天皇が熱心に取り組んだのは学問である。

康永元年の十月、唐橋公時《からはしきんとき》という貴族が鬼籍に入った。唐橋家は菅原道真を先祖としており、当時においても「菅原」と姓で表記されることもある学者の一族で、公時は光明天皇の学問の師でもあった。その公時が死去したことを受け、光明天皇は自らの日記に思いを書き留めた。そこには、「私は幼少の昔より公時に学問の手ほどきを受けてきた。即位後も世話になり続け、その教えは一字たりとも忘れることができない。悲嘆に暮れて涙が止まらない」とある。大げさともいえる表現をもってして恩師への哀悼を捧げている。

そして翌日には、その死に最大限のリスペクトを込め、宮中での「物音停止」により「愁歎之志」を表することに決めた。唐橋家のような学者の家柄は公家社会での家格がさほど高くないこともあり、このような「物音停止」という措置をとることについて、天皇自ら「先例違反になるかもしれないが」とも記している。それでも強行したところに、光明天皇の思いが詰まっているだろう。そして、公時の死の翌日には、傷心を振り払うかのように「尚書《しょうしょ》并大学《だいがく》」の「講書《こうしょ》」を実践した。「いついかなるときでも学問をおろそかにしない、それがあなたへの恩返しです」と言わんばかりの、まさに光明天皇による公時へのレクイエムであった。

光明天皇は歴代天皇と同様に、あるいは、歴代天皇のなかでも特筆すべき熱心さで、学問的素養を涵養していたと言えるだろう。中世において、音楽や学問といった学芸は歴代天皇に習得が求められた帝王学、天皇家の一員であれば身につけるべき必須教養であったが、光明天皇は歴代天皇に決して恥じない誠実さで、それらを修めていたのである。

有職故実に対する姿勢

先に、光明天皇が学問において唐橋公時に師事していたことを述べたが、公時などがレクチャーした学問とは、具体的には儒学《じゅがく》など中国由来の学問であり、「尚書」「論語《ろんご》」「礼記《らいき》」などをテキストとした。それに対し、中世の公家社会において、それらと同等か、それ以上に重視された学問に有職故実《ゆうそくこじつ》がある。とくに天皇家は、朝儀の主催者として適切な先例を身につけ、儀礼などを滞りなく催行することが求められた。ここでは、光明天皇の有職故実に対する姿勢をみていこう。

暦応五年（一三四二）の正月、光明天皇は五摂家の当主の一人であった一条経通《いちじょうつねみち》に、除目《じもく》（人事儀礼）の作法について伝授するよう依頼した。後代の兼良《かねよし》・冬良《ふゆよし》父子が有職故実の大家として評価されているように、五摂家の中でも一条家は先例知識についての蓄積に定評があり、光明天皇は積極的に、当時の一条家当主の経通に教えを請うたようだ。というのも、康永二年（一三四三）の二月には、やはり経通に内裏の陣が「半陣」で良いか否かを諮問しているのである。「半陣」の意味は判然としないが、「陣」は宮中で公卿が着座して節会・神事・官位などの公事を執り行うスペースのことで、中世の公家社会における公的評定を「陣定《じんのさだめ》」と称するのは、そのような理由による。光明天皇の諮問に対して、「半陣」とはどういうことでしょうか。「普通陣」であるべきです」との意見が出されているので、「半陣」とは、「陣定あるいは陣の設営を略儀で済ます」といった意味合いであろう。

このように、光明天皇は有職故実において、まずは一条経通を頼りにしていたようだが、経通に限らず、適任者であれば幅広く諮問を繰り返していた。具体的には中原師守《なかはらもろもり》という事務官僚系貴族の日記（『師守記』）には、例えば、康永三年五月に「右衛門陣」のありかたについて諮問している記事が収められているなど、光明天皇が師守に先例故実について諮問したという記事を多く確認できる。

また、現在に伝わる記録史料において確認される光明の諮問相手として最も事例が多いのは、時の有職故実界における重鎮であり、左大臣として権力の中枢にもいた洞院公賢かと思われる。というのも、公賢は『園太暦』という大部な日記を残しているからである。光明天皇即位期の基礎的な同時代史料として現在まで伝来しているのが『園太暦』と『師守記』なので、それぞれの記主である洞院公賢や中原師守を諮問相手とする事例が数多く確認できるのは当然であり、二人のうちでも、より光明天皇に近い

元日節会図　東京国立博物館蔵　Image: TNM Image Archives

ところにいた洞院公賢の事例が多いのは、そのような史料残存上の影響もあるだろうが、ともかく、光明天皇が周囲の適任者、有職故実に定評があった人物たちから、積極的に知識の吸収を図っていたことは間違いないと思われる。

先例通りの朝儀催行を心がける

もちろん、光明天皇は机上の学問として有職故実に熱中していたわけではない。実際に、主催者として朝廷儀礼に臨席し、先例通りの催行を心がけていた。当時の朝儀のなかでも、とくに重要視されていたのが、正月一日の元日節会、同七日の白馬《あおうまの》節会、同十六日の踏歌《とうか》節会で、ここではそれらを正月三節会と呼ぶこととする。節会とは、朝儀の中でも酒宴など通じて君臣関係（＝社会秩序）を確認するという性質の強い儀式のことをいうが、それゆえ、〝君〟である天皇の臨席が強く要請された。それでも、体調や服喪《ふくも》などの事情で天皇が臨席できないことも少なくなく、その場合には、「平座《ひらざ》」と呼ばれる略儀において催行された。そんな正月三節会に対して、光明天皇はどのように臨んだか。

例えば、洞院公賢が内弁《ないべん》（節会における廷臣代表者）をつとめた康永三年（一三四四）の元日節会に光明天皇が出御したことは、『園太暦』に明記されている。次に、同じ年の白馬節会について確認してみると、この年の白馬節会は、その当時、恒常的に発生していた南都興福寺の嗷訴《ごうそ》による神木動座《しんぼくどうざ》に見舞われていた。神木動座とは、春日神社の神体である神木をかつぎ出して洛中に放置することであるが、その状態において天皇が朝儀に臨席することは憚られる慣習にあったので、光明天皇は御簾を垂れるという本儀ではない形式において臨席せざるをえなかった。

ここでは、神木動座を理由に、これ幸いとサボタージュしなかったことを重視したい。貞和四年（一三四八）の踏歌節会も同様の状況であったように、南北朝期というのは兵革《へいかく》や神木動座が頻発し、それにより節会に光明天皇が正規に出御できなかった事例は少なくない。しかし、逆に言えば、アクシデントがなければ出御していたということでもある。

正月三節会以外にも、光明天皇は朝儀に可能な限り臨席していたようである。具体例を挙げるならば、貞和三年の県召除目《あがためしのじもく》（朝廷の人事儀礼）にも出御し、「大間御覧《おおまごらん》」（人事内容を確認する所作）に臨んでいる。厳密にいうと、史料上（『園太暦』貞和三年三月二十九日条）には「入御《にゅうぎょ》」（「お部屋にお帰りになった」）と書かれているだけなのだが、「入御」するためにはいったんその前に「出御」している必要があるので、臨席していたと判断できる。

先に、「節会に光明天皇が正規に出御できなかった事例は少なくない。しかし、逆に言えば、アクシデントがなければ出御していたということでもある」と書いたが、それは、貞和元年の任大臣儀礼について、光明天皇自らが日記に「咳病により出席できなかった」と明記していることから判断しうる。不出御が常態化していれば、わざわざこんな言い訳がましいことは書かないだろう。光明天皇が常日頃から朝儀に適切に出御することを心がけ、実際に、それを実行していたからこそ、それがかなわなかったときには、その理由を自身の日記に書き留めたものと思われる。

二、政務からみる位置づけ

ルーチンワーク以外の政務関与

ここまで、有職故実を含む学芸に対する光明天皇の姿勢を検討し、その延長として先例通りの朝廷儀礼臨席に意欲的な姿も確認した。それでは、朝廷儀礼への臨席以外に、光明天皇はどのようなスタンスで政務に臨んだのだろうか。光明天皇が年中行事など、ルーチンワーク以外の政務に関与したことを示す史料は、実はさほど多くない。多くないなりに皆無でもないので、目にとまった事例を二つほど紹介しよう。

康永三年（一三四四）の年末、洞院公賢は左大臣の辞任を申し出た。大臣等重職の辞任を申し出ることは、当時の公家社会においては一種のパフォーマンスであったとも言われているので、どこまで公賢が本気で辞職しようとしていたかは微妙であるが、ともあれ、公賢のような実力者の辞任届がそのまま受理されることはない。果たせるかな、時の「治天の君」（後述）であった光厳上皇は、「とりあえず、これは預かっておくよ」という措置によって受け流し、翌年の九月になってから、突然、「受け付けない」という意志を公賢に突きつけた。

九ヶ月も放置された辞表が唐突に返付されることとなった公賢は、「いきなりのことで先例通り適切に辞表返付時の振る舞いができない」と困惑し、とりあえず突き返した当人である光厳上皇と辞表返付に際する形式的手続きの故実を相談している。いかにも中世公家社会らしい一コマであるが、注目すべきは、光厳上皇が辞表を返付するにあたって、「公賢の辞任には、とくに光明天皇が強く反対している」と言い添えている点である。公賢の辞任、すなわち朝廷の重要人事に対して、光明天皇の意向が強く影響した事例である。

さて、公賢の辞表が提出されたのは康永三年で、それが突き返されたのは康永四年、そしてその翌月には元号が康永から貞和に改められた。その改元手続きに際しては、規定通り学者系官人や、上級貴族から新年号案が光明天皇のもとに届けられた。このときには、「貞和」「文仁」「嘉慶」などが候補として挙げられてきたが、それに対して光明天皇は、「諸臣で意見を一致させなさい」と指示を出し、その結果、「貞和」と決まったので、それを受けて詔書作成を指示した。このように、光明天皇は天皇という立場の存在が関与する決まりとなっている手続き的事項の処理については役割を果たしていた。

ここまで、公賢の左大臣辞任の不許可、改元手続きへの指示という、二つの事例から、光明天皇の政務への関与を見てきた。しかし、これらの事例を取り上げたのは、この二つくらいしかルーチンワーク以外の政務に対する光明天皇の関与事例がない、ということを示すためであった。実は、政局への判断や各勢力の利権調整（＝裁許）といった事項に光明天皇が関与した形跡は、ほとんど確認されないのである。

「治天の君」は誰なのか

それではなぜ、光明天皇は天皇でありながら、政局への判断や各勢力の利権調整といった事項に関与しなかったのだろうか。先に、光明天皇の兄院である光厳上皇に関して「治天の君」という言葉を用いたが、中世の天皇制において、実質的に執政者の任を担ったのは、天皇ではなく「治天の君」であった。「治天の君」とは、簡単にいうと天皇家の家長のことである。中世の朝廷政治は天皇の父や兄である上皇が、天皇家の家長権を行使することで切り盛りされていた。もちろん、天皇自身が天皇家家長として親政を行うこともありえたが、こと光明天皇については、そのような状況は決して発生しなかった。

天皇家家長権の所在を視覚化する儀礼に、貢馬御覧《くめごらん》というものがある。貢馬御覧は、かつて拙著で述べたように、種々の性質変化を経ながらも、室町期には足利将軍家家長による天皇家家長への駿馬進上儀礼として定着したものであり、貢馬が誰に進上されているかを確認すれば、足利将軍家家長が誰を「治天の君」と見なしていたかが確定できる。そして、この時期の貢馬進上先を段階ごとに確認してみると、

「光厳上皇―光明天皇」の時期における貢馬進上先が光厳上皇であったこと、「光厳上皇・光明上皇―崇光天皇」の時期の貢馬進上先も変わらず光厳上皇であったこと、さらに、「光明上皇・崇光上皇―後光厳天皇」の時期の貢馬進上先が後光厳天皇であったことが史料上、確認できる。

要するに、兄の光厳上皇が存命中は一貫して光厳上皇が「治天の君」であり、光厳上皇崩御後は、正平の一統の結果として足利家に擁立された後光厳天皇に天皇家家長の座が移動したのである。在位中も退位後も、人生で一度も貢馬御覧の進上先にならなかったように、光明というのは、室町幕府体制下において、北朝天皇家家長（「治天の君」）にならなかった希有な天皇であり（ほかには称光《しょうこう》天皇がいる程度、崇光が「治天の君」であったかどうかは判断が難しいところ）、言い方を替えるならば、光明は、〈「治天の君」―天皇〉体制下における天皇の役割（のみ）に殉じた生涯を送った存在として個性づけられるのである。

三、皇位継承と中継ぎ天皇

きれいな幕引き

光明天皇が政局への判断や各勢力の利権調整といった事項に関与しなかったことを最も端的に示すのが、皇位継承についてである。飯倉晴武氏によれば、光厳上皇は、光明天皇の後は自身の嫡子である崇光を立て、しかしながら、その次の天皇には師父と仰ぐ花園天皇皇子の直仁を即位させ、皇統を花園の系統に移すつもりでいたらしい。なぜ、そのような変則的なプランを意図したかというと、飯倉氏の推測では、実は直仁は光厳の隠し子であったからだという。ことの真偽については、飯倉氏が紹介した史料をていねいに読み解く必要があり、いま、その準備はできていない。ただ、実際に直仁が崇光即位時、すなわち光明退位時に皇太子となり、さらに南朝によって廃太子とされたこと自体は、れっきとした歴史的事実である。光明天皇は、完全なる中継ぎであった。

そのような状況にあって、光明天皇は崇光天皇への譲位を、どのように捉えていたのであろうか。貞治四年（一三四八）の十月、光明天皇は退位にともない、即位時に「由奉幣《よしのほうべい》」を実行できなかったことの埋め合わせも兼ねて伊勢神宮へ奉幣使《ほうべいし》を発遣しようと、洞院公賢に相談を持ちかけた。「由奉幣」とは、伊勢神宮などへの臨時の奉幣使発遣のことで、「奉幣」とは、勅命による神社や山陵《さんりょう》などへの捧げ物のことである。道中の治安の面からも、人材や費用の面からも、南北朝内乱の激戦期にはなかなか奉弊使を発遣することもままならず、本来は即位時に実行すべきだった奉弊使発遣をかなえられなかったことが、ずっと光明天皇にとって心のトゲとなっていたのであろう。せめて、そのあたりをきれいにして退位したいという光明天皇の思いは、当時の公武社会に受け入れられ、十月二十三日には伊勢神宮への一社奉幣が実現した。譲位を前提に、自身の在位期間のきれいな幕引きを模索する光明天皇の姿が、そこにはある。

在位期から皇太子で甥の崇光とは同居し、仲も良かったように思われるところからも、光明天皇は、光厳上皇の見取り図を素直に、あるいは素直すぎるくらいに受け入れ、粛々と退位への準備を進めていた。いかにも光明天皇らしい引き際とも言えるだろう。

あるべき天皇像

光明天皇の立ち位置は、光厳上皇による皇位継承計画がいよいよ実現されるという段階において、より明確になる。

『英雄百首』に描かれた足利直義　当社蔵

貞和四年（一三四八）の八月末、当時、足利家を切り盛りし、北朝天皇家との関係についても一手に引き受けていた足利直義が、光厳上皇のもとを訪れた。そのときの会話内容については、光厳上皇自らが「興仁（崇光）の登極と直仁の立太子について直義が申し出てくれた。本望であり、満足だ」と洞院公賢に伝えている。要するに、光厳上皇の皇位継承計画について、直義がゴーサインを出したのである（皇位継承を追認し、主に経済面や警備面でのサポートを確約したものと思われる）。

そして、直義との会談から一週間後、光厳上皇は敬愛してやまない「師父」花園法皇の御所へと足を運んだ。そこでは、「立太子などのこと」が話し合われたらしい。花園皇子の直仁が皇太子（次期天皇）になることについて、花園本人の最終確認をとったものと思われる。

崇光即位と直仁立太子を実現する際の、天皇家と将軍家による政治的動向は、以上である。つまり、崇光の即位と直仁の立太子は、光厳上皇が立案し、足利直義が太鼓判を与えて側面から支持し、花園法皇の最終許諾により実現したのである。自らの退位にともなう諸動向であるにもかかわらず、光明天皇は、これらのプロセスに一切関わっていない。なんらかの意思表明をしたということも、少なくとも史料上は確認できない。光明は政局への判断や各勢力の利権調整といった事項に関与しない天皇であったが、その姿勢は皇位継承についてさえまったくブレなかったのである。

光明天皇の、天皇としての個性は、政局などには関与せず、学問や年中行事の履行に全力を傾けるというところにあった。言うなれば「〝御輿〟たることに徹する」というのが、光明天皇にとっての〝あるべき天皇像〟だったということではあるまいか。

おわりに——後醍醐天皇との比較

以上、光明という天皇の個性を見てきたが、ここまでの検討で筆者には、ある思いが浮かんだ。すなわち、「後醍醐天皇とは正反対だな」と思えてならないのである。

後醍醐天皇は正応元年（一二八八）の生まれ、光明天皇は元亨元年（一三二一）なので、ほぼ一世代分の年齢差があるが、南北朝内乱に翻弄されたという意味では立場は似ている。この二人には、生きた時代以外にも共通点がある。ここ二十年くらいの研究史で強調されるようになった考え方に、「後醍醐が倒幕を計画し、実行したのは、皇位を自身の子息に継承させるという目的のためである」というものがある（村井二〇〇三）。後醍醐は父院後宇多の第二皇子で、嫡子は後二条天皇であった。後醍醐が皇位につけたのは後二条が早世したからである。両統迭立の力学により、後宇多は即座に自身の属する大覚寺統から皇太子をたてなければならず、そこで白羽の矢を立てられたのが後醍醐であった。周囲には、大覚寺統の嫡系は後二条の子息であるべきとの共通見解があり、それを覆すには、両統迭立方針や、それを是とする鎌倉幕府ごと消滅させなければならないと後醍醐は考え、そして挙兵したと言われている。

光明天皇が葬られた大光明寺陵　京都市伏見区

「文保《ぶんぽう》の和談《わだん》」との用語が与えられることもある当時の皇位に関する基本方針は、鎌倉幕府の方針がそのベースにあり、しかも持明院統は自統に政権を取り戻すべく幕府との協調関係強化に積極的だった。後醍醐が文保の和談の見取り図を破棄して子息に皇位を継承させるためには鎌倉幕府を倒す必要があったのであり、かつ、後醍醐はそれを実行してしまったということなのだが、ともあれ、後醍醐は政局上の事情により偶発的に即位したにすぎず、あくまで中継ぎの天皇で、所与の前提として子息への皇位継承の可能性は想定されていなかった。「中継ぎの天皇」であり、「子息へは皇位を継承しないことが既定路線として存在した」という点において、後醍醐天皇と光明天皇は共通するのである。

繰り返しになるが、光明天皇は光厳天皇の弟であり、持明院統の傍流（嫡子の弟）であった。足利尊氏が後醍醐政権から離反したことで、北朝を擁立する必要性が生じるという政局上の事情によって偶発的に即位したにすぎず、しかも、治天の君たる光厳上皇により「光厳（兄）→光明→崇光（甥）→直仁（従兄弟）」という見取り図が既定路線化していた。光明天皇も後醍醐天皇と同じく、あくまで中継ぎの天皇であり、所与の前提として子息への皇位継承の可能性は想定されていなかったのである。

同じような境遇に生まれた後醍醐天皇と光明天皇であったが、その生きざまは鮮やかなまでに対照的である。

まずは、後醍醐の人生を振り返ってみよう。後醍醐天皇は、中継ぎの天皇、「一代の主」として即位したものの、父院後宇多が治天の君の座を退いたため（仏道にのめり込んだことによるともいう）、自ら天皇親政を執行するようになった。後醍醐の親政は、建武の新政が初めてのことではなく、鎌倉末期にすでに経験を積んでいた。そして、実子への皇位継承にも執念を燃やす。先にも述べたように、後醍醐は自身の皇子に皇位を継がせるべく、討幕運動まで起こしたのである。また、晩年の過ごし方についても、後醍醐は最後まで北朝（室町幕府）から政権の座を奪還することに執念を燃やし続けた。生まれてから死ぬまで、政局の中心者であるべく、良くいえばアグレッシブに生き抜いたのが後醍醐天皇という生き方である。

それに対して、光明天皇はどうであったか。改めての確認であるが、光明天皇は、父院存命中から親政を行った後醍醐と異なり、徹底して「治天の君」の役割には関与しない天皇であった。そして、文保の和談を反故にすべく倒幕してまでも自身の皇子への皇位継承に執念を燃やした後醍醐とは対照的に、光明天皇は光厳上皇の見取り図どおり粛々と「一代の主」たることを受け入れた。そして、晩年の過ごし方も光明天皇と後醍醐天皇ではまったく異なる。死ぬ間際まで政権の奪還に専心した後醍醐に対し、正平一統の破綻により政治の表舞台から退場することとなった光明天皇は、その運命に抗うことなく、余生を仏道に生きた。

後醍醐天皇と光明天皇は、等しく南北朝という激動期を「一代の主」として生きながら、その生きざまは、まるで正反対であった。既存の研究史において、後醍醐の生き方と対照されてきたのは光厳上皇の「師父」とされた花園天皇であったが、その花園天皇の気質を最も色濃く受け継ぎ、学問や仏道に一生を捧げたのは、光厳上皇の弟である光明天皇だったように思う。中世の天皇家には、後醍醐のような生きざま、光厳のような生きざま、はたまた伏見宮貞成親王のような生きざまなど、まことに多様な生きざまがあった。その多様な生きざまの一典型例として、光明天皇のようなあり方もあったことを記憶しておきたい。

（石原比伊呂）

【主要参考文献】

飯倉晴武『地獄を二度も見た天皇　光厳院』（吉川弘文館、二〇〇二年）
石原比伊呂『室町時代の将軍家と天皇家』勉誠出版、二〇一五年）
豊永聡美『中世の天皇と音楽』（吉川弘文館、二〇〇六年）
新田一郎『日本の歴史11　太平記の時代』（講談社、二〇〇一年）
村井章介『日本の中世10　分裂する王権と社会』（中央公論新社、二〇〇三年）

崇光天皇

――北朝皇統分裂の始まり

誕生　建武元年（一三三四）四月二十二日
崩御　応永五年（一三九八）一月十三日

諱　益仁・興仁
父　光厳天皇
母　三条秀子（陽禄門院）

在位期間
貞和四年（一三四八）十月二十七日
～観応二年（一三五一）十一月七日

陵墓　大光明寺陵（京都府京都市伏見区桃山町）

はじめに――悲運の天子

国土を蹂躙する武力が都の政局をも左右した南北朝内乱期、皇族たちの運命は武家政権によって二転三転した。光厳天皇の第一皇子として生まれ、十五歳で践祚した崇《す》光《こう》天皇の在位期間はわずか三年、しかもその間は父光厳上皇による院政が敷かれる。また、即位礼は行われたものの、一代一度の大嘗会はついに挙行されなかった。そればかりか、一時的な南北朝の和睦（正平一統）により廃位されたうえに、南朝軍によって拉致、大和・河内へと強制連行され、何年もの幽閉生活を余儀なくされる。

帰京が許された後も不幸は続く。武家政権から譲られて移り住んだ花御所は火災で延焼した。また、持明院統の正嫡であるにもかかわらず、皇位を実弟の後光厳天皇と争うことになり、結局は破れて伏見に隠居する。

こうしてみると、崇光天皇の生涯は受難の連続といってよい。登極という華々しさとはかけはなれた、悲運の天子という印象である。

しかし、そうしたなかにあっても崇光天皇は、持明院統相伝の所領を保有し、歴代天皇が伝えた書物や文書類を守った。また、琵琶の修練に励み、その道を究めている。持明院統にとって琵琶の教習は、単なる趣味や教養ではない。後嵯峨天皇以来、琵琶の相承は皇統の象徴であった。崇光天皇が残した数多くの琵琶や音楽に関連する著作から、今日、我々はその重要性を知ることができる。

武家政権が後光厳天皇流を支持したことから、崇光天皇流は一時的に皇位から遠ざかるも、その子孫は伏見宮家として命脈を保ち、やがて曾孫の彦仁王が後花園天皇として皇位に返り咲く。崇光天皇が保持した貴重な書物群も伏見宮家に伝えられ、これらの多くが今日、伏見宮本という一大史料群となっている。崇光天皇が後世に残したものは大きく、時代の転換期にあって、持明院統正嫡としての矜恃を懸命に守り抜いた天皇だったといえるだろう。

一、行われなかった大嘗会

北朝劣勢だった誕生のころ

元弘三年（一三三三）五月、足利高氏（尊氏。以下、尊氏）らの攻撃を受けた六波羅の武士たちは、光厳天皇、後伏見・花園両上皇、皇太子康仁《やすひと》親王らを伴い関東へ向かおうとしたが、近江国番場（滋賀県米原市）で全滅した。神璽・宝剣は大覚寺統の後醍醐天皇によって接収。光厳天皇は退位させられたうえ、任官叙位など在位中の決裁はすべて無効とされた。同時に後醍醐天皇は、同年十二月、皇女懽子内親王（宣政門院）を光厳に配し、また太上天皇（上皇）の尊号を奉ったが、それは皇子恒良《つねよし》親王を次の皇位につけるためであった。はたして恒良は、翌建武元年（一三三四）正月二十三日に皇太子となる。

光厳上皇の第一皇子興仁《おきひと》親王（当初の諱は益仁《ますひと》）が誕生したのは同年四月二十二日、すなわち持明院統が最も劣勢のときであったといえる。母は三条公秀《さんじょうきんひで》の娘秀子（陽禄門院《ようろくもんいん》）、建武五年（一三三八）三月二日に誕生する弟の弥仁王（後の後光厳天皇）も、同じ母である。

親王誕生後しばらくして、持明院統は徐々に勢力を盛りかえしてきた。後醍醐天皇が尊氏と不和になり、建武政権は崩壊、天皇が吉野に出奔したからである。これにともない、京では光厳上皇の弟光明天皇の即位が実現した。そして、五歳になった興仁親王は建武五年八月八日に親王宣下を受け、十三日に皇太子と定められた。

ライバル直仁親王

ところでこのとき、興仁親王の生涯にとって非常に重要、かつ因縁深い親王がもう一人存在した。花園法皇の皇子直仁《なおひと》親王である。直仁親王は建武二年（一三三五）生まれ。興仁親王とは一歳違いで、系図上は父の従兄弟にあたる。しかし康永二年（一三四三）、光厳上皇自身の告白によって、じつは直仁親王が花園法皇の妃である正親町《おおぎまち》実子（宣光門院《せんこうもんいん》）と光厳上皇との間に生まれた子、つまり興仁親王の異母弟であることが明らかにされた。

興仁十歳・直仁九歳となったこの年、光厳上皇は皇位継承と所領処分についての決定を下した。すなわち、皇太子興仁親王に宛てて譲状一通をしたため、因幡国衙《こくが》領・法金剛院《ほうこんごういん》領などの所領を譲与する一方、興仁一代の後は、皇位とともにそれらを直仁親王に譲り渡すよう定めたのである（『光厳院御文類』所収「康永二年四月光厳院譲状」）。

同時に上皇は起請一通も作成し、次のことを明記した。①直仁を興仁の皇太子と定め、将来、興仁に男子が生まれても仏門に入れ、直仁の子孫が皇位継承すべきこと、②その理由は、実は直仁は自分の「胤子」であること、春日大明神のお告げによって生まれ、自分と女院（宣光門院）以外は知る人がいないこと、③徽安門院《きあんもんいん》（寿子内親王。花園天皇と宣光門院の子）を興仁・直仁の准母《じゅんぼ》とすること、④先年の立太子のときに、本当は直仁を皇太子にと思っていたが、近臣勧修寺経顕《かじゅうじつねあき》の建言を受け、興仁を皇太子にしたこと（「熊谷氏所蔵文書康永二年四月十三日光厳上皇起請」）。いずれも直仁親王にとって有利な内容が記されていることから、起請は上皇から直仁に授けられたものであろう。

このタイミングで、光厳上皇が直仁を自分と宣光門院の子だと主張し、興仁を抑えて直仁の子孫に皇位を約束したのはなぜか。叔父花園法皇の配偶と通じたことは、女房が複数の皇族に仕えることがあった当時の宮廷社会においては、ことさら問題にはならないという。上皇は法皇を崇敬しており、直仁親王への皇位継承は、これまでの法皇の恩に報いるためと考えられてきた。しかし、別の解釈もある。宣光門院の出自に着目し、足利氏との親戚関係を利用した、光厳上皇の政治戦略ではないかとの説である。

宣光門院は正親町実明《さねあき》の娘で、兄弟には正親町公蔭《きんかげ》がいるが、その室が足利尊氏の室赤橋北条《あかはしほうじょう》氏の姉妹であった。つまり尊氏は、宣光門院の兄の義兄弟にあたる。そこに目をつけた光厳が、尊氏とつながりのある直仁親王を皇位に就けることで、足利氏の持明院統支持をより強固なものにしようと画策したというのである。

もし、これが正しいとするならば、確かに直仁の父親は、花園法皇ではなく光厳上皇としたほうがよい。なぜなら、花園は後伏見天皇の嫡子でなく、中継ぎ的に即位した、いわば庶流の天皇だからである。直仁親王は、母は足利家ゆかりの人物、かつ父はあくまで持明院統正嫡の血筋でなければならなかった。ゆえに、密通の実否はともかくとして、光厳は直仁を自分の実子と主張する必要があったのではないだろうか。

こうして二人の親王は、貞和四年（一三四八）十月十三日に直仁が、二十七日には興仁が相次いで元服儀を行い、同日、興仁親王は光明天皇の譲りを受けて践祚。直仁親王は名目上、光厳上皇の猶子という形で、皇太弟となった。

ところで、この践祚と立坊《りつぼう》（皇太子をたてること）には、当時の武家政権における首班的存在であった足利直義《ただよし》の力が大きく働いている。およそ二ヶ月前の八月二十八日、直義は光厳上皇のもとを訪れ、二人の親王の去就について上奏した（『園太暦』）。また、皇太子の候補には大覚寺統出身の親王からも熱烈なアピールがあったが、直義の腹心上杉重能《うえすぎしげよし》（足利尊氏・直義兄弟の母方の従兄弟にあたる）の暗躍により却下されたという（「三条西家重書古文書所収邦省親王置文」）。重能が直義の執事的な立場として最も権力を誇った時期である（「豊後詫摩文書所収上杉重能施行状」）。このように、崇光天皇の践祚と皇太弟直仁親王の冊立は、光厳上皇の意向に沿う形で、実際には武家政権の後押しにより実現せしめたといえよう。

なお、親王は当初、諱を益仁といったが、践祚後に興仁と改められた。「益仁」が大祓の祝詞《のりと》にある「天益人《あめのますひと》」（数が増して栄える人民・百姓）に通じることから、天皇の諱にふさわしくないとみられたようである（『親長卿記《ちかながきょうき》』長享三年九月三日条）。

即位礼の実現、大嘗会の不履行

践祚の翌月十一日、花園法皇が崩御し、百箇日を経て、いよいよ翌貞和五年（一三四九）三月に崇光天皇の即位礼が予定された。しかし、この頃から武家政権内部では、直義と高師直《こうのもろなお》の確執が表面化する。たび重なる戦乱によって、挙行の費用や礼服の調達も困難になっていた（『園太暦』貞和五年二月二十六日条など）。当初、武家政権は費用の二十七万疋の支出を渋り、光厳上皇サイドに自弁を促していたが、延引につぐ延引の果てに、結局は幕府からの一部調進を得、十二月二十六日にようやく挙行されている。前夜、関白二条良基が、新帝に即位灌頂《そくいかんじょう》のための印明《いんみょう》を授けたという（『光明院宸記《こうみょういんしんき》』）。即位灌頂は、中世における即位礼の作法の一つで、新帝が印を結び明（真言）を唱える所作を行うものであるが、その印明は摂関家から伝授されるのが通例であった。

しかし、ちょうど同じ十二月、武家政権の内紛は師直方の勝利となり、敗れた直義は政治生命を絶たれて出家する。践祚に尽力した上杉重能も配流《はいる》先で殺害され、直義に代わり尊氏の子義詮が政務をとるようになった。

翌年二月、貞和から観応に改元され、その年の九月には、大嘗会に先立つ御禊行幸《ごけいぎょうこう》の日時が十月二十二日と定められた。ところがその十月、九州で蜂起した足利直冬《ただふゆ》追討のため尊氏と師直が出京すると、出家した直義もひそかに京都を抜け出し、翌十一月二十三日、なんと南朝方に降伏してしまう。これにより、事態は一気に緊迫した。

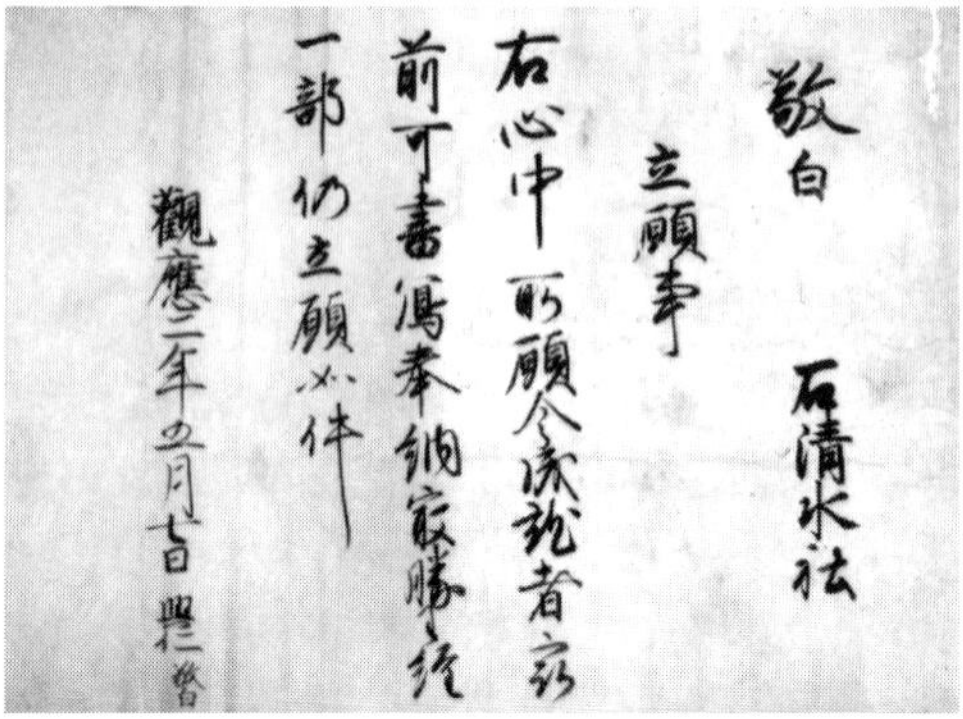
敬白　石清水社
立願事
右心中所願令成就者
前可書寫奉納最勝經
一部仍立願如件
觀應二年五月七日

観応２年５月７日付崇光天皇願文　宮内庁書陵部蔵

この年の暮れから観応二年（一三五一）にかけて、崇光天皇はたびたび土御門《つちみかど》東洞院《ひがしのとういん》の内裏から持明院殿に移住している。持明院殿には光厳上皇や直仁親王がいた。これは武家の要請に基づくもので、天皇・上皇たちを一所にまとめておいたほうが警護しやすいという理由による。大嘗会は頓挫、それどころか天皇にまで身の危険が及ぶようになっていた。

その後も情勢はめまぐるしく変化する。観応二年二月、師直をはじめとする高一族が粛清されると、三月には尊氏と直義との会談が成立、内紛は再度収束の兆しをみせた。

図版は、このころ崇光天皇が作成した願文で、心中所願成就の暁には最勝王経《さいしょうおうきょう》一部を石清水八幡《いわしみずはちまん》に奉納するというものである（『崇光院御文類』）。心中所願とは、このとき流行していた疫病の退散なのか、あるいは天下の静謐、またはこの年に誕生した嫡子栄仁《よしひと》親王に関することかもしれない。しかしながら、やはり最大の念願は大嘗会の挙行だったのではないか。

実際、六月になると、直義の主導する武家政権から再度、大嘗会について申し入れがあった（『園太暦』六月九日条）。この時点では、まだ挙行される可能性が残っており、天皇サイドとしては歓迎したであろう。しかし実際には、直義による南朝との講和交渉の失敗を受けて、にわかに北朝天皇の大嘗会のことが浮上したにすぎなかった。大嘗会を行えるか否かは、すべて武家政権と南朝との交渉の成り行き次第であった。そして結局は、実現をみなかった。

二、苦難の流転期

南朝方に拉致される

七月、義詮との不和から再び直義が京都を出奔して北陸を目指す。尊氏・義詮親子も出陣し、京都は武家政権の不在状態が続いた。この頃、洛中への南朝方の乱入を危惧した越前の直義から、天皇・上皇らの保護を命じる書状が比叡山に到来したという。しかし、廷臣たちの反対もあり、結局、比叡山への臨幸《りんこう》は実現しなかった（『園太暦』八月二十三日条など）。

十月、尊氏・直義の会談が決裂する一方で、義詮が南朝との講和を締結した。いわゆる正平の一統である。講和条件は北朝天皇の廃止であり、十一月七日、北朝の上皇・天皇・皇太弟はすべて廃された。崇光天皇の在位はわずか三年弱、このとき十八歳であった。

十二月二十三日、神璽・宝剣が今度は南朝によって接収され、二十八日には後村上天皇より崇光に太上天皇の尊号宣下があった。それればかりではない。持明院殿には南朝軍が差し向けられ、光厳・光明・崇光上皇および直仁親王は石清水八幡まで連行された。北朝を完全に廃することを目的とした、南朝方による事実上の拉致である。上皇たちと親王はその後、河内国東条を経て大和国賀名生へと移された。

北朝消滅の危機にあわてた武家政権がとった再建措置が、崇光の同母弟弥仁王（後光厳天皇）の冊立である。南朝軍の追及を免れた弥仁王は、祖母の広義門院の助力を得て践祚した。

崇光上皇たちが賀名生で過ごしたのは二年余である。その間、光厳上皇が出家した。賀名生での生活は粗末で、あたかも配流先のようだったという（『太平記』）。さらに文和三年（一三五四）三月、今度は河内国金剛寺へと移された。金剛寺には後に、南朝の後村上天皇も移ってくる。

琵琶修練の日々

そこで注目されるのが、金剛寺にて行われた崇光上皇の琵琶秘曲伝受である。琵琶の秘曲は、楊真《ようしん》操《そう》・石上流泉《せきじょうりゅうせん》・啄木《たくぼく》の三曲、あるいはこれに上原石上流泉《じょうげん》を入れて四曲とされる。中でも啄木は最秘曲で、その伝受は、灌頂という仏教語で表現される。

崇光上皇が後に著した『秘曲伝受月々例』によれば、秘曲伝受は金剛寺に移住した翌年から、父光厳上皇を師として始められた。文和四年（一三五五）十月に楊真操、翌延文元年五月二十二日に石上流泉、二十四日に上原石上流泉を相次いで父から受け、同十月、ついに啄木伝受を遂げる。

この頃の皇室にとって、音楽の修練は単なる趣味嗜好にとどまらない。分裂した皇統に特定の楽器が結びつき、楽器の教習は皇統にあることの証であった。鎌倉初期の後鳥羽天皇以来、歴代天皇が好んだのは琵琶で、鎌倉後期の皇統分立にともない、とくに持明院統で重んじられることとなった。他方、大覚寺統の楽器は笛であった。ただし持明院統でも、庶流の花園天皇や光明天皇は琵琶に携わった形跡がない。琵琶は、正嫡のみが修練すべき楽器であった。

嫡子である崇光上皇も、琵琶に精励していた。践祚に先立つ貞和三年（一三四七）、光厳上皇の御所である持明院殿で行われた御遊始にて、十四歳にして初めて琵琶の役をつとめた。疎漏なく果たせるよう、護持僧《ごじそう》の尊円《そんえん》親王に琵琶撥加持《ばちかじ》を依頼している（『門葉記《もんようき》』）。

即位の翌年にあたる観応元年（一三五〇）六月二十八日には、父光厳上皇より万秋楽《まんじゅうらく》を伝受、翌観応二年二月七日に清調《せいちょう》、同十九日に盤渉調《ばんしきちょう》を伝受した（『秘曲伝受月々例』）。この間、足利直義による南朝への帰順、高一族の粛清、尊氏の入京、直義の北陸行と、緊迫の続く政局のなかで稽古していたことになる。いや、そうした状況だからこそ、持明院統正嫡の矜恃を保つための伝受だったのであろう。

九月五日には、皇帝《おうだい》・団乱旋《とらでん》の曲の伝受も遂げている。ちょうど比叡山に遷幸するか否かで揺れていた時期に重なる。

さすがに、南朝軍による拉致直後には琵琶に関する記録はない。しかし、金剛寺に移ると、相次いで秘曲伝受が再開された。

金剛寺観蔵院　大阪府河内長野市

南朝方の琵琶教習

持明院統の琵琶に対し、大覚寺統の楽器は笛であったところ、半ば強制的に琵琶にも介入したのが後醍醐天皇である。持明院統に対抗する如く、琵琶を得意とする貴族たちに命じて、次々と秘曲を授けさせた。後村上天皇もその路線を引き継ぎ、積極的に琵琶に取り組む。

伏見宮本『三五要録《さんごようろく》』（琵琶の総譜集。三五は琵琶の異称で、寸法が三尺五寸であることに由来する）の一つに、後村上天皇の筆跡を有するものがある。譜の裏に、正平十年（一三五五）四月八日、播磨局《はりまのつぼね》流の琵琶の秘説・秘譜を、良空《りょうくう》という僧侶から授けられたと記す。良空は俗名を源兼親《みなもとのかねちか》といい、鎌倉期の女流名人播磨局（藤原孝道《たかみち》娘）の子孫で、数少ない播磨局流の伝承者であった。持明院統歴代が教習したのは西流という、播磨局流とは別の流派である。注目すべきは正平十年という年で、北朝年号の文和四年に相当、ちょうど後村上天皇も河内金剛寺に居住し、しかも崇光上皇の三曲伝受が行われる半年前であった。崇光上皇の宿所が観蔵《かんぞう》院《いん》、後村上天皇は摩仁院《まにいん》と、寺内のごく近い場所で行われた伝受を、双方が知らなかったはずはない。むしろ互いを牽制するように、相次いで異なる流派の秘曲伝受を実行したと考えられるのである。

三、嫡系継承への望み

嫡子栄仁を皇位に推す

崇光上皇は延文二年（一三五七）、ようやく帰京が許された。二十三歳となっていた上皇は、祖母広義門院の居所伏見殿に入る。

ところが貞治六年（一三六六）頃、京の土御門内裏にほど近い菊亭《きくてい》に移徙《わたまし》（居所を変えること）している。さらに同年十二月、足利義詮が病没すると、翌年、義詮の室町殿《むろまちどの》を譲り受けることとなり、そこが崇光上皇の仙洞御所（花御所）となった。室町殿入りの様子は、上皇が自ら著した『室町亭御移徙記』によって知ることができる。

すでに光厳上皇は貞治三年（一三六三）に崩御し、光明上皇も離京中に出家を遂げていた。崇光上皇は事実上の治天であり、室町殿はそれにふさわしい居所であったとみられる。移徙直前、嫡子で十八歳となる栄仁親王が親王宣下を受けていることにも注目したい。崇光上皇は、後光厳の次は栄仁こそ皇位にふさわしいと考えていた。ちなみに栄仁の母は源資子、崇光上皇と伏見宮に仕えた廷臣庭田《にわた》氏の出身である。

応安三年（一三七〇）頃より、崇光上皇は栄仁親王の立坊を武家政権に積極的に働きかけている。不慮に即位した後光厳天皇は正嫡でなく、正統に復するために我が子を推す上皇の行動は決して不自然なものではなかった。ところが、後光厳天皇も嫡子緒仁《おひと》親王に皇位を譲ることを望んだのである。まだ年若い将軍足利義満を補佐していた執事細川頼之《ほそかわよりゆき》は、武家政権は皇位に口出しをせず、後光厳天皇の聖断に依るとした。そして応安四年三月、結局、緒仁親王が践祚してしまった（後円融《ごえんゆう》天皇）。この皇位継承をめぐる争いを期に、これまで兄弟仲の良かった崇光上皇と後光厳天皇は、「たちまち御中あしくなりて、近習の臣下も心々に奉公ひきわかる」（『椿葉記』）と、絶交状態に陥る。

同時に、そのころから崇光上皇は、室町殿を留守がちにし、再び伏見殿に戻っている。栄仁親王の登極に失敗したために京を離れたようにも見える。ただし、たびたび宿所として用いていることから、必ずしも完全に室町殿を放棄したとは言い切れない。

ところが、数年後の永和三年（一三七七）、室町殿は火災により焼失した。火災の翌年、跡地に大規模邸第を造営し、移住したのが義満である。もとは父義詮の所有地であった。造営にあたり義満は、隣接する菊亭の敷地も接収した。広大な敷地に建設された新しい室町殿は、以後の義満を指す呼称となった。

義満は後光厳流による皇位継承を承認した。そのため、義満による菊亭と花御所の接収および占拠は、崇光上皇の京における拠点を失わせ、皇位を断念させる意図があったとする説もある。しかし、義満が室町殿に入った後も、崇光上皇は栄仁親王を、今度は後円融天皇の皇太子とすることを夢想しており（『崇光院宸記』永和四年四月十六日条）、仮に義満の思惑があったとしても、上皇側に伝わっていたかどうかはわからない。

所領と書物の継承

崇光上皇がこのように我が子の登極を推進した根拠は、イレギュラーに即位した後光厳天皇が皇位の象徴をことごとく欠いていたのに対し、こちらには備わるとの自負である。その第一が経済基盤であった。持明院統の主要所領群のほとんどは、光厳上皇から崇光上皇と直仁親王に譲与されていた。正平の一統により直仁の皇位を望めなくなった時点で、先の康永年間の光厳上皇譲状は無効となったが、その後、崇光上皇には長講堂領・法金剛院領・播磨国衙領などが、室町院《むろまちいん》領（鎌倉期以来、持明院統と大覚寺統で帰属をめぐり相論となった庄園群）は直仁親王に譲られた。これに対して後光厳の所領は、祖母広義門院から譲り受けたわずかなもののみで、そのため朝儀の遂行は武家の助力を頼らざるをえなかった。

崇光上皇側が皇位を望めたのは、経済的な安定が保証されていたからにほかならない。

所領だけでなく、持明院統相伝の書物や文書・記録類を保持したのも崇光上皇であった。光厳上皇は南朝軍に拉致される際、蔵書の一部を仁和寺《にんなじ》や洞院家に預けており、それらは文和四年（一三五五）に土御門東洞院内の仙洞文庫に戻された。その際に作成された目録『仙洞御文庫目録』の内容と、後世、崇光上皇の孫にあたる伏見宮貞成親王が、大光明寺《だいこうみょうじ》や即成院《そくじょういん》などゆかりの寺に預けた蔵書の目録（貞成親王の日記『看聞日記』の紙背文書として残されている）の内容が一致する。蔵書群のほとんどが光厳上皇から崇光上皇に譲られ、以後は伏見宮家が相伝したことがわかる。

ちなみに、崇光上皇自身もいくつかの日記を残している。既出の『室町亭御移徙記』（応安元年二月五日〜七日条。自筆原本は見つかっておらず、後世に貞成親王が書写した『崇暦御記《すうれきぎょき》』がこれに相当する）のほか、『代々琵琶秘曲伝受事』は、延文元年〜永徳元年の琵琶伝受記である。さらに、永和四年三月〜六月の日常のことを書き留めた、「不知記」と称されてきた記録があるが、近年、これが崇光上皇の日記であることが判明した。中には、猿楽者世阿弥《さるがくしゃぜあみ》が二条良基から藤若《ふじわか》の名を与えられたという記事もあり、幼少期の世阿弥について書かれた貴重な史料として有名である。

琵琶を極める

持明院統正嫡としての証は、なんといっても琵琶の伝習である。じつは後光厳天皇も、即位後に琵琶始を行った。ところがすぐに稽古を放棄してしまう。正嫡ではないというコンプレックスから、敬遠したのだろうか。かわりに後光厳天皇が選んだ楽器は笙であった。笙は足利氏が重んじた楽器でもあった。

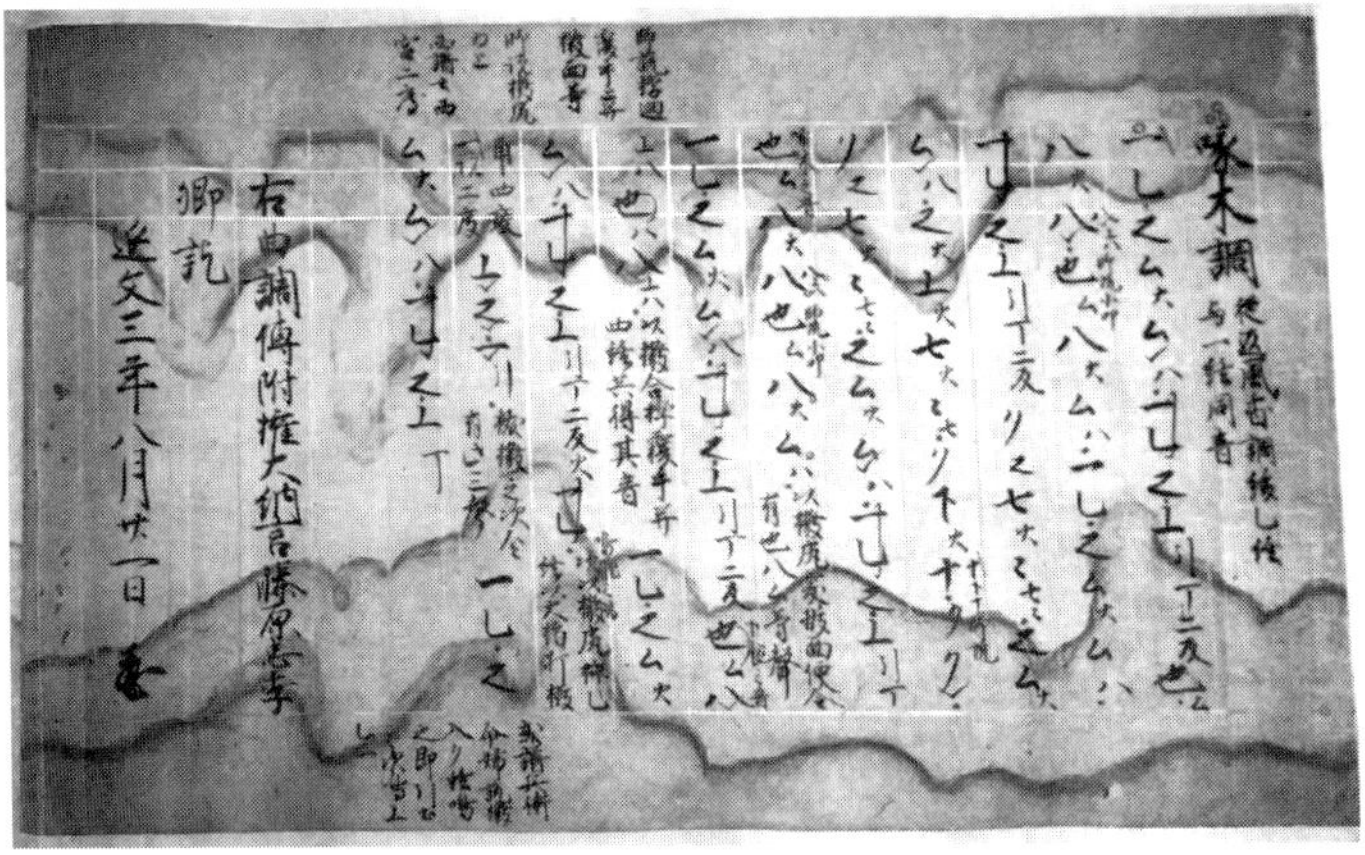
啄木調

右曲調傳附權大納言藤原忠季

卿訖

延文三年八月廿一日

延文3年8月21日付崇光天皇啄木伝授状　宮内庁書陵部蔵

対照的に、金剛寺の幽閉先で灌頂に至った崇光上皇は、帰京後ますます琵琶との関わりを強め、秘曲を廷臣たちにも授けるようになる。まず、延文三年（一三五八）八月二十一日、正親町忠季《ただすえ》に最秘曲啄木を伝授した。その様子は『代々琵琶秘曲御伝受事』に詳しく、また伝授状も現存する（図版参照）。正親町忠季は足利尊氏の室赤橋北条氏の姉妹を母とする人物である。

次いで貞治年間には、栄仁親王に数曲を授け、近臣の今出《いまで》川《がわ》公直《きんなお》にも啄木を伝授した。晩年には、近侍する女房たちにも伝授を行っている（『下《しも》無《む》調《ちょう》撥合《かきあわせ》』など）。

なお、公直への伝授の直後にあたる貞治六年（一三六七）四月、かつて後村上天皇に琵琶の手ほどきを行っていた良空を召し、播磨局の説を受けた。このとき良空は、後村上天皇の裏書を持つ『三五要録』と、播磨局流に関する書物のいくつかを崇光上皇に献上している。これで崇光上皇は西流だけでなく、播磨局流をもマスターし、双方の技を一身に集めたのである。

後光厳上皇との邂逅

応安五年（一三七二）七月、伏見の大光明寺で行われた故光厳上皇の年忌法要に後光厳上皇の御幸があり、皇統を争って以来、久々の兄弟対面となった。後光厳上皇は京より牛車《ぎっしゃ》で、崇光上皇は伏見殿から輿《こし》で大光明寺に到着、客殿《きゃくでん》には点心《てんしん》（軽食）が据えられ、供奉の公卿が参列した。『伏見殿両院御幸記』によれば、後光厳上皇は寺庵において叔父の光明法皇とも面謁を遂げている。父帝の忌日に、肉親たちがこれまでの確執を乗り越えて集い、御影像に焼香を捧げた。対面によって双方のわだかまりが完全に解消されたわけではない。しかし、この邂逅の翌年、伊勢豊受大神宮《とようけだいじんぐう》の造営にともなう役夫工米《やくぶくまい》（臨時課税）が長講堂領に賦課されそうになったとき、崇光上皇は免除を期待して後光厳上皇とさかんに書状を取り交わし、武家への口添えを依頼している（『崇光院御文類』『後光厳院御文類』）。そして、その翌年の正月、後光厳上皇は三十七歳の若さでこの世を去った。

おわりに――崇光天皇ののこしたもの

崇光上皇はその後二十年以上にわたり、伏見殿で余生を送った。明徳三年（一三九二）十一月三十日、落飾して法皇となる。上皇出家の際は、本来ならば法親王（出家した親王）クラスが戒師となるべきところ、京から離れた隠居の身であったため、鹿苑《ろくおん》院主の仏日常光《ぶつにちじょうこう》（空谷明応《くうこくみょうおう》）を戒師とした（『椿葉記』）。法名勝円心《しょうえんしん》。

崩御はそれから六年後の応永五年（一三九八）正月十三日のことであった。享年六十五。追号の崇光は、父光厳上皇を崇める意との説もあるが、『大染金剛院記抜書後花園院追号事』によれば、庵室の額名に由来するという。

そして奇しくも同年五月、直仁親王が亡くなった。崇光が十三歳で践祚して以来、幽囚の時代を含め、生涯にわたり苦難を共にした一歳違いの同胞であった。なお、直仁親王には琵琶を教習した形跡がみあたらない。光厳上皇が当初から直仁を皇位に据えるつもりだったならば、幼少期より稽古をさせてしかるべきであろう。しかし、携わった記録はなく、結局は即位もできなかったため、琵琶を手にすることはなかったとみられる。

ところで崇光法皇は、崩御の約二年前の応永三年三月二十八日、前年に出家を遂げたばかりの室町殿足利義満と対面した。義満が伏見を訪れたのである。公武における最高権力者であるとはいえ、後光厳流支持を明確にする義満は、決して好ましい存在ではない。一方の義満も、後光厳の子後円融天皇との確執をかかえており、伏見来訪は後円融への牽制の意味もあったのであろう。しかし、両者ともそれぞれの思惑を表には出さず、宴席では法皇が積極的に義満の盃を受け、両者は「御相撲」の真似事にまで及んだという（『荒暦《こうりゃく》』）。翌日、宴の返礼に義満から十万疋という大金が届けられた。法皇は栄仁親王らのゆく末を慮り、最後まで義満との円満な関係の構築に努めたのであろう。

皇位から遠ざかり、伏見での生活を余儀なくされながらも、所領や書物群、そして琵琶と、持明院統正嫡としてしかるべき要素を兼備した崇光上皇の存在感は決して小さくはなかった。それゆえその死去は、伏見宮家にとって大きな痛手となる。栄仁親王はまもなく父の遺領を没収され、武家政権からも冷遇される。栄仁親王の孫の彦仁《ひこひと》王がのちに後花園《ごはなぞの》天皇として登極するまで、伏見宮家はしばし苦難の道を歩むことになるのである。

（池和田有紀）

【主要参考文献】

飯倉晴武『地獄を二度も見た天皇　光厳院』（吉川弘文館、二〇〇二年）
家永遵嗣「光厳上皇の皇位継承戦略と室町幕府」（桃崎有一郎・山田邦和編著『室町政権の首府構想と京都』文理閣、二〇一六年）
池和田有紀「中世天皇家の楽統」（『〈琴〉の文化史　東アジアの音風景』勉誠出版、二〇〇九年）
伊地知鐵男「東山御文庫本『不知記』を紹介して中世の和歌・連歌・猿楽のことに及ぶ」（『伊地知鐵男著作集』Ⅱ、一九九六年）
小川剛生『二条良基研究』（笠間書院、二〇〇五年）

小川剛生「世阿弥の少年期（上）―「不知記（崇光院宸記）を読み直す―」（『観世』八〇―四、二〇一三年）
金井静香「再編期王家領荘園群の存在形態―鎌倉後期から南北朝期まで―」（『中世公家領の研究』思文閣出版、一九九九年）
佐々木文昭『中世公武新制の研究』（吉川弘文館、二〇〇八年）
酒井茂幸「両統迭立期の禁裏文庫と伏見宮本の成立」（『禁裏本歌書の蔵書史的研究』思文閣出版、二〇〇九年）
白根陽子『女院領の中世的展開』（同成社、二〇一八年）
相馬万里子「「代々琵琶秘曲御伝受事」とその前後―持明院統天皇の琵琶―」（『書陵部紀要』三六、一九八五年）
相馬万里子「琵琶の時代から笙の時代へ―中世の天皇と音楽―」（『書陵部紀要』四九、一九九八年）
田中奈保「貞和年間の公武徳政構想とその挫折―光厳上皇と足利直義の政治的関係から―」（阿部猛編『中世政治史の研究』日本史史料研究会、二〇一〇年）
西岡和彦「「天之益人」考　「大祓詞」の神道神学的考察の試み」（『神道宗教』二二二・二二三、二〇一一年）
深津睦夫『光厳天皇』（ミネルヴァ書房、二〇一四年）
桃崎有一郎「初期室町幕府の執政と「武家探題」鎌倉殿の成立」（『古文書研究』六八、二〇一〇年）
桃崎有一郎「室町殿・北山殿は〝京都〟か―室町政権の首府構想論の諸前提―」（桃崎有一郎・山田邦和編著『室町政権の首府構想と京都』文理閣、二〇一六年）
森　茂暁『中世日本の政治と文化』（思文閣出版、二〇〇六年）
森　茂暁『（増補改訂）南北朝期公武関係史の研究』（思文閣出版、二〇〇八年）
松岡恵子「南北朝期公武関係の一側面―崇光天皇の大嘗会の事例から―」（『常民文化』二一、一九九八年）
松永和浩『室町期公武関係と南北朝内乱』（吉川弘文館、二〇一三年）

三木太郎「「椿葉記」より見たる持明院統分裂の原因―長講堂領以下の所領を中心として―」（『駒沢史学』二、一九五三年）
村田正志「後村上天皇の琵琶秘曲相伝の史実」（『村田正志著作集　第二巻　続南北朝史論』（思文閣出版、一九八三年）
横井　清『室町時代の一皇族の生涯』（講談社学術文庫、二〇〇二年）

後光厳天皇

——神器を欠き、都を逐われても

誕生　建武五年（一三三八）三月二日
崩御　応安七年（一三七四）一月二十九日

諱　弥仁
父　光厳天皇
母　三条秀子（陽禄門院）

在位期間
観応三年（一三五二）八月十七日
～応安四年（一三七一）三月二十三日

陵墓　深草北陵（京都府京都市伏見区深草坊町）

はじめに――歴代で最も異例な天皇

二〇一九年、平成から令和への代替わりがなされ、皇位継承儀礼が執り行われた。その原型は、前近代の即位儀礼の中核をなす践祚・即位・大嘗会に求められる。すなわち、践祚は三種の神器のうち剣璽を新帝が継承、即位は新帝が高御座に登壇して文武百官に即位したことを宣言、大嘗会は悠紀《ゆき》・主基《すき》各郡からの新穀を天皇が神に捧げ自らも食す。

歴史上、これら三つの儀式のうち、大嘗会を完遂できなかった天皇が複数存在する。祖父・後鳥羽院の倒幕失敗（承久の乱）により廃位された仲恭《ちゅうきょう》天皇（在位一二二八～一二二一）と、足利尊氏が南朝と和睦した正平一統により廃位された崇光天皇（後光厳の兄）、戦国期の後柏原《ごかしわばら》天皇～近世の霊元《れいげん》天皇と中御門《なかみかど》天皇である。しかし、即位も挙行できなかった仲恭が「半帝《はんてい》」と称されたのに対し、崇光以降にはそのようなレッテルはなく、いずれも皇統譜に名を残している。大嘗会は皇位継承儀礼の最終段階であることからもわかる通り、皇位継承の必須条件とまで言い得るものではない。

しかし驚くべきことに、皇位継承の第一段階となる践祚において、その肝となる三種の神器を継承していない天皇が、南北朝期に存在していた。北朝の後光厳《ごこうごん》・後円融・後小松三代である。

本項の主人公・後光厳天皇は、その異常な先例を開いたばかりか、践祚から十年のうちで三度も南朝軍から京都を逐われている。天皇が戦乱により都落ちした例としては、平清盛の外孫で平家に伴われた安徳《あんとく》、鎌倉幕府倒幕の挙兵失敗（元弘の変）による隠岐配流や足利尊氏の攻撃により山門や吉野への逃亡を余儀なくされた後醍醐の二人にすぎない。これだけでも、後光厳の異例さが諒解されよう。

それゆえ、後光厳は天皇権威を著しく低下させ、幕府から諸権限を「吸収」された天皇として評価されてきた。室町幕府と朝廷との関係史における通説では、段銭《たんせん》（一国単位で田一反を基準に賦課される臨時課税で即位儀礼等の財源とされた目的税）の催徴権や公家の所領安堵権といった世俗的権限を幕府が吸収したのち、三代将軍・足利義満が「公家化」して観念的権威をも奪い、明《みん》皇帝から「日本国王」に冊《さく》封《ほう》されるに及んで武家の王権が確立したとされる。さらには、義満が皇位をも奪おうと目論んだとする「皇位簒奪計画」論まで、昭和から平成への代替わりの頃に提起された。この「世俗的権限吸収」が進行した時期こそが、後光厳期であった。

ではなぜ、「権限吸収」は幕府成立期すなわち南北朝初期ではなく、後光厳期だったのだろうか。そこにはやはり当時の時代状況、幕府・北朝それぞれが置かれた状況や抱え込んだ課題が大きく影響したであろうことが想定される。そしてそれらを考慮すると、これまでの「権限吸収」との評価とは異なる内実が浮かび上がってくる。本項ではそうした視点から、公武関係の形成過程とその実態、室町期のそれへの規定性を明らかにする。さらには、鎌倉後期以来の皇統分裂が最終的に後光厳流に収斂する形で解決を見る事実についても、見通しを述べたい。

一、北朝の「再建」と京都争奪戦

正平一統とその破綻

南北両朝が分立した建武三年（一三三六）から暦応元年（一三三八）にかけては、激しい戦闘が両朝間で繰り広げられたが、南朝が楠木正成・新田義貞・北畠顕家といった有力者を失って戦況は沈静化した。その後、幕府は足利尊氏・直義兄弟による二頭政治が機能して安定した支配を実現していたが、観応元年（一三五〇）に兄弟間で対立する観応の擾乱が勃発した。

両陣営は対抗上、南朝へと接近し、観応二年十月には尊氏が南朝と和睦して北朝の崇光天皇は廃位されることとなる（正平一統）。しかし翌年二月二十六日、尊氏が鎌倉で直義を毒殺し、南朝は入京を目指して賀名生を出立した。同年閏二月には南朝が八幡を拠点に京都を攻撃し、京都を守る尊氏の嫡男・義詮は近江に逃れた。南朝は分立から約十五年にして初めて京都を占拠することに成功したが、翌月に義詮が京都を奪還する。南朝は賀名生に引き下がることになるが、その際に北朝の光厳・光明・崇光の三院と廃太子・直仁を連れ去った。こうして現出した天皇不在京というかつてない状況は、幕府による人事を寺社側が受容しないなど、社会に混乱を招いた。西日本で活動する足利直冬《ただふゆ》（尊氏の実子で直義養子）をはじめとする旧直義党を制圧するためにも、「天皇vs天皇」の対立構図の必要性を幕府は改めて痛感し、北朝の復活が求められた。

幕府は「光厳院三宮」(弥仁王《いやひと》)擁立に動き出すが、三種の神器はすでに南朝の手にあった。神器不在で践祚した先例に、平清盛の外孫で宝剣とともに沈んだ安徳の跡を襲った後鳥羽があるが、このときは治天(王家家督)の後白河院の「詔宣」に基づき実現した。しかし、詔宣を発すべき光厳は首肯しなかったため、老女院の広義門院(光厳実母・西園寺寧子)を治天に据え、神器の不在は南軍が八幡に残していった「神鏡の唐櫃《からびつ》」で代替し、越前から奉迎された古代の継体《けいたい》天皇の「群臣義立《ぐんしんぎりつ》」を先例に、同年八月に弥仁が践祚した。

後光厳天皇画像　東京大学史料編纂所蔵模写

異例づくしで践祚した後光厳天皇であるが、この年だけでもいくつかのイレギュラーな事態に直面する。この年、幕府は正平一統の破綻を機に南朝年号の正平から観応に復したが、旧直義党も依然として観応年号を使用しており、独自の立場を明示するため新たな年号を欲した。前近代における改元の契機の一つである代始めでは、践祚翌年の「踰年《ゆねん》改元」が通例であったが、幕府は強行して九月に文和へと改元した。さらに、年末に後光厳の実母・陽禄門院《ようろくもんいん》が没した。本来なら諒闇《りょうあん》として天皇が一年間服喪すべきところ、政務の停滞を避けたい幕府の意向で諒闇は実施されなかった。

こういった状況に、『太平記』は「神璽宝剣無くして御即位の例無き事」として末世的状況と践祚の異例性との関連を示唆し、有職故実に通じる洞院公賢は「近来事多新儀」と難じたが、幕府と協調して後光厳践祚を実現し、その後の朝廷を壟断することとなる摂政・二条良基は「御興行もっとも善政たるべく候か」とうそぶいた（『園太暦』）。

とはいえ、実際の後光厳朝は、これ以前の北朝とは比較にならないほど財政難・人材難にあえいでいた。財政難は、観応の擾乱を機に激化した戦乱に起因していた。人材難は、入京を実現した南朝と、践祚の経緯から皇位の正当性に不安を抱える北朝との間で、公家たちを去就に迷わせたからである。とりわけ後者では、践祚の約十日前にして参加を表明した公卿がわずか五名にとどまり、「その外半ば領状の輩これ多しか」との惨状を呈した（『園太暦』）。「群臣義立」と乖離する現実を解消するため、後光厳の脆弱な求心力を強化することが、課題として北朝・幕府につきまとうこととなる。

京都争奪戦のなかの「偽朝」「偽主」

求心力の脆弱性という問題を抱える後光厳を、さらに窮地に追い込む事態が立て続けに生じた。三度に及ぶ、南朝の入京から逃れるための出京である。文和二年（一三五三）六月、南朝と旧直義党が京都を襲撃し、義詮は後光厳を奉じて近江（滋賀県）、ついで美濃の垂井《たるい》（岐阜県垂井町）・小島《おじま》（同揖斐川町）

へ逃亡した（出京①）。当時は関東にあった尊氏が義詮と合流し、翌月に京都を奪還する。翌年末には南朝と結んだ足利直冬等が京都に迫り、文和四年正月に後光厳は再び近江に逃れた（出京②）。翌文和五年正月、尊氏は播磨（兵庫県南西部）に向かった義詮と呼応して東西から京都を挟撃し、南軍を撃退した。康安元年（一三六一）には幕府に反逆した細川清氏《きようじ》等が京都を攻撃し、義詮は後光厳を奉じて近江に逃亡したが（出京③）、二十日後には京都を奪還した。旧直義党や幕府内訌による離反勢力と結ぶ南朝との京都争奪戦により、後光厳は践祚から十年間で三度も出京を余儀なくされたのである。

南北両朝間の京都争奪戦は、分裂する公家社会に対し、さらなる混迷をもたらした。公家社会の分裂とは鎌倉後期、家産《かさん》の分割で分家の限界に達して家産の継承をめぐる対立に至ったもので、南北朝両朝に分裂した際には非主流派は活路を求めて南朝に身を投じた。正平一統では、非主流派であった南朝の近衛《このえ》経忠《つねただ》・西園寺公重《きんしげ》・洞院実守《さねもり》等に各家の家督・所領が安堵され、旧北朝廷臣には「所詮、不参の輩においては、官位の望みを断つべきか」（『園太暦』）と、南朝への帰参を脅迫された。さらに京都争奪戦では、南朝は後光厳を「偽朝《ぎちょう》」「偽主《ぎしゅ》」呼ばわりし、出京①に際しては、「去年偽朝践祚」の出仕者と後光厳逃亡の供奉者を解官《げかん》・財産没収等に処した。後光厳に対する皇位の正当性への疑念、京都争奪戦とそれにともなう信賞必罰《しんしょうひつばつ》の論理の先鋭化によって、両朝間での去就に公家を大いに迷わせた。この事態は、後光厳からすれば「群臣義立」とはほど遠い厳しい現実であった。

二、「権限吸収」の実相

信賞必罰の論理と武家執奏

ただ、京都争奪戦は後光厳にとって、危機であると同時に好機ともなった。京都争奪戦で信賞必罰の論理を先鋭化したのは、何も南朝ばかりではなく、北朝も同様の態度を示し、帰参を促すことを可能にしたからである。出京①では、美濃逃亡への随行者の所領を安堵する一方、不参者の所領を没収し、出京②では京都奪還後に「収公所領」安堵の綸旨を発した。この処置により、多数の公家を引き寄せることに成功したが、注目すべきはいずれも武家執奏《ぶけしっそう》に基づく点である。

武家執奏とは、幕府から朝廷に対する申し入れのことを指し、北朝は事実上受け入れざるえないものであった。南北朝期当初から武家執奏は確認できるが、公家の所領所職に関しては、幕府と個別的関係を有する公家に限られていた。しかし後光厳期から、幕府との関係や家格の高低を問わず、武家執奏に基づく賞罰は公家社会全体に及ぶようになった。この事実から従来の研究は、異例な践祚で権威を喪失した後光厳から、幕府が「決定権」を「吸収」したと評価してきた。しかしながら、幕府と後光厳が当時置かれた状況に鑑みれば、現実は異なる様相を呈する。

そこで、武家執奏に基づく公家への安堵に見られる構造に着目したい。出京②の際、文和四年

（一三五五）二月に「不参の人々の所領注文ならびに料所所望等」を将軍側近僧・三宝院賢俊《さんぼういんけんしゅん》が朝廷に上申した。この情報は、不参者の所領を没収し、出仕者にそれを配分する判断材料として利用されたと考えられる。帰京後、逃亡中に出仕しなかった徳大寺公清《とくだいじきんきよ》等にいったん没収した所領を安堵する綸旨を後光厳が発給した。これらの安堵の綸旨発給は「これ武命に依る」とされ、幕府の「命令」、つまり武家執奏をふまえたものであったことが判明する（『園太暦』）。幕府からの武家執奏に基づき、後光厳による綸旨の発給によって賞罰が断行される。公家にしてみれば、賞罰の実効性を幕府が担保していることを意味するため、綸旨の持つ意味は重い。逆に、南朝から安堵の綸旨を得たとして、それにいかほどの現実的意味があったか心許ない。南北両朝間で齟齬する綸旨が競合した場合、どちらに分があったかは想像に難くない。そうなると、公家社会全体が後光厳に奉仕する方向へと傾くのが自然である。

公家の所領所職に関する武家執奏は、後光厳が断行する信賞必罰の論理を具体化し、後光厳の求心力が強化されることにつながる。この武家執奏は後光厳の求心構造を支える役割を担うものであり、「権限」をめぐる公武間の争いという次元の事象ではなかったのである。

足利義詮画像　京都市右京区・宝筐院蔵

公家社会の再編

ここで、京都争奪戦からその後の公家社会の様相を概観したい。京都争奪戦中における北朝の人材は、二条良基・久我《こが》通相《みちまさ》・万里小路《までのこうじ》仲房《なかふさ》・日野《ひの》時光《ときみつ》・勘解由小路《かでのこうじ》（広橋《ひろはし》）兼綱《かねつな》といった特定の人物に縮小・固定化していた。彼らは出京や即位儀礼に参仕し、求心力が脆弱な後光厳を支える貴重な人材であった。文和元年～延文元年（一三五二～五六）の五年間の年中行事に参加した公卿は、彼らをはじめ十九名にすぎなかった。この直前の五年間では四十四名、直後から後光厳が退位する応安四年（一三七一）の各五年間では二十六名、二十八名、四十名と推移しており、京都争奪戦で一挙に数を減らし、その後は彼らを中核として人材の基盤が徐々に回復したことがわかる。

そのことを裏付けるのが、京都争奪戦後の貞治年間（一三六二～六八）前後に登場する「公事興行《くじこうぎょう》」の気運である。貞治年間には南朝勢力では有数の大内《おおうち》・山名《やまな》が幕府に帰順し、内乱の帰趨が北朝優位に決した。戦況が沈静化するなか、例えば康安元年六月には最勝講《さいしょうこう》が十五年ぶりに、応安三年には京官《きょうかん》除目《じもく》が後光厳期に初めて開催された。この状況に、後光厳自身は勅書に「公務興行の時分」と書き記し、『太平記』巻四〇は「総じてこの君御治天の間、よろず絶えたるを継ぎ廃れたるを興しおわします叡慮なり」と評価した。「公事興行」は後光厳の求心力強化、「群臣義立」の実体化という課題への、一つの回答であったのである。

この求心構造のなかで、公家社会は後光厳を支える中核メンバーを中心に再編された。後に足利義満が公家社会に進出する際、それを主導・支持したのは二条良基および武家家礼《けらい》であったが、鎌倉期において五摂家のなかでは不遇をかこっていた二条家は室町期の摂政・関白の過半を占めた。室町殿（室町将軍家家督）と私的主従関係を結んだ武家家礼では、その大半を中核メンバーとその子孫が名を連ねた。しかも武家家礼のなかから、義満期に確立する公武統一政権のキーマンとなる伝奏《てんそう》を輩出した。武家家礼となったのは、納言を極官《ごっかん》とする名家《めいけ》とよばれる中級貴族であるが、万里小路家や広橋家は後光厳から安堵された所領を中心に財を成し、大臣にも昇任した。広橋家が属する日野一門は、歴代将軍と婚姻関係を結んだことで知られるが、その端緒は義満にあり、京都争奪戦以来の関係性を前提とするものである。源氏長者《げんじちょうじゃ》の地位は、鎌倉期は基本的に村上源氏の堀川《ほりかわ》・久我・土御門・中院《なかのいん》の四家が官位に従って就任したが、京都争奪戦で久我家が優位に立ち、義満期以降は清和源氏である室町・江戸両幕府の将軍とともに占有した。後光厳を支え、幕府の厚遇を得た公家が、室町期公家社会の主流派を形成することとなった。

戦費と半済

ところで、戦争は戦費をめぐって荘園制と競合する関係にあった。観応三年〜応安元年までに出された半済令《はんぜいれい》とは、荘園の年貢もしくは土地の半分の兵粮料・兵粮料所化（半済）に関する一連の法令で、荘園制にとって否定的か保護的かをめぐって長らく論争がなされてきた。しかし、半済令は第一義的には軍事政策であり、ここでは半済令以前の荘園立法も含め、戦況に応じた段階的把握を試みる。半済令以前の建武・暦応年間は激戦の時期であり、荘園の兵粮料所化を公認したが、戦況の沈静化にともない兵粮料所を返付し軍事体制の解除を進めた。観応年間は戦場の「要害」等、局所的に兵粮料所化して軍事体制の強化を図ったが、戦乱の拡大は荘園の押領《おうりょう》・兵粮料所化をなし崩し的に全国に拡大させた。

そこで登場するのが観応三年の半済令で、戦時・戦地に限定して半済適用を認可する軍事体制強化策であった。次の延文令は、戦時から平時への転換期として軍事上、暫定的に半済を認可しつつ、全体としては停止へシフトするもので、貞治令では山城国を手始めに軍事体制の完全解除を目指した。しかし、軍事体制の解除は、既得権者の守護がその実行者となる構造的矛盾から遅々として進まず、最後の応安令は半済認可に期間と地域の限定を除外し、半済を一部残存したままの、軍事体制解除を下方修正したものだった。そのため、荘園における兵粮料所の一部は恒久化することとなった。

実は、幕府の軍事政策は朝廷の臨時・恒例の儀式の費用（公事用途）調達に密接に関係していた。半済令以前において、激戦期には軍事体制を強化するため幕府は「武家御訪《おとぶらい》」という献金を拠出し補填したが、安定期には軍事体制解除を推し進めたため、朝廷自弁を原則とした。この時期、幕府による公事用途調達は即位儀礼等の必要最低限度に限られ、不干渉主義を基本としていた。しかし、半済令以後、すなわち後光厳期には、幕府が公事用途調達に積極的に関与するようになる。文和〜貞治年間は「公事興行」という政治課題もあり、戦費との兼ね合いのなか幕府が調進した。応安年間になると、応安半済令による軍事体制の一部存続という条件も加わり、幕府が公事用途を調達するシステム（段銭制度）が成立した。この事象を先行研究では、幕府による段銭の「催徴権」の「吸収」と評価してきたが、政治的条件と軍事政策が交差したところに段銭制度が成立したというのが実態であった。

三、新たな皇統の創出

南朝との和睦を模索

後光厳という不安定要素を抱える幕府は、一方で南朝との和睦を模索していた。延文五年（一三五九）正月には、北朝には秘密裏に和平交渉が行われたと噂され、「このようなことは観応以来たびたび」あったという（『後深心院関白記《ごしんしんいんかんぱくき》』）。貞治六年（一三六七）四～五月の和平交渉では、武家の「降参」という文言に義詮が立腹して決裂し、これ以降は交渉の存在自体がうかがえなくなる。貞治年間といえば、北朝優位に戦局は決し、「公事興行」の気運が高まり、後光厳の「群臣義立」も一定度現実のものとなった時期にあたる。当初は後光厳の切り捨ても視野に入れていた幕府であったが、右の状況から、後光厳流の推戴とその求心力強化の方向を維持し続けることに、ようやく腹を据えたといえる。

和歌と音楽

さて、天皇の独自の文化事業として、勅撰和歌集の撰集がある。後光厳は新千載集《しんせんざいしゅう》と新拾遺集《しんしゅういしゅう》の二度も撰集し、しかもいずれもが武家執奏を受けてのものであった。新千載集は延文元年（一三五六）六月に武家執奏を受け勅撰を下命し、同四年四月に撰進された。そもそも、これが武家執奏に基づく初の勅撰集であり、武士は一〇〇名超の大量入集となる一方、南朝方の人物は例外を除き撰入していない。新拾遺集は貞治二年（一三六三）二月に武家執奏を受け下命し、同三年四月に撰進された。

一代で二度の勅撰集に公家社会は批判的であったが、義詮の「骨張」に閉口するほかなかった。とはいえ、歴代すべての天皇が撰集できるわけではない勅撰集を後光厳の代に実現できたことは、天皇としての正当性を補強することに資したであろう。なお、その後の勅撰集は、いずれも幕府の発意によって撰集されるようになる。

天皇にとって帝王学の一つとされる音楽では、皇統分裂が代を重ねていた当時にあって、皇統の嫡流は特定の楽器を嗜むようになっていた。持明院統嫡流は琵琶、大覚寺統嫡流は笛を習得するのが慣例であった。

後光厳の父・光厳および兄・崇光は琵琶を嗜み、後光厳も延文二年四月に琵琶の習得を開始する御琵琶始を行った。しかし、本来は皇位継承が予定されていなかった後光厳にとって、琵琶は慣れ親しんだ楽器ではなく、御琵琶始には躊躇があり、翌年八月には自ら望んで御笙始を実施した。その際、後光厳は琵琶・笙ともに稽古に励む所存であったが、琵琶では最秘曲の伝受に至らなかったのに対し、笙では応安元年（一三六八）に最秘曲「陵王荒序《りょうおうこうじょ》」を伝受した。これは、天皇が笙の灌頂を受けた最初の例で、後光厳の後継者（後円融・後小松・称光・後花園・後土御門）に引き継がれ、笙は天皇の習得すべき楽器の一つとして定着した。

笙が選ばれた背景として、足利尊氏が笙を嗜んだことが関係する。御笙始の御師は、尊氏の師でもある豊原龍秋《とよはらのたつあき》が勤めた。楽器の得手・不得手もあるが、後光厳は崇光流に代わる新たな皇統として、武家と関係の深い笙を選択したのではなかろうか。

先帝の追善仏事を執行することも、皇位継承者としての重要な責務となる。その追善仏事として、後白河が営み、後光厳が復興するのが、宮中懺法講《きゅうちゅうせんぼうこう》である。宮中懺法講とは、先帝追善のために内裏の清涼殿《せいりょうでん》で営まれた声明《しょうみょう》法要で、僧衆が道場を散華《さんげ》して『法華経《ほけきょう》』「安楽行品《あんらくぎょうぼん》」を唱えながら本尊を回る「行道」に天皇が加わる「御行道」、雅楽《ががく》の奏楽に天皇が加わる「御所作」を次第に含む法会である。応安元年三月、後伏見三十三回忌として宮中懺法講が営まれ、「希代《きたい》の御興善《ごこうぜん》」と評価された。御所作では笙を演奏し、この直後に「陵王荒序」を伝受した。なお、崇光が主催した後伏見三十三回忌は、仙洞御所でわずか三日間だけの開催であった。後光厳は皇位継承者の立場を明示し、かつ新たな器物の笙を強く公家社会にアピールできたと考えられる。そして宮中懺法講は、後光厳流天皇によって引き継がれる通例の追善仏事となるのである。

新たな皇統の創出

そして、践祚から約二十年が経過した応安四年（一三七一）、後光厳はついに皇位を我が子緒仁に譲ることに成功し、後光厳流の皇統を築き始めた。前年八月、緒仁への譲位の意思を幕府に表明したが、崇光がこれに異を唱え、我が子栄仁の践祚を目指して幕府へ働きかけた。そもそも、崇光は子孫の皇位の望みを断つ告文《こうもん》を提出して南山から帰京を許された事実があったが、後光厳にとって嫡庶関係と自身の践祚の経緯に鑑みれば、栄仁の存在は脅威であった。肝心の幕府といえば、義詮亡き後の幼少の将軍・義満を管領・細川頼之が支える状況で、反頼之派の策動もあって一枚岩ではなかった。最終的に頼之は「ただ聖断あるべし」と後光厳に判断を委ね、事実上の緒仁支持を表明した。かくして、後光厳は緒仁への皇位継承を実現し、緒仁は後円融天皇として践祚した。院政を敷いた後光厳は、応安七年に世を去った。追号の「後光厳」は、父・光厳の正当な後継者の立場を示すためか、近臣によって定められたという。

その後、永徳元年（一三八一）、後円融も我が子幹仁《もとひと》への譲位に成功し、後小松天皇が践祚した。しかし、その計画段階では、いまだ健在の崇光院の存在は脅威であり、後円融は警戒感を抱いていた。崇光流を恐れる後円融に対し、すでに青年将軍として政治的にも自立していた義満は、「自分の目の黒いうちは誰が崇光流を支持しようが、ご安心下さい」（「後円融院宸記」）と、力強い言葉をかけている。

そして明徳三年（一三九二）、南北朝の合一が実現したことは周知の通りであるが、これを主導した義満は、南朝の後亀山から後小松への譲位という形式を選択した。合一の条件であった両朝が交互に即位する「両統迭立」は、事実上反故にし、南朝皇胤を次々と仏門に入れた。義満は体よく南朝から三種の神器を奪い、皇位から徐々に遠ざけていくことに成功したのである。

尊氏と後光厳の契約

一方、その間にも崇光流は有力な皇統として存在し続けた。その裏付けとなったのが血統のほか、持明院統嫡流が継承してきた所領および日記・文書・楽器等の器物の存在である。この天皇家における皇統と家産の分裂ともいうべき事態も、義満の圧迫により徐々に後光厳流に割き取られる形で解消されていった。所領では、崇光流は長講堂領以下を保持していたが、応永五年（一三九八）の崇光の死去を契機に後小松に収公された。文書等では、応永八年に栄仁の伏見殿の火災により「累代の御記・文書・楽器」の大半が焼失するという不幸に加え（『椿葉記』）、義満の申請により崇光流の「御文書」はことごとく後小松に譲与することを余儀なくされた。応永二十三年には崇光自ら、所領の室町院領の安堵を得るために、崇光以来相伝する笛「柯亭《かてい》」を後小松へ贈っている。

義満のこれらの措置については後年、「後光厳御一流を仰ぎ申されんがための御計略なり」と理解されている。そしてその前提には、尊氏が後光厳の践祚を実現させて以来の「公武御契約」の存在があったとされる（『満済准后日記』）。「御契約」の内容については、皇位と将軍職をそれぞれ後光厳と尊氏の子孫が継承していくことを互いに保障するものと考えられる。前述の通り、践祚当初からこのような「御契約」の存在は想定しがたいが、事実として、皇位は後光厳・後円融・後小松・称光と連続して後光厳流が継承し、皇統として確立した。後光厳流の求心力強化を目的とした尊氏・義詮・義満の動向の積み重ねが、「御契約」という認識を形作っていったのだろう。

おわりに――皇統分裂の帰結

不遇をかこった崇光流であったが、称光が実子なく逝去したことで、幸運にも皇位が転がり込んでくる。すなわち栄仁の孫・彦仁親王が、後花園天皇として践祚することになったのである。ただし、あくまで後小松の猶子、後光厳流の天皇としての皇位継承であった。実体は持明院統の嫡流である崇光流の後花園が、正統性に不安のある後光厳流として皇統を形式的に継承したということになる。

これにより、北朝内部の皇統問題は解消し、後南朝問題に対して幕府は強硬に対処することが可能となった。後南朝問題とは、南北朝合一後に反幕府勢力が反乱を起こす際の旗印に南朝後裔を担ぎ出すことを意味したが、後花園の下で将軍・足利義教は南朝後裔を寺院に押し込む等の手段で、彼らが政治的に利用される機会を奪っていった。異例な後光厳践祚以来、ひいては鎌倉後期以来の皇統問題は、十五世紀半ばの後花園の代に至ってようやく解決を見たといえる。
室町期の公武関係は、後光厳の時代に基礎が築かれたが、逆の見方をすれば、後光厳期に形成されたあり方に規定され展開していったのであった。

（松永和浩）

【主要参考文献】

家永遵嗣『室町幕府将軍権力の研究』（東京大学日本史学研究室、一九九五年）
家永遵嗣「室町幕府と「武家伝奏」・禁裏小番」（『近世の天皇・朝廷研究大会成果報告集』五、二〇一三年）
石原比伊呂『室町時代の将軍家と天皇家』（勉誠出版、二〇一五年）
市沢　哲『日本中世公家政治史の研究』（校倉書房、二〇一一年）
伊藤喜良『日本中世の王権と権威』（思文閣出版、一九九三年）
井上宗雄『中世歌壇史の研究―南北朝期―〔改訂新版〕』（明治書院、一九八七年。初版一九六五年）
今谷　明『室町の王権』（中央公論社、一九九〇年）
小川剛生『南北朝の宮廷誌』（臨川書店、二〇〇三年）
小川剛生『足利義満』（中央公論新社、二〇一二年）
川合　康「武家の天皇観」（『鎌倉幕府成立史の研究』校倉書房、二〇〇四年。初出一九九五年）
河内祥輔・新田一郎『天皇の歴史4天皇と中世の武家』（講談社、二〇一八年。初版二〇一一年）
佐藤進一「室町幕府論」（『日本中世史論集』岩波書店、一九九〇年。初出一九六三年）

佐藤進一『日本の歴史9南北朝の動乱』（中央公論新社、二〇〇五年。初版一九六五年）
富田正弘「室町殿と天皇」（『日本史研究』三一九、一九八九年）
豊永聡美『中世の天皇と音楽』（吉川弘文館、二〇〇六年）
豊永聡美『天皇の音楽史』（吉川弘文館、二〇一七年）
早島大祐『室町幕府論』（講談社、二〇一〇年）
久水俊和『室町期の朝廷公事と公武関係』（岩田書院、二〇一一年）
松薗　斉「室町時代の天皇家について」（『中世史研究』一八、一九九三年）
松永和浩『室町期公武関係と南北朝内乱』（吉川弘文館、二〇一三年）
松永和浩「南北朝内乱と公武関係」（高橋典幸編『生活と文化の歴史学5戦争と平和』竹林舎、二〇一四年）
三島暁子『天皇・将軍・地下楽人の音楽史』（思文閣出版、二〇一二年）
水野智之『室町時代公武関係の研究』（吉川弘文館、二〇〇五年）
村田正志『村田正志著作集』一～七（思文閣出版、一九八三～八五年）
森　茂暁『闇の歴史　後南朝』（角川書店、一九九七年）
森　茂暁『南朝全史』（講談社、二〇〇五年）
山田　徹「土岐頼康と応安の政変」（『日本歴史』七六九、二〇一二年）
吉田賢司「室町幕府論」（『岩波講座日本歴史』八・中世三、岩波書店、二〇一四年）

後円融天皇

——足利義満との確執

誕生　延文三年（一三五八）十二月十二日

崩御　明徳四年（一三九三）四月二十六日

諱　緒仁

父　後光厳天皇

母　広橋仲子（崇賢門院）

在位期間

応安四年（一三七一）三月二十三日

～永徳二年（一三八二）四月十一日

陵墓　深草北陵（京都府京都市伏見区深草坊町）

はじめに——足利義満の従兄弟という血縁

後円融《ごえんゆう》天皇（諱は緒仁《おひと》）は、南北朝動乱のさなかの延文三年（一三五八）十二月十二日、北朝の後光厳天皇と勘解由小路（広橋）兼綱《かねつな》の養女《ようじょ》仲子（崇賢門院《すうけんもんいん》）との間に誕生した。『本朝皇胤紹運録』『続史愚抄《ぞくしぐしょう》』等によれば第二皇子と記されるが、生母仲子が後光厳後宮において最も高い地位にあったために皇儲《こうちょ》となった。仲子は「中納言典侍《ちゅうなごんのすけ》」と呼ばれ、上臈《じょうろう》として後光厳に仕えたが、彼女の実父は石清水八幡宮祠官《しかん》の紀通清であり、本来このような出自の女性が相当するのは中臈《ちゅうろう》ないし下臈《げろう》の地位にすぎない。それにもかかわらず、彼女は勘解由小路兼綱（延文三年時は権中納言）の養女となることで上臈の処遇を得たわけであるが、家永遵嗣氏が指摘されたように、その背景には当時の北朝を内部分裂の危機に追い込む大きな政治的問題があったと考えられる。

後述するように、後光厳天皇は兄である崇光上皇との間に皇位継承問題を抱えており、自らの子に皇位を伝えることを望んでいた。仲子の実の姉妹に当たる紀良子が室町幕府将軍足利義詮の側室であったことから、後光厳はこのような姻戚関係を利用して、仲子所生の皇子に即位の可能性を託したようなのである。仲子が後円融を産む約四ヶ月前（延文三年八月二十三日）に、良子はのちに三代将軍となる足利義満を産んでいた。したがって、後円融天皇と足利義満とは同い年の従兄弟同士という血縁関係で結ばれていた。時を経て二十五年後の永徳三年（一三八三）、それぞれ上皇、将軍（かつ左大臣）となった両者の相克《そうこく》は世に隠れなく、さらには「上皇がその配偶を打擲《ちょうちゃく》して重傷を負わせた挙句、自殺未遂騒動を起こす」という宮廷史上の一大事件にまで発展するのであるが、そのような未来を誰が想像しえたであろうか。

後円融天皇の三十六年という決して長くない生涯について語られるとき、永徳三年のこの騒動は必ずといっていいほど言及される有名な事件である。本稿もその例外ではないが、後円融がなぜこのような前代未聞の暴挙に及んでしまったのか、南北朝時代の政治史研究における近年の成果に学びつつ、彼がどのような境遇のもとで成長し、それが彼の人格形成にいかなる影響を与えていったのかという視点から問い直してみたい。

一、北朝を引き裂く皇位継承問題——即位前夜

正平一統の破綻と後光厳天皇即位

まずは後円融登極以前に遡り、この頃の皇統を巡る問題について整理しておこう。「南北朝時代」と言われているように、一般的には北朝（持明院統）の天皇を脅かす存在は南朝（大覚寺統）であるというイメージが強いだろう。もちろん、後光厳朝は南朝からの「偽主」「偽朝」という糾弾に大いに苦し

んだが、皇位継承を巡り生じた兄崇光上皇との確執が招いた持明院統の分裂が、北朝の廷臣たちや室町幕府を巻き込んで問題化したことにも深く悩まされた。

その経緯を簡単に確認すると、観応の擾乱のさなかに足利尊氏が南朝に降伏し、正平の一統が成立したがほどなく破綻し、南軍は北朝の光厳上皇・光明上皇・崇光天皇・皇太子直仁親王を吉野へ拉致していったため、室町幕府は残された弥仁王を皇位につけた。これが後光厳天皇であるが、その正統性を担保する治天の存在や神器もなく、治天の代わりに光厳の生母である西園寺寧子（広義門院）の仰せを引き出すことによって、ようやく践祚が実現したという心もとない有様であった。南朝への対抗上、後光厳について回る「正当な手続きによらず即位した不完全な天皇」という公家社会の認識を払拭するため、幕府が積極的に朝儀再興を支援し、後光厳朝の振興を企図したことは、松永和浩氏の研究に詳しい。

南朝の軟禁下にあった北朝の上皇たちは、文和四年（一三五五）から延文二年（一三五七）にかけて、相次いで解放されて帰京した。崇光上皇は、後光厳の後は当然自分の子に皇位が継承されるものと思っていたであろう。鎌倉中期に後深草院が弟亀山院と治天の地位を争い、両統迭立の世を招いたことを戒めとしたものか、持明院統において伝統的に弟は「中継ぎ」として位置付けられており、後伏見の弟花園にしても、光厳の弟光明にしても、自らのそのような役割を忠実に全うした。大覚寺統の後醍醐天皇が、兄後二条天皇の弟邦良《くによし》親王に皇位を伝えることを拒否した事実とは対照的である。持明院統は、このように兄弟の役割を峻別することで統内の結束を守ってきたとも考えられる。

光厳上皇が康永二年（一三四三）四月十三日に置文《おきぶみ》を作成して（「熊谷直之氏所蔵文書」）直仁を正嫡としたのはこうした伝統に反するが、これについては、直仁生母（宣光門院）の実家である正親町家が足利尊氏と姻戚関係にあることから光厳が取った皇位継承戦略の一環であったと家永遵嗣氏は述べている。いずれにしても、仏門に入る予定であった弥仁は、皇位継承者としては本来問題外の存在であった。広義門院は非常事態を乗り切るための緊急措置としてその即位を認めたが、持明院統正嫡の家産である長講堂領は伝領させなかった。

崇光院流と後光厳院流の対立

直仁は、南朝から解放されて京に帰ってきたときすでに出家していた。家永遵嗣氏は、南朝の要求で皇位継承資格を放棄させせられた可能性を指摘している。従来の持明院統における皇位継承慣行に従うならば、後光厳は帰京した崇光の子を自らの皇太子とせねばならなかったし、北朝の廷臣たちもそうなって然るべきことと思っていたであろう。しかし、現実には後光厳は仲子との間に生まれた緒仁（後円融天皇。このときまだ緒仁という名は授けられていないが、便宜上このように記す）を立坊させようとし、兄弟の間には皇位継承を巡る争いが起こった。しかもそれは、足利義詮が病没し、年少の義満が跡を継いだ頃の幕府内部の権力抗争と密接に結びついて展開することとなった。

山田徹氏の説に従って、その概略を記そう。管領細川頼之は後光厳を支持したが、幕閣の中には崇光を支持する動きもあった。例えば、土岐頼康《ときよりやす》は今出川公直（崇光の皇子である栄仁親王の乳父《めのと》）と縁続きであったことから、崇光流を支持していたようである。斯波義将《しばよしゆき》も崇光流と親密な側面を見せており、彼と政治的連携関係にあった渋川《しぶかわ》幸子（足利義詮の正室で、義満にとっては准母）も頼之には反発していた。

細川頼之が後光厳側に立った背景として、水野圭士氏は、頼之の娘にして「細川局」と呼ばれた幕府女房が広橋仲光《なかみつ》（緒仁生母仲子の養父兼綱の子）室であり、緒仁にとって頼之は大叔父に当たる存在であったことを指摘している。『後光厳院宸記』応安三年（一三七〇）十月一日条には、以下のような叙述がある。頼之は後光厳に対して、諸大名から自分が「贔屓」と批難されている現状を伝え、亡き光厳上皇が書き遺されたものがあると聞いているのでそれを拝見し、大方禅尼《おおかたぜんに》（渋川幸子）たちを説得したいことを申し述べた。後光厳は頼之の要求を容れ、そのおかげで諸大名の協議に決着がついたようで、後光厳は緒仁へ譲位することができた。

この一件から、持明院統の家長として長く君臨した光厳の意思が事態を収拾させる決定打の役割を果たしたことがわかる。光厳は貞治二年（一三六三）に持明院統の皇位継承に関する規定を書き遺しており、栄仁親王の子貞成王の『椿葉記』によってその内容が知られる。そこでは、皇位が後光厳の子孫に継承されていく可能性についても言及されていた。初めは後光厳の存在を問題外視していた光厳も、情勢の推移によって、これを受け入れる心境に至ったのであろうと家永氏は推測している。

践祚はしたけれど

かくして後光厳の若宮は、応安四年（一三七一）三月十五日に十四歳にして日野資教《すけのり》邸で着袴《ちゃっこ》を行い、二十一日に親王宣下を受けて「緒仁」という名を授かった。二十三日には元服、譲位、践祚の儀が行われるというように、事態は一気に展開した。従来、幕府が即位関連に経済援助を行うのは戦乱等の非常時に限られていたが、このときは一連の行事に積極的に出資した。のみならず、頼之は半ば脅迫めいた手段を使ってまでしても、廷臣たちを強引に参仕させていたようである。

後円融院画像　京都市東山区・雲龍院蔵

脅迫しなければ廷臣たちが動かないという状況は、後光厳の取った選択肢が公家社会に受け入れられなかったことを如実に物語っているかのようである。そうであるからこそ、頼之は今まで以上に朝儀振興に注力し、治まれる御代の演出に意を尽くす必要があったのであろう。朝儀を滞りなく遂行することは、後円融の治世を正統化するためには不可欠のことであり、また、諸人がこれに参仕することは、彼らが後円融を天皇として認めるということの証左ともなったであろう。しかし、頼之は廷臣たちを出仕させることはできても、春日神木の入洛を押しとどめることはできなかった。興福寺衆徒の嗷訴が長期化したせいで、即位礼も大嘗会も一向に行うことができないまま、いたずらに月日が流れていった。

その間、十四歳の天皇の胸にはどのような思いが巡らされていたであろうか。そもそも、後光厳の子として生まれながら、この年齢になるまで元服はおろか諱・親王宣下も賜っていなかったのは、崇光流との軋轢が影響していたからである。崇光の皇子である栄仁がすでに貞治七年（一三六八）に親王宣下を受け、皇位継承争いの機先を制していたことは、公家社会の共通認識を反映するものと後円融は受け止めていたかもしれない。廷臣たちは表面上、自分に臣下の礼を取っていても、内心は栄仁のほうが天皇にふさわしいと思っているのではないか。養子縁組でいかに取り繕っても、生母の出自が低いことは周知の事実である。それゆえに、皆自分を侮っているのではないか。幕府の支援があるといっても、幕閣の総意ではなかった。この先、細川頼之が失脚してしまったらどうなるのか。後円融の心情については推測の域を出ず、きりがないのであるが、何の屈託もなく成長するには、彼が置かれた政治的境遇は過酷すぎたのではないだろうか。

ここまで述べてきたことをまとめると、後円融天皇はただでさえ正統性を主張することが困難な後光厳の皇子に生まれたうえに、持明院統の正嫡を差し置いて強引に即位したと印象付けられる経緯によって、天皇としての自らの存在意義につき、父帝以上の苦悩を抱え込むことになってしまったと推察される。したがって在位の間、後円融が諸卿の動向に関して次第に神経質になっていったとしても、それは無理からぬことであったろう。

二、足利義満との政治的関係――在位の君として

後円融親政の始まり

鎌倉期以来の持明院統における皇位継承慣行に従えば、後光厳よりもその兄崇光の側に正統性があり、また、いまだ足利義満の政治的自立を見ない頃の室町幕府において、後光厳流の支持は幕閣の総意であったわけではなく、諸大名間の権力抗争の結果次第では覆される危険性もあった。そのような状況下にあって、後円融が何の不安も抱えずに在位の日々を過ごしていたとしたら、彼は強靱な精神力の持ち主であったと後世に評価されたかもしれないが、残念ながらそのような結果にはならなかった。

後円融の父後光厳上皇が健在である間は、その院政が敷かれていた。しかし、興福寺衆徒の嗷訴によって後円融の即位礼も大嘗会も挙行できないでいるうちに、後光厳は応安七年（一三七四）、疱瘡によって三十七歳で崩御してしまう。その諒闇が明けた十二月二十八日、春日神木が帰座したばかりの都において、後円融はようやく太政官庁《だいじょうかんちょう》に行幸し、即位礼を挙げることができた。年が明けると永和と改元され、十一月には大嘗会も挙行された。年末には諸卿に百首和歌の詠進を求めるなど、勅撰和歌集（新《しん》後拾遺和歌集《ごしゅういわかしゅう》）の撰集作業も始まった。

治天の君の急死によって天皇親政が慌ただしく幕を開けるにあたり、細川頼之は、公事故実に通じ後光厳の信任も厚かった太閤二条良基に朝廷の政務を取り仕切ってもらうつもりだったが、これには後円融が反対した。後円融は即位礼のときにも良基から印明を伝授されることに抵抗しており、良基の存在を快く思っていなかったことがわかる。しかし、日吉神輿《しんよ》造替遅延（延暦寺の嗷訴で使われた神輿が造替されず都に留置）、伊勢外宮《げくう》遷宮問題（神宝を新調できず遷宮できないでいた）等の難題が山積し、解決への見通しを立てられないでいるうちに、後円融朝の朝廷儀礼は次々に中絶に追い込まれていった。

義満に対する葛藤

康暦元年（一三七九）閏四月、細川頼之が失脚し、斯波義将が管領となった。義将が崇光上皇と親密であったことは先にも述べたが、この康暦の政変が崇光流の復権に結びつくことはなかった。頼之の影響下から脱し、三代将軍としての個性を発揮し始めた足利義満が、後円融と血の繋がった従兄弟同士であるという事実は、幕府における後光厳流支持の方針を確立させたものであろう。義満は、公家社会の懸案事項であった南都北嶺の嗷訴、伊勢外宮遷宮、日吉神輿造替等の諸問題に積極的に介入して解決していった。それだけではなく、王朝官位においても昇進を重ね、二条良基に教え導かれつつ自ら公家社会の一員として朝儀の運営に携わり、後円融朝の政治を軌道に乗せていったのである。

後円融の侍読《じどく》を務めた東坊城秀長《ひがしぼうじょうひでなが》の日記である『迎陽記《こうようき》』康暦二年八月七日条には、この頃の後円

足利義満画像（法体）　東京大学史料編纂所蔵模写

融がどのように義満に接していたかについて、興味深いエピソードが記されている。後円融に笙の演奏を薦めるために義満が参内したところ、後円融は酒宴のさなかであると聞いたので、拝謁せずに帰った。このことを聞いた後円融は驚いて、義満を呼び戻す使者を室町殿に遣わした。義満は渋ったが結局は内裏に連れ戻され、酒宴になった。ただし、笙の演奏について「実行する」という明確な返事がなかったので、義満は不満の様子であった。

わざわざ呼び戻すところなど、後円融は義満にとても気を遣っているのであるが、義満が後光厳流相伝として薦めたかった笙の演奏については気乗りしない態度で、義満を失望させてしまう。石原比伊呂氏はこのやりとりから、二人の「ぎくしゃくした関係」を指摘されている。

義満が内大臣に任じられた永徳元年（一三八一）の後半以降、両者の軋轢をうかがわせるエピソードが散見されるようになる。例えば永徳元年八月、後円融の配偶三条厳子の父公忠《きんただ》は、義満に武家執奏（幕府から朝廷への要請）を頼んで洛中四条坊門町の東一町ほどの敷地を獲得しようとした。義満は「京都の地のことは、天皇がお決めになることだから」と言って断ろうとしたが、公忠が強く願うので執奏した。後円融は怒り、厳子に「武家執奏である以上綸旨は出そう。そうしなければ武家の意に反するからだ。しかし、もうあなたのことは顔も見たくない」と告げ、公忠は最終的にこの所望を取り下げた。その顛末は、公忠の日記『後愚昧記《ごぐまいき》』に詳しく綴られている。

またその翌月、二条良基の三男である一条経嗣《いちじようつねつぐ》の日記『荒暦《こうりやく》』によれば、右近衛府《うこのえふ》の出納《すいとう》で大石範弘《おおいしののりひろ》という人物が勅勘を蒙ることがあった。義満は代わって中原職富《なかはらもととみ》を補任するよう執奏したが、後円融は即答を避けた。そのため、義満は激怒してしまう。後円融は慌てて勅裁を下すも義満は突き返し、右大将を辞めるとまで言いだしたが、良基に宥められて思いとどまった。小川剛生氏は、後円融が態度を硬化させていくきっかけとしてこの事件に注目されている。

武家執奏を聞き入れなければ義満の意に反するということは、自分でも口にしておりわかっているはずなのに、なぜはっきりと、あるいはすぐに返答しないのか。後円融が何を考えていたかは推測するしかないが、自らの意に沿わないことでも義満を繋ぎ止めておくためには聞き入れなければいけないという状況に、葛藤を深めていったものであろう。

先行研究が捉えるこの時期の後円融天皇の姿は、少し前は王朝権力を接収しようとする武家に最後の抵抗を示し、孤独に闘う王者として描かれてきた。このような権限吸収論に基づく視点が克服された近年の研究動向においては、義満が後光厳流を圧迫したという見方は取らないが、義満のいわゆる「公家化」が進行するなかで、後円融が精神的に追い詰められていくことについては衆目一致している。

三、後小松天皇への譲位と長講堂領伝領問題

早すぎる譲位

義満との関係がうまくいかないことは、後光厳流の行く末について後円融を大きな不安と焦燥に駆り立てたであろう。彼が辿り着いた結論は、自らの皇子幹仁への一刻も早い譲位であった。このことは、持明院統の経済的基盤である長講堂領の伝領問題とも直結した。以下、家永遵嗣氏の説に従い述べていく。

長講堂領の支配権は、崇光上皇が握っていた。つまり経済面から考えると、この膨大な所領群の領《りょう》家職《けしき》等を知行する廷臣たちが主君と仰ぐのは、後円融ではなく崇光であるといってよい。経済的な重要性だけでなく、廷臣支配の側面から見ても、後円融は長講堂領を伝領する必要があった。

皇位継承および長講堂領の伝領について、光厳上皇は貞治二年（一三六三）に以下のように書き残していた（『椿葉記』）。

・栄仁親王が皇位につく場合は、崇光流が長講堂領以下を相伝する。
・両統が交互に皇位につく場合も、崇光流が長講堂領以下を相伝する。

・後光厳流が皇位を継承する場合は、後光厳流が長講堂領以下を相伝する。

『後円融院宸記』によれば、後円融はこれを永徳元年（一三八一）十一月三十日に足利義満の前で自ら読み上げた。そのようにして、後光厳流が長講堂領を伝領することの正統性に関して同意を取り付け、十二月六日に再び義満に諮って幹仁の立坊を実現させようとした。後光厳流が長講堂領を相伝するためには、両統迭立の可能性も排除しなければならなかったからである。

さらに、畳み掛けるようにして二十四日には、立坊はもちろんのこと譲位まで急ぎ執り行いたいという希望を伝えた。後円融も義満も、このとき二十六歳であった。親政は開始後七年を経てようやく軌道に乗り始めた矢先であり、勅撰和歌集の撰集も終わっていない。さすがに焦りすぎではないかと義満は呆れながらも、「どうしても伏見殿様（崇光上皇）のことが恐ろしくて仕方ないご様子ですが、たとえどのような人があちらの肩を持っても、私がこのようにお側にありますうえはご安心なさいませ」と答えている。義満にしてみれば精一杯の誠実な回答であったと思われるが、後円融の決意は翻らなかった。

翌永徳二年の年明けすぐに義満を左大臣に昇進させ、閏正月には在位十一年で譲位した伏見院を佳例として持ち出しさらに迫ると、義満もとうとう折れて承諾した。早速、二条良基も加わって協議が本格的に進み、同年四月十一日、六歳の幹仁が践祚した（後小松天皇）。

仙洞の空洞化

かくして、後円融は義満の同意を取り付けたうえで、光厳上皇が示した長講堂領伝領の条件をクリアした。しかし、実際に長講堂領を崇光上皇から後小松天皇に移管させるということは、領家職等を知行する廷臣たちの同意がなければ難しかった。そのためには、彼らを崇光上皇から切り離す必要があったが、後円融の独力では不可能であった。

義満は、自分がいる限り崇光上皇を恐れることはないと後円融に申し述べた。その言葉は、単なるその場しのぎの気休めで発せられたものではなかったようである。義満は家司《けいし》制度を媒介として、名家や羽林《うりん》家の廷臣たちを次々に自分の家政機関に登用していった。この結果、将来、崇光上皇が院政を敷く可能性が生じたとしても、それを支える近臣層の確保が困難となり、崇光流が宮廷社会を掌握する芽は摘み取られた。義満のこの戦略は多大な成果を挙げたが、同時に後円融の近臣たちをも取り込む結果につながってしまった。後円融在位時の近臣集団は譲位とともに解体され、「内裏・仙洞の空洞化」を招いたと家永氏は述べている。院の執事別当は義満、執権は裏松資康《うらまつすけやす》（義満正室である業子の兄）であったが、院評定《いんのひょうじょう》も一向に開催されない状況に後円融は耐えられたであろうか。

後小松践祚後、その摂政となった二条良基と左大臣義満が協力して即位の準備を進めていったようであるが、『後愚昧記』や『荒暦』が語るところでは、後円融は義満が自分を差し置いて良基とばかり相談することに立腹し、即位の準備に背を向けてしまったらしい。そのような態度に義満も堪忍袋の緒が切れ、両者の間には決定的な亀裂が走った。即位大礼は年末に滞りなく挙行されたが、彼らの対立は解消されないまま年は明け、仙洞は元旦の武家御訪（幕府からの金銭的援助）を突き返したために正月行事を行えず、義満はもちろん、廷臣たちの間にも参院する者はなかったという。正月二十九日に安楽光院《あんらくこう いん》で後光厳聖忌の御経供養が行われたが、このときも人々は義満を憚り出仕しなかった。後円融の憤懣の激しさを物語るように、その直後、三条厳子峰打ち事件が起こるのである。

四、後円融院政の始動

峰打ち事件の顛末

三条厳子という女性は、応安四年（一三七一）三月、践祚してまもない十四歳の後円融天皇に出仕して「上臈局」と呼ばれた。彼女はこのとき二十一歳であり、後円融より七歳年上であった。出仕の経緯は、彼女の父である三条公忠の日記『後愚昧記』に詳しく記されている。後光厳の乳姉妹にして後宮の実力者であった日野宣子の執拗な働きかけによるもので、本来ならば大臣家の娘にふさわしく女御《にょうご》としての格式を整えて送り出したいが、家門窮困のためそれが叶わないことを公忠は嘆いていた。そうかといって、女房格で出仕するのも家の恥であり、辞退し通そうと考えていたが、厳子の年齢のことも考えて、結局は承諾することになった。

厳子は、後円融との間に少なくとも三人の子を産んでいる。一人目は、永和三年（一三七七）六月二十六日に二十七歳で出産した幹仁、つまり後小松天皇であり、厳子は九月二日に内裏へ帰参した。二人目は、永徳元年（一三八一）八月五日に三十一歳で出産した珪子内親王であり、九月二十四日に内裏へ帰参した。この後、永徳二年十二月二十三日にも三十二歳で御産があった（具体的に誰を産んだかは不明）。前の二度の出産で実家に帰っていた期間はいずれも二ヶ月前後であったが、三度目のこのときは、後円融の矢の催促によって翌年正月十二日、産後二十日にして帰参しており、「万事このように厳しいなされようなのだ」と公忠は不満を綴っている。しかもこのときの仙洞は正月行事が停止され、閉門して離宮のような状態だというのだから、親として、そのような所に娘を戻したいとは思うまい。

後小松天皇のいる内裏での行事は何の滞りもなく遂行されているというのに、仙洞には参仕する者もない。月末の後光厳聖忌御経供養も惨憺たる結果に終わったことで、後円融は絶望の極致に至ったものか、二月一日の夜に厳子の局に押し入って剣を抜き、その峰をもって厳子を打ち据え、出血が止まらないほどの重傷を負わせた。公忠が記すところでは、厳子に院からのお召しがあったが、用意が整わず局に留まっていたところに院が乱入してきたという。あまりのことに、公忠は「もしかすると厳子を讒言《ざんげん》した者がいたのかもしれないが、たとえ娘に罪があったとしても、上皇たる方がこのような振る舞いをなさるというのは信じられない。前代未聞である」と怒りに震えている。

翌日、崇賢門院仲子が後円融のもとに赴き、一献を参らせて宥めている間に密かに厳子を実家へ避難させた。その後、巷では上皇が丹波国山国荘へ没落したという虚説が飛び交い、また、按察局《あぜち》（橘《たちばなの》知繁《ともしげ》の娘で後円融の寵愛を受けたが、旧冬より義満との密通を疑われ追放されていた）が出家を遂げるなど、後円融の周辺は混迷の度を極めた。事態を案じた義満が、十五日に後円融のもとに使者を遣わすと、後円融は自分が配流されようとしていると思い込んで持仏堂《じぶつどう》に立てこもり、「切腹する」と発言した。しかし、仲子が懸命に宥めたので、彼は落ち着きを取り戻して使者に対面し、翌十六日に仙洞中園亭《なかぞの》（洞院公定亭《きんさだ》）から仲子の梅町殿《うめまちどの》へと移った。三月に入って、後円融は新たな仙洞に定められた勧修寺経重《つねしげ》の小川亭《おがわ》へ義満と同車して移った。月末には院庁評定始が行われ、院政の開始を見たことで事態は収拾された。

事件の収拾と院政の開始

以上の顛末を通覧すると、この事件において直接の引き金を引き、かつ最も甚大な被害を受けた存在が厳子であることは明らかであるが、後円融をこのような暴挙に駆り立てた背景は、長年にわたり胸中に鬱積していたとみられる不安や焦慮抜きには語れまい。先にも述べた通り、家永遵嗣氏はこの事件について、足利義満が朝廷の人材を崇光上皇に確保させないよう行った家司編成が、結果として後円融の近臣集団をも解体させてしまったことが背景になっていると指摘する。

義満は、この一連の騒動を収拾させるなかで、後円融院政の仕切り直しを行った。院執権勧修寺経重を筆頭として、柳原資衡《やなぎわらすけひら》や油小路隆信《あぶらのこうじたかのぶ》らを加えた新たな近臣層が形成され、経重の小川亭が新たな仙洞となって評定始が行なわれた。人的空洞化は内裏にも共通の問題であったので、幼い後小松天皇を孤立させないように、「内裏小番《だいりこばん》」の制を定めて廷臣たちを昼夜の間宿直させることにした。

また、後小松即位の準備を通じて頑なになっていった後円融の態度について家永氏は、公武の相克というよりは院政（後円融）と摂政（二条良基）政務との軋轢が根本にあり、義満が自分ではなく良基とばかり相談することが後円融の孤立感を深めたものという見方を取っている。

『後愚昧記』によれば、義満が按察局との密通疑惑を否定する誓文を後円融に提出したとき（後円融の錯乱はこの疑惑が原因だと仲子が称したため）、後円融は良基とその提携者万里小路嗣房《までのこうじつぐふさ》の処罰を義満に要求したと噂された。これはあくまで噂に終わり、現実に彼らが罰されたわけではないが、家永氏の指摘と密接に関わっており注目される。

家永氏は、事件収拾後に義満が内覧《ないらん》として後円融と良基との間に介在し、両者の関係を調整している状態に注目された（『吉田家日次記』永徳三年七月二十五日条）。つまり、後円融院政と良基の摂政政務との関係は、内覧義満を仲立ちとすることで、後円融に疎外感を味わわせないよう配慮されることになったのである。

以上のことをまとめると、後円融が起こしたこの一連の騒動に関して、義満は単に後円融の錯乱が引き起こしたにすぎない事件として終わらせず、後円融の政治的孤立感を取り除くために心を砕いて対処しようとしたことがわかる。後円融の内面に長年にわたり蓄積された鬱屈が、これによって完全に晴れたとはいえないであろうが、家永氏が結論づけるように、義満との対立は解消されたと見てよいのではないだろうか。

おわりに――失ったものの大きさ

後円融上皇は、明徳四年（一三九三）四月二十六日に三十六歳で仙洞小川亭において崩御し、泉涌寺《せんにゅうじ》で火葬された。世間を騒がせた峰打ち事件で「切腹する」と言い放ってから十年を過ぎ、前年に南北朝の合一を見届けての崩御であったが、彼が両朝の合一に関与した痕跡はなく、この出来事をどのように受け止めていたかを語る史料もない。総じて関係史料に恵まれないせいもあるのか、彼の晩年にはあまり目立った行動が見られない。

『椿葉記』は、「後円融上皇が治天であられた御代ではあるが、天下のことは足利義満が執り行われた」と記している。義満に支えられた後小松天皇の成長を見守る心の内も定かではないが、気がかりといえば、伏見殿に健在の崇光上皇と栄仁親王の父子、いまだ彼らの手の内にある長講堂領の行く末であっただろう。それを見届けられずに、後円融はこの世を去った。崇光上皇はこれより遅れること五年、応永五年（一三九八）正月十三日に六十五歳で崩御した。義満は長講堂領を後小松天皇に伝領させ、これに抗い切れなかった栄仁親王は出家という道を選んだ。

本稿では、物心ついた頃から後光厳流と崇光流との皇位争いの渦中にあるという過酷な政治的境遇のもとで育った後円融天皇が、天皇としての自己の正統性について苦悩し、二条良基や足利義満との政治的関係に葛藤を深めていった過程を、北朝と室町幕府との交渉の歴史的展開の中に跡付けた。

後円融が後小松に「早すぎる譲位」を決行したことが、後光厳流にとって吉凶どちらの結果を招いたかについては評価が分かれるかもしれないが、いずれにしても、この譲位を巡る紛擾が峰打ち事件という前代未聞の騒動にまで発展したのであるから、同時代の人が後円融を見る目が厳しいのも当然のことであった。一条経嗣はこの騒動について、「聖運の至極なり。記して益なし、口惜しき次第なり」（『荒暦』）と記し、皇室権威の失墜を強い筆致で嘆いている。後円融が失ったものは、あまりに大きかったと言わざるをえない。

（田中奈保）

【主要参考文献】

家永遵嗣「足利義満・義持と崇賢門院」（『歴史学研究』八五二、二〇〇九年）
家永遵嗣「室町幕府と「武家伝奏」・禁裏小番」（『近世の天皇・朝廷研究大会成果報告集』五、二〇一三年）
家永遵嗣「十四世紀の公武関係・朝幕関係と室町幕府」（『学習院史学』五六、二〇一八年）
家永遵嗣他「解説と翻刻　国立公文書館所蔵『初任大饗記』、国立歴史民俗博物館所蔵『義満公任槐召仰議并大饗雑事記』、付　国立国会図書館所蔵『永享四七廿五室町殿御亭〈大饗指図〉』」（『人文』一七、二〇一九年）

石原比伊呂『室町時代の将軍家と天皇家』（勉誠出版、二〇一五年）
小川剛生『二条良基研究』（笠間書院、二〇〇五年）
松永和浩『室町期公武関係と南北朝内乱』（吉川弘文館、二〇一三年）
水野圭士「細川頼之政権と持明院統の分裂」（『学習院大学人文科学論集』二六、二〇一七年）
桃崎有一郎「『後円融院宸記』永徳元年・二年・四年記」（田島公編『禁裏・公家文庫研究』第三輯、思文閣出版、二〇〇九年）
山田　徹「土岐頼康と応安の政変」（『日本歴史』七六九、二〇一二年）

後小松天皇

——足利義持との蜜月関係

誕生　永和三年（一三七七）六月二十七日
崩御　永享五年（一四三三）十月二十日

諱　幹仁
父　後円融天皇
母　三条厳子（通陽門院）

在位期間
永徳二年（一三八二）四月十一日
～応永十九年（一四一二）八月二十九日

陵墓　深草北陵（京都府京都市伏見区深草坊町）

はじめに――室町時代の安定期

室町時代の安定期、というと、いつごろを思い浮かべるだろうか。絶大な権力を手中にした足利義満の時代を思い浮かべるかもしれないが、近年では、足利義持から義教にかけての時代が室町時代の安定期であったと理解されている。もちろん、室町殿と鎌倉公方の対立や、後南朝勢力の蜂起をはじめ、戦乱がなかったわけではない。しかし、少なくとも中央における政治秩序が、義持と義教の時代に至り格段に安定化したことは疑いない。

本項で取り上げる後小松《ごこまつ》天皇は、義満期に即位し、義持期および義教期に上皇（のちに出家して法皇）として君臨した人物で、まさに室町時代の安定期を生きた人物であった。室町時代の政治体制が「公武《こうぶ》統一政権《とういつせいけん》」（富田一九七八）と評されてきたことをふまえるならば、当該期に天皇・上皇として君臨した後小松も、室町時代の安定期創出に多大な役割を果たした一人であったと考えられる。そこで本項では、とくに公武関係に注目し、室町前期の政治状況を整理しながら、後小松とその周辺について述べることとしたい。

一、〝幼帝〟後小松と足利義満

義満が積極的に関わった践祚

永和三年（一三七七）、後円融天皇の第一皇子として生まれた幹仁《もとひと》は、父の譲りをうけ永徳二年（一三八二）に即位した。後小松天皇である。当時は、二条良基によって朝廷社会へ誘引された足利義満が存在感を示しつつあった時期にあたる。

後小松天皇画像　京都市東山区・雲龍院蔵

さて、これまでの研究では、権力を手中にしつつあった義満と、意のままに政務を行なえない苛立ちを抱えながら悶え続けた後円融の対立関係を基軸に据える形で、南北朝末期の政治史が論じられてきた。後円融から皇位を継承した後小松に関しても、〝幼帝〟ゆえにほとんど実権をもたなかった、という見方が相場だろう。確かに、当時の後小松は実権をほとんどもたなかったが、聞き分けの悪い後円融が退位した今、北朝天皇家の権威を確立するために腐心していた良基や義満にとって、後小松の存在はきわめて重要であったと思われる。この点につき、義満との関係から、後小松の存在意義を読み解いていこう。

まずは、幹仁（後小松）の践祚について触れておきたい。永徳二年四月七日、幹仁は、日頃より御座所としていた乳父・日野資教邸において着袴の儀を遂げている。着袴の儀とは、幼児の成長を祝して、初めて袴を着すことをいうが、義満はこのとき、幹仁の下袴を「結い奉」っている（『後愚昧記』同日条）。義満の妻・日野業子は資教の姉にあたり、公武を繋げる日野家の重要性がうかがえる。このあと二条良基は、践祚した後小松が資教邸より土御門内裏に移る際、「名家の者（資教）の家から直接皇居に移られるのはよろしくない」という理由により、わざわざ義満の室町第を経由させている。そして、皇居（土御門内裏）へ移動する車内には、後小松と同乗する義満の姿があった（『後円融院宸記』同年四月十一日条）。森茂暁氏が、後小松の践祚に積極的に関わる義満の姿勢について、「以降の新たな公武関係を示唆するもの」と評価しているように（森茂暁一九八四、三〇七頁）、北朝を支える義満や良基にとって、後小松はきわめて重要な存在だったのである。

後小松を立てる義満

実際に、義満は後小松を立てつつ祈禱を実施していた。永徳三年（一三八三）十二月、天変地異を契機とする大規模な祈禱が実施された（『門葉記』熾盛光法《しじょうこうほう》九）。義満は、青蓮院尊道《しょうれんいんそんどう》に対し禁裏での大法《たいほう》（熾

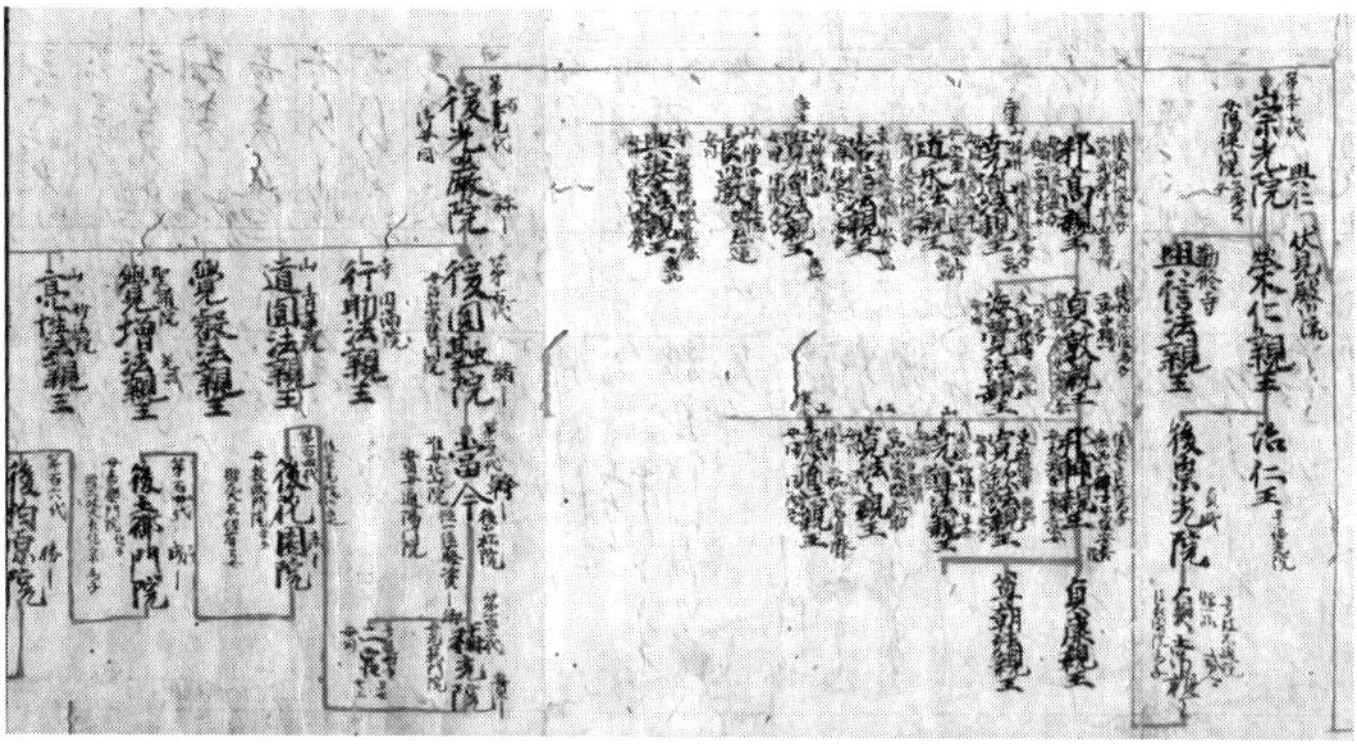

後小松天皇を「当今」と記す本朝帝系抄　東京大学史料編纂所蔵

盛光法）に導師《どうし》として参勤するよう、万里小路嗣房を通じて依頼している。この祈禱は、勅許が必要な熾盛光法を義満が伝奏を介して命じていることから、義満が公家の国家的祈禱権を吸収したことを示す事例として理解されている（上野二〇〇〇）。

確かに、義満の意向によって熾盛光法が実施されていること自体は新たな展開として注目されるが、公武関係の側面からいえば、異なる評価も可能である。そもそも、義満が主導した祈禱は禁裏で行われているのであって、義満が自身のために執り行わせたものではない。その証拠に、祈禱の開白《かいびゃく》前には義満と後小松の対面が予定されており、祈禱会場に臨席する後小松と、後小松とともに聴聞する義満の姿を確認することができる。加えて義満は、自邸である室町第においても、武家護持僧の常住院良瑜《じょうじゅういんりょうゆ》を導師として天変祈禱（尊星王法《そんしょうおうほう》）を実施させている。やはり義満は、公家祈禱と武家祈禱を峻別していたとみられ、後小松を立てつつ公家祈禱を差配することに最大の意義があったと思われる。

また、後小松のために護持僧によって行われる長日如意輪法《ちょうじつにょいりんほう》にも、義満の関与がみられる。至徳二年（一三八五）三月、青蓮院尊道は、老母が危篤状態に陥ったため正壇《せいだん》護持の辞退を申し出ているが、その申請先は「室町准后《じゅごう》」義満であり、義満の意向により妙法《みょうほう》院堯仁《いんぎょうにん》と交代している。嘉慶二年（一三八八）二月、今度は堯仁が正壇護持の辞退を申し出ているが、その際も義満が尊道に対して堯仁と交代するよう「内々」に意向を伝えている（『門葉記』長日如意輪法四）。このように、幼帝とはいえ後小松の重要性は、義満とて十分認識していたのであり、それは義満による祈禱の主導や関与からもうかがえよう。

二、義満の出家と政務の委任

義満に政務を委任する

応永二年（一三九五）六月二十日、義満が出家する。すでに四月ごろには出家の意志をもっていたが、後小松が室町第へ臨幸し、思いとどまるよう説得したため、出家には至らなかったという経緯があった。今回も後小松は、万里小路嗣房と日野資教を義満のもとへ派遣して出家を慰留したものの、義満が「政道以下のことは、近年と同様に申沙汰《もうしざた》します。参内以下についても、これまでと変わることはありません」と述べるに至り、出家を認めている（『荒暦』同日条）。この記事から家永遵嗣氏が指摘しているように、義満の出家を許可する条件が、①政務の申沙汰と、②これまで通りの参内、の二点であったことが判明する（家永二〇一三）。

とりわけ、「近年と同様に」政務を申沙汰すると義満が発言している点からは、当該期の後小松が、政務の大部分を義満に委任していたであろうことがうかがえる。実際に後年には、義教が「故鹿苑院（足利義満）の例」、すなわち義満の先例によって「朝務」を「申沙汰」していたことを記す史料があり（『薩戒記《さっかいき》目録《もくろく》』永享九年〈一四三七〉六月十二日条）、後小松が義満に政務を委任していたことは事実とみてよいだろう。

では、後小松が義満に政務を委任していた期間はいつからいつまでなのだろうか。これはきわめて難しい問題であるが、始期については、義満が出家する応永二年以前とみるのが自然であり、それは明徳四年（一三九三）の後円融の死去にともなう治天の君の不在を契機とするものであったと思われる。終期については、確たる史料がなく断定できないが、義満は政務代行権を後小松に返上しないまま死去してしまった可能性がある。というのも、出家し北山第《きたやま》へ移徙した義満が、引き続き政務に関与する理由や、治天の君のように振る舞う根拠や正当性を、後小松による政務の委任以外に想定することが難しいからである。この点は、上述の家永氏の研究でも指摘されている。

北山時代の義満は、尊号宣下を望んだり（小川二〇一二）、愛児義嗣《よしつぐ》を親王と同様の作法で元服させ、後小松の猶子にしたりと（森幸夫二〇一四、桃崎二〇一七）、僭上ともいうべき行動をとっている。そもそも、義満がこのような挙動をとることができたのは、後円融の死後、実質的に義満が北朝の政務を主導してきた実績に基づくものであろうし、後小松が義満に与えた政務代行権が、北山殿義満の挙動にも少なからず影響を与えているものと思われる。この点については、今後の研究により実証的に明らかにされる必要があろう。

将軍家との家族ぐるみの付き合い

ところで、この時期の北朝は、崇光院流と後光厳院流の二つに分裂していた。義満は、父・義詮が擁立した後光厳天皇の流れを汲む後光厳院流に皇統を一本化する政策をとり、後小松周辺と密接な関係を構築する（家永二〇〇九、二〇一三）。まず、後光厳天皇との間に後円融を産み、後小松の祖母となった崇賢門院広橋仲子と北山で親密な付き合いをしている。仲子は義満の母・紀良子と姉妹の関係にあり、義満の叔母にあたると考えられている。そのため仲子は、天皇家と将軍家とを結びつける重要人物であったという。実際に義満は、自身の息女を仲子の猶子としている（『迎陽記』応永八年八月四日条、〈水野二〇一四〉）。

また、応永八年五月から六月にかけて北山第で行われた如法経会《にょほうきょうえ》は、後小松のために行われたもので、六月二十日の十種供養・御奉納の儀では、仲子および後小松生母の通陽門院《つうようもんいん》三条厳子もこれを聴聞したことが知られる（『門葉記』如法経十、『兼宣公記』応永八年六月二十日条）。加えて、国母である厳子の死後、義満の室・日野康子が後小松の准母とされているのも（『荒暦』応永十三年十二月二十七日条）、後光厳院流との親密な関係を前提にしなければ理解し難いだろう。

このように、義満が後光厳院流と手を携え、後小松の親族と家族ぐるみの付き合いをもったのは、崇光院流や後南朝勢力に対する牽制であったと考えられる。そして、この義満の政策は、義持期の政治史を規定した側面がある。その意味で後小松は、室町期の政治史を方向づける存在であったといえよう。

三、足利義持との新たな公武関係

祈禱にみる公武関係

応永十五年（一四〇八）五月、義満が死去する。後継者である義持は、義満期とは異なる公武関係を構築するべく、積極的に後小松に接近していく。後小松の主体的行動が顕著になるのも義持期であり、応永十九年には躬仁《みひと》すなわち称光天皇に譲位することとなり、称光・後小松・義持による新たな公武関係が生まれようとしていた。

近年、石原比伊呂氏が解明したように、義持は義満とは異なり、一貫して後小松や称光を補佐する立場にあった（石原二〇〇七、二〇一八）。石原氏の研究では、義持が「院執事」となったことや、後小松の御幸に供奉し、御簾役を務めたりする義持の姿が描き出されている。ここでは祈禱を素材にして、後小松と義持との関係を眺めてみよう（拙稿二〇一八）。

足利義持画像　東京大学史料編纂所蔵模写

応永二十五年七月十日、もともと体の弱かった称光の病状が悪化したため、後小松は聖護院道意《しょうごいんどうい》に参内させ、御加持を奉仕させた。義持も、側近の広橋兼宣《かねのぶ》を介して道意の参内を促し、翌日、禁裏での祈禱実施を後小松に提案した。後小松は、義持から阿闍《あじゃ》梨《り》を誰に勤めさせるか指示を求められ、「妙法院尭仁にせよ」と返答している。これにより、義持も「勅答のうえは急ぎ妙法院門《もん》跡《ぜき》に申し入れよ」と兼宣に指示している（『兼宣公記』同日条）。

もう一例挙げておこう。応永三十二年七月、またもや称光天皇の病状が悪化した。義持はすぐさま後小松に祈禱の実施について奏聞し、阿闍梨を誰に命じるか伺いを立てた。後小松は、辞退した如意寺満意《にょいじまんい》に再度命じるよう指示し、「説き伏せよ」と指示を出すとともに、急ぎ泰山府君祭《たいざんふくんさい》もしくは招魂祭《しょうこんさい》などを行うよう、義持に依頼している。このあと、満意がまたもや「故障」と称して辞退を申し出てきたため、義持はこのことを再度後小松に伝えたが、後小松はあくまで満意の参勤を求め、「厳密に仰せ付けよ」と指示している（『薩戒記』同年七月二十六日条）。

以上の事例からは、補佐役としての義持の姿だけではなく、後小松が義持に依存しきっていたことも読み取れる。

こうした事例は、当該期の古記録に数多く検出される。例えば、応永三十一年四月に行われた公武の祈禱を例に挙げると、本来であれば義持と義量の祈禱のみを行えば事足りるところ、義持は後小松の意を汲んで、後小松と称光の祈禱をも実施させている（「変異《へんい》御祈《おいのり》申沙汰記《もうしざたき》」）。後小松は、義持という良き補佐役を得たことで、治天の君として君臨し続けることができたわけである。

さらにこの時期には、「禁裏・仙洞・室町殿」による公武の祈禱が頻繁に実施されている（富田一九七七、大田二〇〇九ほか）。この祈禱は、称光・後小松・義持の三者を一体の政権担当者とみなす、当該期の政務の実情に合わせた祈禱であったという（大田二〇〇九）。この祈禱の大部分は義持が主導したが、「禁裏・仙洞・室町殿」という為政者の括りを意識していたのは、後小松も同様であった。応永三十二年、名家の出身である広橋兼宣が准大臣となった際、自邸に裏築地《うらついじ》を構築しようとした。後小松は、「裏築地を構築できるのは、内裏・院御所・義持邸の三箇所のみである」として、兼宣の行為に不快の意を示したという（『薩戒記』応永三十二年六月二日条、〈桃崎二〇〇四〉）。ここからは、後小松が為政者としての「禁裏・仙洞・室町殿」という括りを認識していたことをうかがうことができよう。

観音懺法にみる公武関係

次に、応永三十一年（一四二四）に仙洞御所において行なわれた観音懺法《かんのんせんぼう》から、当時の後小松と義持との関係を探ってみよう。観音懺法には、義持が後小松よりも先に関心を示している（松岡一九九一）。

六月九日、仙洞で観音懺法が行われた。相国寺《しょうこくじ》住持の誠中中欵《せいちゅうちゅうかん》が導師を勤め、相国寺中の能声《のうしょう》十人がこれに奉仕している。注目されるのは、今回の法会が、「観音懺法を聴聞したことがない」と発言した後小松のために義持がセッティングした法会であった事実である（『看聞日記』同日条）。このあたりにも、後小松と義持との関係を垣間みることができ興味深いが、もう少し観音懺法について掘り下げて考えてみたい。

同年九月十日、仙洞において再び観音懺法が行われた。これは、義持の差配によって行われた六月の観音懺法に心を打たれた後小松が、みずから行わせたものであった。また、六月の観音懺法では、義持が相国寺住持以下十人の禅僧に対し、御布施の袈裟《けさ》を一帖ずつ下賜したという。後小松もこの例によって、僧衆に対し御布施として袈裟を下賜することにした。実は、後小松が下賜する袈裟の制作費用を支払ったのは、誰であろう義持であり、袈裟の制作を依頼されたのは、任庵主《にんあんじゅ》（中任）と等持寺《とうじじ》であった（『兼宣公記』同年八月二十三日条、九月十日・二十四日条）。そもそも袈裟の下賜は、義持によって行事化され、縫手を管理・指揮する任庵主および等持寺が当該期の袈裟制作に重要な役割を果たしていたという（毛塚一九九二）。つまり後小松は、義持により組織化されつつあった縫手集団を間接的に利用することで、袈裟の下賜という行為を実現しえたのである。観音懺法に限っていえば、後小松は何から何まで義持のサポートを受けていたといえるだろう。

宸翰にみる人物像

このあたりで、日蓮宗寺院妙顕寺《みょうけんじ》が所蔵する後小松の宸翰から、後小松の人物像を少し覗いてみよう（『宸翰栄華』二二三・二二四号、〈河内二〇一三〉）。内容は、妙本寺《みょうほんじ》（もと妙顕寺）の僧都月明《そうずげつめい》が、僧正《そうじょう》に任じてもらえるよう申請してきた件についてである。月明の出自は一次史料で確認できないものの、日蓮宗側の史料『龍華秘書《りゅうげひしょ》』では三条実冬《さねふゆ》の子とされている。その実冬は、後小松の母・厳子の弟にあたり、もし『龍華秘書』の記述が事実であれば、後小松と月明は従兄弟同士という間柄にあったことになる。

後小松は宸翰のなかで、「月明の経歴に問題はないが、年齢から考えるとあまりに不相応で、勅許するのも悩ましい。権大僧都から大僧都へ昇進するにも若年すぎる気がする」と逡巡している。日蓮宗の僧侶に対する任僧正の先例がないことも、後小松の逡巡に輪を掛けたのかもしれない。このあと後小松は月明を僧正に任じるが、案の定、先例のないことだとして比叡山延暦寺の嗷訴に遭う。結局、任僧正の口宣案《くぜんあん》は撤回され、後小松と月明の両人は顔に泥を塗られる形となってしまった（『満済准后日記』応永二十年六月二十五日条、同二十一年七月八日条）。後小松が、勅許を出すのに逡巡しながらも、月明の要望を叶えようとしたのは、後小松と月明が本当に従兄弟同士だったからなのかもしれない。

ところで、先の宸翰には、「依頼されていた縁起の銘と奥書は遅くなってしまい申し訳なかったが、ようやく書けたのでお送りする」と記されている。妙本寺側が後小松との関係を深めるために同寺縁起の銘・奥書の執筆を依頼していたことや、後小松もこれに協力していたことは、双方の関係を知るうえでも興味深い。なお、後小松は「観心寺縁起《かんしんじえんぎ》」の奥書や「融通念仏縁起絵巻《ゆうずうねんぶつえんぎえまき》」巻上の詞書《ことばがき》なども執筆したことが知られている（京都国立博物館編『宸翰　天皇の書』〈同館、二〇一二年〉を参照）。

四、幸末佐のこと

寵愛された近習

後小松には寵愛する召次《めしつぎ》がいた。幸末佐《こうまさ》（幸真佐、幸正とも）とよばれる人物である（桜井二〇〇一）。伏見宮貞成はその日記に、「件の召次（幸末佐）、院（後小松）の御愛物、他に異なる御気色と云々」（『看聞日記』応永三十年〈一四二三〉六月十七日条）と記している。まずは、その寵愛ぶりがいかほどのものであったか確認しておこう。

応永三十一年五月、仙洞における大規模な密通スキャンダルが露顕した（『看聞日記』同年五月六日・七日・九日・十二日・二十日条、六月一日・四日・八日条、〈坂本二〇一一〉）。数例を挙げてみよう。

まず、仙洞女房の大納言典侍（甘露寺兼長《かんろじかねなが》娘）と橘知興《たちばなともおき》の密通が発覚し、知興は髻《もとどり》を切り逐電《ちくでん》してしまった。右衛門佐《えもんのすけ》は懐妊こそしなかったものの、中山有親《なかやまありちか》や土岐持頼《ときもちより》と密通していたことは確実であるという。後小松は土岐討伐を義持に依頼したため、土岐は逐電せざるをえなくなっている。幸末佐も、この右衛門佐と密通していたことが発覚している。松木宗量《まつのきむねかず》に至っては、今でこそ女中との密通はしていないものの、日頃から国母たる二位殿《にいどの》（日野西資子）と密通していたことが発覚している。激怒した後小松は宗量を流罪に処そうとするが、これを事前に察知した宗量は早々に逐電している。こうしてみれば、後小松の怒りが並々ならぬものであったことがうかがえよう。

ところが、数多い男性の密通者のなかで、幸末佐だけが後小松の勘気を免れた。幸末佐は、「仙洞（後小松）の時宜快然《じぎかいぜん》」の人物であるがゆえに、後小松が幸末佐の密通に知らぬふりをして、不問に付したのである。幸末佐に対する後小松の寵愛のほどが推察される。

加えて興味深いのは、義持も三条上臈と密通していた事実である（小川二〇一二）。『看聞日記』の記主である伏見宮貞成は、「上臈は、室町殿（義持）が少々お手を懸けられた女性なので、（起請文を提出する対象、つまり処罰対象から）除かれたという」と記している。後小松は、義持との関係悪化を避けるべく、三条上臈の処罰を控えたのであろう。見方を変えれば、数ある男性の密通者のなかで義持と幸末佐だけが不問に付されたともいえるのであり、それほどに幸末佐は後小松に寵愛された召次だった。また、この年の九月には、院参した仁和寺永助が泥酔して幸末佐と戯れたことに対して、後小松が激怒している（『兼宣公記』同年九月十六日条）。このエピソードも、幸末佐の立場を物語っていよう。

幸末佐を通してみる公武関係

　そして、幸末佐のような存在も、良好な公武関係を維持していくうえで重要な存在であった。例えば義持は、禅宗における師・絶海中津《ぜっかいちゅうしん》の影前において幸末佐の受衣を執り行わせ、菊芳《きくほう》の道号を与えている（『兼宣公記』応永三十一年六月二十一日条）。幸い、『碧山日録《へきざんにちろく》』応仁二年（一四六八）正月十三日条には、厳中周噩《げんちゅうしゅうがく》による「菊芳字説」が引用されており、絶海の影前で行われた幸末佐の受衣が後小松の命によってなされたことや、幸末佐が義持と同じ法系に連なろうとしていたことが判明する。義持は、かつて称光天皇の受衣も差配しており、その際も絶海の影前で受衣が行われている（『満済准后日記』応永二十三年十二月十三日条）。このように、義持や後小松には、幸末佐という存在を媒介しながら、良好な公武関係を維持するという思惑があったのである。

　このことを如実に示すのが、義持の伊勢参宮に際しての幸末佐の動向である。応永三十年（一四二三）三月、義持は伊勢神宮に参宮する。幸末佐は、義持の参宮以前に伊勢へ下向し、参宮の手筈を調えていたらしい。十八日、義持は、帰洛した幸末佐を労うため腰刀《こしがたな》を与えているが、これを知った後小松も義持に対して刀を与え、幸末佐への気遣いに報いている（『兼宣公記』同年三月十八日条）。やはり幸末佐は、後小松と義持とを結ぶ存在だったといえるだろう。こうした背景もあり、幸末佐は、義持の中陰《ちゅういん》仏事でも、順序こそ最末ではあるが諷誦文《ふじゅもん》を捧げている。これをみた三宝院満済は、後小松の召次にすぎない幸末佐が、最末とはいえ管領畠山満家《はたけやまみついえ》や関白二条持基《もちもと》らに交じって諷誦文を読み上げていることに、「先例はあるのか」、「諷誦を捧げること自体は身分の貴賤によらないが、これは不審の第一である」と非難している（『満済准后日記』応永三十五年二月十九日条）。

さらに、幸末佐を介した公武の交流は、義教期にも引き継がれている。『満済准后日記』永享二年（一四三〇）正月十日条にそれがみえるため、触れておこう。義教は後小松より、仙洞御所で行われる猿楽《さるがく》見物に誘われており、その際の作法について、満済にいくつか諮問している。これを取り次いだ同《どう》朋衆の最阿弥《さいあみ》は、満済に対し、「幸末佐と院御所の侍の両人は、昨年の冬に義教公がご院参された際に、勝定院殿《しょうじょういん》（義持）の御沙汰と同様に召し出され、義教公の御盃を下されました。その際に、両人もまた御太刀を進上しました。つきましては、義教公が明日ご院参された時に、そのお礼として御剣あるいは御腰物を下賜する、というのはいかがでしょうか」と諮問内容を伝達した。諮問をうけた満済は、「御剣のようなものを下賜されるのは誠によいことでしょう。後小松上皇のお喜びはこれ以上ないものと存じます」と返答している。

翌十一日、幸末佐らに義教が御盃を下すとともに、御剣一腰が下賜されているが、満済はその理由を「仙洞（後小松）御寵愛の者の故なり」と記すことも忘れていない。つまり義教は、義持が大切にしてきた後小松との良好な関係を維持するために、幸末佐への御盃・御剣下賜を行なっていたわけである。

さらに永享元年十月、後小松は、幸末佐が申し入れた慈雲院領近江国六名の代官職の契約状がなかなかまとまらないことを不憫に思い、満済を介して義教に依頼した。義教は早速側近の勧修寺経成に指示して、本件の速やかな解決を慈雲院側に命じている。後小松は、満済が早速武家に伝達してくれたことと、義教が「厳密の沙汰」を行なったことに「御悦喜」している（『満済准后日記』同年十月二十五日条、同二年十月一日条）。やはり幸末佐は、後小松と義持・義教とを結びつけるような存在だったのである。

おわりに――義教との微妙な関係

後小松は永享三年（一四三一）三月に出家するが、実は以前にも出家を企てたことがあった。それは応永三十二年のことで、日程も二月十八日と決まっていた。後小松は、叔父の妙法院堯仁を戒師とすることにしていたが、これに義持が「戒師は禅僧になさいませ」と待ったをかけた。禅宗かぶれの義持は、これを何度も申し入れたが、後小松は先例がないことを理由に認めなかったため、義持は腹を立ててしまったという（『看聞日記』同年正月三十日条、二月十八日条）。

結局、出家予定日の直前に後小松の第二皇子である小川宮《おがわのみや》が急死したことにより、後小松の出家は頓挫してしまった（『看聞日記』同年二月十八日条）。さらに後小松は、正長元年（一四二八）にも再び出家しようとしたが、このときは義教の慰留によって思いとどまらざるをえなかった（『満済准后日記』同年十月十四日条）。このような経緯もあり、後小松にとって永享三年の出家は、まさに宿願ともいうべきものだった。

永享三年三月二十四日、後小松は五十五歳にしてようやく出家を遂げた。出家の儀式は戒師である仁和寺永助《えいじょ》のもと厳重に行なわれ、西園寺実永《さねなが》、洞院満季《みつすえ》らの公家衆も後小松の御供として出家することになった。ところが、これに義教が気を悪くしてしまったらしい。伝奏の勧修寺経成は、西園寺実永、清閑寺《せいかんじ》家俊《いえとし》、丹波《たんば》幸基《ゆきもと》の三人が後小松の御供として出家することを義教に伺ったところ、義教は「すでに決まったことなのであれば、伺う必要などない」と不快を滲ませた。義教の腹の虫は、西園寺らの出家が後小松の上意であることを聞いてもなお治まらず、機嫌は悪くなる一方であった。結局、義教は西園寺ら三人に「今日中に出家しなければ罪科に処す」と厳命し、三人は急いで出家してしまったという。広橋親光《ちかみつ》を介して出家を申し入れた洞院満季、土御門資家《つちみかどすけいえ》の両人も、「どうにでもせよ」という義教の「不快」によって早々に出家を遂げている。

一見すると、義教の怒りは公家衆に向けられているようにみえるが、厳密には後小松に向けられたものであった。後小松は、これまで義教によって再三出家をとどめられてきたにもかかわらず、強引に出家に及んだことが義教の機嫌を損ねた、というのが実態らしい（『看聞日記』同日条）。

実のところ、後小松と義教は政権当初から馬が合わなかった。むろん、両者は政治的に支え合ってはいるが、すれ違いや空回りが多く間も悪い。そもそも、幕府は義教の家督継承を後小松側に申し入れていなかったし（『建内記《けんないき》』応永三十五年三月十一日条）、一方の後小松も、伊勢神宮の祭主《さいしゅ》を勝手に決めてしまい、義教の不興を買っている。後小松は、このあと義教よりなされた武家執奏に気分を害しており、義教も、後小松が勝手に勅約したことを咎めている（『建内記』正長元年五月七日条、六月十五日・十六日条）。後小松の出家にみる義教の態度は、両者の微妙な関係を物語っている（石原二〇一五、二〇一八）。

長らく治天の君として君臨してきた後小松も、永享五年十月二十日に崩御する。二十五日、義教は、かつて後円融の遺骸を泉涌寺に運び入れる際に義満がこれに供奉した先例に倣い、自身も後小松に供奉すべきかどうか、満済に尋ねている。このころ義教は体調を崩しており、医師からも寒さのなか歩かないよう診断されていた。摂政の二条持基も、必ずしも供奉する必要はないとして、控えるべきではないかと進言している。

これらを総合的に判断した満済は、「義教公のお体が第一であり、供奉自体は懇意を表すためのものなので、外出はお控えなさるように」と進言し、義教の供奉は中止された。このあたりも、後小松と義教が「懇意」といえるほどの関係ではなかったことを示唆しており、興味深い（石原二〇一五、二〇一八）。ただし満済は、「四十九日までの間、頻りに泉涌寺へお参りされ、ご焼香されるのがよいでしょう」と付け加え、後小松の死後とはいえ、表向きの両者の関係を取り繕うことも忘れてはいない（『満済准后日記』同年十月二十五日条）。

それにしても、後小松の薨去と時を同じくして義教が発病するあたり、やはり間が悪いとしかいいようがない。この間の悪さが、後小松と義教との間にはつきまとっていた印象がある。結局、後小松は、義教とは真に打ち解けぬままこの世を去ったのである。

（髙鳥 廉）

【主要参考文献】※副題省略

家永遵嗣「足利義満・義持と崇賢門院」（『歴史学研究』八五二号、二〇〇九年）
家永遵嗣「室町幕府と「武家伝奏」・禁裏小番」（『近世の天皇・朝廷研究大会成果報告集』五号、二〇一三年）
石原比伊呂「足利義持と後小松「王家」」（『室町時代の将軍家と天皇家』勉誠出版、二〇一五年、初出二〇〇七年）
石原比伊呂「足利義教と北朝天皇家」（『室町時代の将軍家と天皇家』勉誠出版、二〇一五年）
石原比伊呂『足利将軍と室町幕府』（戎光祥出版、二〇一八年）
上野　進「室町幕府の顕密寺院政策」（『仏教史学研究』四三巻一号、二〇〇〇年）
大田壮一郎「足利義持政権と祈禱」（『室町幕府の政治と宗教』塙書房、二〇一四年、初出二〇〇九年）
小川剛生『足利義満』（中央公論新社、二〇一二年）
河内将芳『日蓮宗と戦国京都』（淡交社、二〇一三年）
毛塚万里「室町殿の御袈裟下賜と「針工」の成立」（『武蔵大学人文学会雑誌』二三巻一号、一九九一年）
坂本和久「室町時代の公武の密通について」（『福岡大学大学院論集』四三巻一号、二〇一一年）
桜井英治『室町人の精神』（講談社、二〇〇九年、初出二〇〇一年）
髙鳥　廉「室町期の臨時祈禱と公武関係」（『日本歴史』八四七号、二〇一八年）
富田正弘「中世東寺の祈禱文書について」（『古文書研究』一一号、一九七七年）

富田正弘「室町時代における祈禱と公武統一政権」（日本史研究会史料研究部会編『中世日本の歴史像』創元社、一九七八年）
松岡心平「足利義持と観音懺法そして「朝長」」（『東京大学教養学部人文科学科紀要』九四号、一九九一年）
水野智之『名前と権力の中世史』（吉川弘文館、二〇一四年）
桃崎有一郎「「裏築地」に見る室町期公家社会の身分秩序」（『中世京都の空間構造と礼節体系』思文閣出版、二〇一〇年、初出二〇〇四年）
桃崎有一郎「『後円融院宸記』永徳元年・二年・四年記」（田島公編『禁裏・公家文庫研究』第三輯、思文閣出版、二〇〇九年）
桃崎有一郎「足利義嗣」（『室町幕府将軍列伝』戎光祥出版、二〇一七年）
森　茂暁『増補改訂南北朝期公武関係史の研究』（思文閣出版、二〇〇八年、初出一九八四年）
森　幸夫「足利義嗣の元服に関する一史料」（『古文書研究』七七号、二〇一四年）

称光天皇

――病への不安、父への葛藤

誕生　応永八年（一四〇一）三月二十九日
崩御　正長元年（一四二八）七月二十日

諱　躬仁・実仁
父　後小松天皇
母　日野西資子（光範門院）

在位期間
応永十九年（一四一二）八月二十九日
～正長元年（一四二八）七月二十日

陵墓　深草北陵（京都府京都市伏見区深草坊町）

はじめに――乱暴で病弱な天皇

称光《しょうこう》天皇というと、暴力的だとか病弱だとか、ネガティヴな印象をもつ方が多いのではないだろうか。例えば、『看聞日記』応永二十三年（一四一六）六月十九日条は、「主上（称光）武勇の御好みあり。太刀・刀・弓箭等をもてあそびたまう。時宜に背かば、近臣・官女・下賤の輩までも、金の鞭をもって御打擲あり。弓をもってこれを遊ばさる」と、暴力的な称光の姿を描き出している。桜井英治氏は本史料から、称光は「生来の武芸好きで日ごろから太刀や弓矢をもてあそび、近臣や女官らが意に背こうものなら、金の鞭で打擲したり、弓で射たりということを平気でする乱暴者であった」と述べている（桜井二〇〇一、八五頁）。また、病弱な称光のイメージも、当時の公家衆や僧侶の日記をいくつか繙くだけで、簡単に裏を取ることができる。どうやら称光は、横井清氏がいうように「気ばかり強くて体はあまり丈夫なほうではなかった」ようである（横井一九七九、一六六頁）。

ただし、称光が父である後小松や、その補佐役たる足利義持とともに為政者の一角を占めた事実は、やはり重く受け止めなければならない。そしてその人物像も、より具体的に検討していく必要があるのではなかろうか。というのも、称光は皇子に恵まれず、皇位をみずからの子孫に継承させることができなかった。そのため研究史上においても、治天の君として君臨していた後小松や、その猶子として天皇になった後花園については注目が集まる一方、称光については研究対象として取り上げられること自体がほとんどなかったからである。

そこで本項では、これまでの研究をふまえながら、①称光をとりまく女性、②父である後小松との関係、③称光の病気と祈禱に注目して、称光の人物像と当該期の政治史について議論を進めていきたい。

一、猜疑心と嫉妬心、被害妄想

強烈な猜疑心

応永二十五年（一四一八）七月、称光のそば近くに仕える新内侍《しんないし》（五辻朝仲娘《いつつじともなか》）が懐妊した。本来なら喜ばしい話題のはずだが、称光はこれを喜ぶどころか、自分の子として認知しようとしなかった。新内侍は、軽服《きょうぶく》により正月から伏見の香雲庵《こううんあん》というところで過ごしていたが、称光は新内侍が内裏を離れた空白の期間に、とある疑念を抱いたのである。それは、新内侍が香雲庵に滞在していた折に、伏見宮家の御所にいる男たちのいずれかとの間に子をつくってしまったのではないか、という疑いであった。それゆえ称光は、新内侍が身籠もった子を自分の子ではないと言い放ったのである。さらに、疑いの目は伏見宮貞成にも向けられることとなり、後小松や義持をも巻き込んで大問題となってしまった。

また、このあと貞成が、「新内侍は宮家の御所に来たことがなく、新内侍とは連絡をとったことも会ったこともない」と起請文を捧げているところをみると、称光の反応には過剰の感が否めない。加えて、新内侍が香雲庵でしばらく隠居することを取り計らった勾当《こうとう》内侍にも累が及んでいるが、とくに不快を示したのは称光だったようである。称光は、後小松とともに「今後、勾当内侍を召し使うことはできないから、局から退出させるように」と、義持に依頼した。ところが義持は、勾当内侍に同情を示し、理由なく退出しないよう慰留している。

このように、当事者である称光の疑念や怒りの矛先は多方面に及んだが、結局のところ真相は闇の中に葬り去られ、後味の悪い結果となってしまった（以上、『看聞日記』同年七月二日・十四日〜十七日・二十二日条ほか、〈横井一九七九、桜井二〇〇一〉）。本件を問題化した称光のむきだしの猜疑心が、ただただ晒されることになったのである。

相次ぐ密通疑惑

後小松の頃で取り上げた仙洞御所での密通のように、当該期の古記録には密通に関する記事が散見される。しかもそれは、内裏においても例外ではなかった（坂本二〇一一）。

応永二十八年（一四二一）十月十一日には、四条隆盛《しじょうたかもり》が称光および後小松の勅勘を受け、出仕を停止されている。これは、隆盛が内裏御厨子所《みずしどころ》に仕える女官とたびたび密通し、子を一人か二人産ませたことによるという（『看聞日記』同日条）。仙洞御所だけではなく、宮廷の風紀も乱れきっていたのである。

応永三十二年四月一日には、右近衛中将《うこんえのちゅうじょう》であった正親町三条実雅《おおぎまちさんじょうさねまさ》が、天皇の寵愛を受けていた権《ごんの》大納言典侍《だいなごんのてんじ》（日野有光《ありみつ》娘）と密通した咎により、解官に追い込まれた。称光の怒りは相当なものだったようで、後小松の再三にわたる宥めにもかかわらず、称光はこれに従うことなく実雅の解官を宣下するに至っている（『薩戒記』同日条）。中山定親《なかやまさだちか》は後日談として、「密通の事実はなかったらしく、実雅が不憫である」とその日記に記している。

本件については、伝聞記事ではあるものの、伏見宮貞成も日記に記している。貞成が得た情報によると、三月二十九日に行われた内裏での酒宴で、酔いが回った大納言典侍は一足先に会場を後にした。そのため実雅は、大納言典侍が休息しているところへ様子を伺いにいったという。これに勘違いをした称光が激怒し、実雅は籠居処分とされてしまった、というのが真相のようである。貞成も、実雅の処遇について「不憫だ」と洩らしているから、どうやらこの密通疑惑は、称光の強い嫉妬心によって大きな問題と化してしまったものらしい（『看聞日記』同年四月七日条）。これが事実ならば、実雅にとってはとんだいいがかりで、迷惑このうえない嫉妬であったはずである。

さらに同年には、このほかにも密通記事が散見される。例えば六月ごろ、医師として称光のそば近くに昼夜を問わず仕えた和気保成《わけのやすしげ》は、称光寵愛の女官との密通が露見したとして生活の術をなくし、父である郷成《さとしげ》も罪科に処せられたという（『看聞日記』同年六月二日条）。十二月には、広橋宣光《のぶみつ》の参内が停止されているが、これもまた密通に端を発するものだった。中山定親が「ある人」から得た情報によれば、宣光の出仕停止にはさまざまな事情があるが、その第一の原因には、内侍（橘知興《ともおき》娘）との密通があったという（『薩戒記』同年十二月二日条）。

このように、称光の悩みの種の一つは、宮廷の女性たちだけではなく自身の愛する女性たちに、あろうことか臣下の者たちが手を出したことにあった。さらに、称光の被害妄想や嫉妬心も相俟って、事態は悪化する一方だったのである。

二、意のままにならぬもどかしさ

問題児だった弟・小川宮

称光には小川宮という弟がいた。まずは、吉田賢司氏の研究に拠って、小川宮の問題児ぶりを確認しておきたい（吉田二〇一七）。小川宮の性格を示すエピソードとしてまず挙げられるのは、応永二十七年（一四二〇）の正月、泥酔した挙句に妹を踏みつけるという乱暴行為に及んだことであろう。さすがの後小松もこれには激怒しており、小川宮は逐電した挙句、日野資教邸に逃げ込んでいる（『看聞日記』同年正月五日条）。後小松は、この小川宮の扱いにほとほと困り果てていたようだが、同年十月には、義持によって養育係を命じられた勧修寺経興《つねおき》の邸宅に移ることになった。経興は、乱暴者の小川宮を押しつけられ慌てふためいている（『看聞日記』同年十月九日条）。

応永三十年二月十六日、内裏で珍事が起こった。管領の畠山満家《みついえ》は、広橋兼宣のもとに使者を遣わし、内裏の四足門《よつあしもん》を警固する番衆が、「子どもの姿か、女性の姿をした怪しげな者が、武器をもって禁裏に現れるかもしれないが、門内に入れてはいけない。ただし、打擲したり刃傷したりすることもならぬ」と、後小松から命じられ困惑していることを告げている。そこで兼宣は内裏に参上し、息女である典侍から後小松の意図を聞き出している。それによると、後小松がいう怪しげな者とは、小川宮であるというのだ。どうやら小川宮は、深酒によりまたもや泥酔してしまったらしく、経興からの通報を聞いた後小松は、小川宮がふらっと内裏に押しかけることを危惧していたようである（『兼宣公記』同日条）。

このあと小川宮は、称光が飼育していた羊を所望し、これを譲り受けたが、あろうことかこの羊を撲殺するという暴挙に出ている。この行為は、吉田氏がいうように、十六日の参内を後小松に阻止されたことに対する腹いせである可能性が高い。この事件を機に、両者の不仲説が囁かれることになる（『看聞日記』同年二月二十二日条）。

このように、小川宮は称光をはるかに凌ぐ問題児で、羊を殺された際にはさすがの称光も仰天したのではなかろうか。しかも、小川宮は勧修寺邸に移ったあと、称光の皇太弟となっている（『薩戒記』応永三十二年二月十六日条。小川宮は、同年に死去）。これは、後小松と義持によって行われた処置であったと思しい。おそらく称光は、自身が皇子に恵まれない歯がゆさと、問題児小川宮が自身の後継者に定められてしまったことに対するやるせなさを抱いたであろう。そしてその怒りの矛先は、父である後小松に向けられていく。

父・後小松との確執

後小松は、義満期こそ主体的な政務活動は多くないが、退位して上皇となったのちは、精力的に政務に取り組んでいる。称光のやや屈折した性格は、このような環境のもと醸成されたものであった。一例を挙げよう。後小松は、仙洞での密通スキャンダルが露見した際、再発防止のため廷臣だけではなく女中らにも起請文を書かせているが、その対象には称光の母・日野西資子（二位殿）の妹である廊御方《ろうのおんかた》も含まれていた。そこで、称光は後小松に依頼し、廊御方を対象から外すよう申し出たが、後小松はこれを許さず、廊御方に起請文を書かせたという（『看聞日記』応永三十一年六月四日条）。もちろん、仙洞での出来事であるから、後小松の意向が優先されることは間違いないが、称光にとっては、お願いを聞き入れてくれない父を前に、自身の無力さを痛感したのではなかろうか。

そして、応永三十二年六月二十七日、称光と後小松の確執が浮き彫りとなった。本件については、廷臣らの日記に克明に記されているため、確執の原因を知ることができる（横井一九七九、桜井二〇〇一、石原二〇〇七、伊藤二〇〇八、吉田二〇一七）。ことの発端は、称光が内裏に琵琶法師を召して「平家物語」を聴こうとし、後小松に許可を得ようとしたところ、「先例のないことだから、やめておきなさい」と指示されたことによる。

問題はこのあとである。称光は、万里小路時房を介して後小松に次のように申し入れようとした。「内裏で平家物語を聴くことに先例がないことは承りました。ですが、現在の仙洞御所では先例にはなかったことがしばしば行われているではありませんか。幸末佐《こうまさ》などという下劣の身分の者を昇殿させ、父上のそばに近づけているのはその第一でしょう。そのような者が公卿や殿上人《てんじょうびと》と同列に扱われることなど先例にあるでしょうか。上皇は皇運をお持ちで、芸才においても並ぶものがないのに、それでもなおこのような状況です。まして、天皇とは名ばかりで暗愚な私に、なにゆえこのことに限って先例を守れとお命じになるのでしょうか。お許しいただけないようであれば、仙洞御所で行われている先例のない種々の行為もお慎みいただかねばなりますまい」と。

称光の歎きは察するに余りあるが、取り次ぎを命じられた時房は、称光の意見が「理」に適っていることを認めつつも、使者としての役割を辞退し、「どうか他人に仰せ付けられたい」と申し出るに至っている。時房としては、この面倒な親子喧嘩に巻き込まれることだけは避けたいと思ったに違いない。その後、称光が重ねて時房に使者を命じることはなかったという。

そこで称光は、後小松に書状を送りつけ、帝位への執心はないことを告げ、「国家の政務については、お好きなように取り計らわれますように」と、やりきれない想いを告げることしかできなかった。中山定親は、後小松がどのように返答したか外部には伝わっていないとしたうえで、「恐るべし恐るべし、言うなかれ言うなかれ」と、親子喧嘩のゆくえに恐れをなしている。

翌二十八日、称光は密々に内裏から出奔しようと企てたらしい。これを耳にした義持は、北野社の参籠所から急遽駆けつけて両者の仲介役を務め、出奔を思いとどまらせたという。この原因について定親の日記をみてみると、「ある情報では、政務を天皇の意志どおりに行えていないからだ（それで後小松は、今後政務を行わないという旨の書状を称光に遣わしたのではないか）というし、また、ある人は、伏見宮貞成を後小松の猶子としたことに恨みを抱いたからだという」と記している（以上、『薩戒記』同日条）。称光の肩を持つわけではないが、後小松は統治者としての自己を意識しすぎ、称光を蔑ろにして政務運営を行う傾向があったのではなかろうか。

三、称光の病気と祈禱

相次ぐ内裏での変事と病

称光は、どうやら精神的に不安定なところがあったらしい（桜井二〇〇一、八木二〇〇三、西山二〇〇九）。応永二十五年（一四一八）十月、称光は風邪をこじらせて体調を崩し、一時は危険な状態に陥った。このときは、医師の診察や聖護院道意による薬師法《やくしほう》も行われ、快方に向かっている。

しかし、称光が体調を崩したのは、風邪だけが原因ではなかった。このころ、内裏には下半身のない化け物が出現したといい、称光は大便所（トイレ）でこの化け物をみてしまって以降、体調を崩しているというのである。この化け物は、称光と白川資雅《しらかわすけまさ》に話しかけてきたといい、伏見宮貞成も「噂などではない」と日記に記している（『看聞日記』同年十月二日条）。資雅は、約半年後に二十五歳の若さで没しており、貞成は、祈禱師が狐にとりつかれていたとの風聞を日記に書き添えている（『看聞日記』応永二十六年三月五日条）。これも、化け物に話しかけられたことと関係があるのだろうか。

さらに応永三十四年正月にも、内裏で変事が起こっている。勾当内侍が朝餉間《あさがれいのま》に参ったところ、清涼殿内で人の声がしたのが聞こえた。不審に思った内侍は、朝餉間の障子を開けてみたが、とくに異変はなかった。そこで、内侍は「もしや」と思い几帳《きちょう》の内側を覗いてみたところ、髻を放った男が、置いてあった狛犬《こまいぬ》を枕にして、天皇が出御する御座に寝ているではないか。

仰天した内侍はこのことを称光に奏上し、称光も出御してこれを確認したという。称光が男の素性を探らせたところ、絵師として有名な土佐行広《とさゆきひろ》の甥だということが判明した。行広の弁明によると、どうやらこの男は病を得て以来、狂人と化してしまったらしい。結局、男は行広に預け置かれることになったが、天皇権威の零落を印象づける一件ともなってしまった、と三宝院満済は慨嘆している（『満済准后日記』同年正月二十四日条）。称光が、またもや精神的なダメージを受けたであろうことが推察される。

冒頭でも触れたように、称光は病弱な体質であった。それゆえ、応永年間には称光の病の回復を祈る祈禱が数多くみられる。その病状については、喉の痺れや重たい風邪の症状などのほか、内臓疾患があったことも確認できる（『看聞日記』応永二十五年九月六日条、十月二日条、応永二十九年四月十日条）。

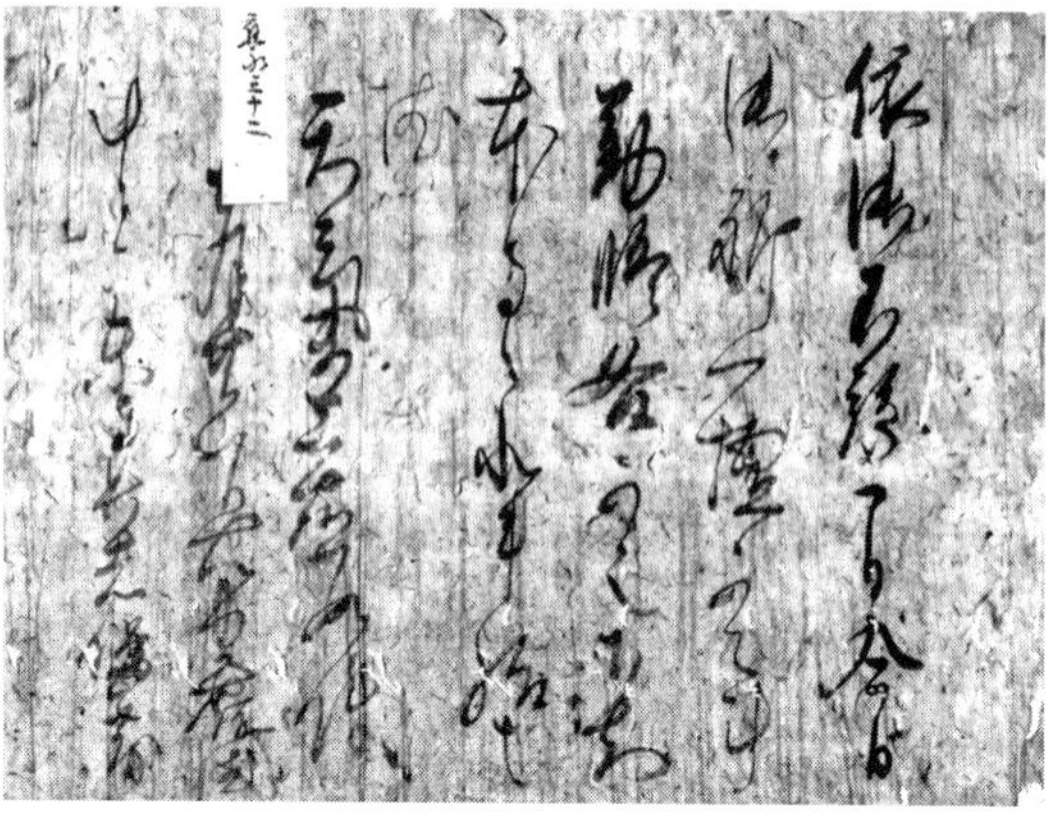

応永32年7月26日付称光天皇綸旨（東寺百合文書）　京都府立京都学・歴彩館蔵

とくに、内臓疾患が悪化した応永二十九年は体調を崩しがちで、七月六日には医師も手の施しようがなくなっている（八木二〇〇三）。

応永三十二年七月末、再び称光が発病する。称光は、大便所でまたもや変事に遭遇したらしい。貞成の日記には、化け物のような尼が現れて消えたとか、亀が現れて称光に食いついてきたため甲羅に乗り、乱闘の末に称光が気絶したとか、にわかには信じられないような伝聞記事がみえる。このあと称光は、満足に息もできない状況に陥っており、すでに崩御したという情報が流れるほどであった。

もはや、称光の死は確実視されていた。これを好機と捉えた旧南朝側が皇位を望む（むろん、一蹴されている）など、新天皇についても取り沙汰される事態となっている。さらに、称光の母である日野西資子（二位殿）には、「光範門院《こうはんもんいん》」の院号が宣下されており、後小松や義持も今回ばかりは称光の死を覚悟したに違いない（『看聞日記』同年七月二十七日・二十九日条、八月一日条）。ところが称光は、土壇場で死の淵から蘇ることになる。

祈禱をしたがらない僧侶たち

このように、称光は常にいつ死んでもおかしくない状況におかれていた。となると、病気を治すはずの医師らは、医療ミスや過失を咎められるのを恐れ、診察や投薬を避けるようになってしまうだろう。かつて、二代将軍の義詮が大量の鼻血を出して死去した際、医療ミスの嫌疑をかけられた昌阿弥《しょうあみ》という医師は、逐電せざるをえなくなっている（『後愚昧記』貞治六年〈一三六七〉十二月九日条）。このように、ただでさえ医療行為は責任重大であるのに、その対象が天皇であってみれば、医師らが萎縮して医療行為を避けてしまうことは無理からぬことであろう。

もちろん、祈禱の法験《ほうげん》によって病を癒す僧侶らも、称光の不予祈禱を行うことにはためらいを覚えたと思われる。後小松天皇の項でも述べたが、如意寺満意は応永三十二年七月の称光の不予祈禱で再三辞退を申し入れている。その最大の理由は、称光がいつ死ぬかわからず、万が一亡くなってしまった場合に責任をとらされる恐れがあったからであろう。加えて、満意は武家護持僧をも務める高僧である。祈禱実施中に称光が亡くなったとなれば、彼や如意寺の名声にも傷がつくことになりかねない。とにかく、そのような祈禱を命じられること自体、満意にとって迷惑このうえないことだったのである。このことは、祈禱実施の命令を下した後小松も十分承知していた。それは、「満意は、称光が危篤状態にあることを恐れているのであろう」という後小松の発言からもうかがい知ることができる（『薩戒記』同年七月二十六日条、〈拙稿二〇一八〉）。

それでも、称光の病気が治る可能性がある限り、祈禱は行わなければならない。たとえ称光の病気平癒のためではなくとも、称光やその意を承けた義持の命令とあれば、祈禱は厳重に執り行われる必要があるだろう。したがって、誰かが祈禱を辞退すれば、そのお鉢は別の誰かに回ってくることになる。応永三十四年正月には、そのことがよくうかがえる事例がある（『満済准后日記』同年正月二十五日・二十六日条、二月五日・六日・十六日条、〈大田二〇〇九、拙稿二〇一七〉）。

正月二十六日より、内裏において五壇法《ごだんほう》が実施されることになった。この祈禱は、本来であれば二十二日から行われるはずだったという。二十五日、五壇のうち一壇を担当するよう命じられた慈尊院《じそんいん》興継《こうけい》が三宝院を訪れている。興継は、「小瘡《しょうそう》（皮膚病）で両手が思うように使えないので、祈禱に参勤できません」と、広橋兼宣に申し出ることを満済に伝えている。当日の二十六日、満済が義持のもとに参上すると、「内裏での五壇法に出仕する僧侶がいない」と義持がぼやいていた。随心院祐厳《ずいしんいんゆうげん》、実相院《じっそういん》義運《ぎうん》、金剛乗院俊尊《こんごうじょういんしゅんそん》、慈尊院興継、報恩院隆寛《ほうおんいんりゅうかん》、地蔵院持円《じぞういんじえん》らの六人が、「故障」と称して参勤しなかったというのである。

「故障」というのは、興継がいうように病気のことを指すこともあるが、差し支えや差し障りといった意味があり、いわば参勤を断るための常套句として用いられることが多い。実際に、俊尊などは義持の祈禱を優先しようとしているから、彼が病気であったとは思われない。自身の祈禱を優先しようとする俊尊の行動には義持も困惑したようで、「内裏の祈禱には出仕できないといいながら、三条坊門第《さんじょうぼうもんてい》（義持の御所）の祈禱に出仕するのはよくない」という理由で、石清水八幡宮に参籠するよう指示している。義持は、「五壇法の実施は二月六日に延期されたから、必ず参勤せよ」と興継と隆寛に命じているが、両人ともに「病気のため出仕できません」と申し出たという。

しかし、これでは祈禱を行うことができない。称光からも、宝池院《ほうちいん》義賢《ぎけん》のもとに出仕命令が出されたが、病気を理由に断られてしまっている。このほかにも、曼殊院《まんしゅいん》良什《りょうじゅう》、理性院《りしょういん》宗観《そうかん》、大慈院《だいじいん》成基《せいき》、聖無《しょうむ》動院《どういん》定意《じょうい》らが「故障」と称して辞退を申し出たというから、もはや異常事態といわねばならない。ただし、定意の場合は不運も重なっている。定意も例に漏れず「故障」を再三申し入れていたが、義持がなかば強制したので出仕することを申し入れ、義持から供料が渡されている。義持も、ようやく一人確保できたことに胸をなでおろしたところ、今度は称光が「定意は嫌だ」と駄々をこねはじめた。義持と定意が面目を潰されてしまったことはいうまでもない。

そして六日、出仕する僧侶が決まらないうちに祈禱当日を迎えてしまい、再び延期されることになった。はじめから出仕を了承していた如意寺満意や門下の僧らも、「僧侶たちがことごとく「故障」と申し出ているのは、とんでもないことだ」として、辞退者たちに対する怒りを滲ませている。十六日、曼殊院良什が出仕したことで、ようやく祈禱が行われた。良什は、以前より出仕するよう説き伏せられていたが、「資金がないだけで、決して怠慢ではありません」と申し入れていたという。そこで義持が五千疋を遣わしたため、ようやく出仕することになったのである。

このように、当時の僧侶たちの多くは、「病気だ」とか「資金がない」とか、何かと理由をつけて祈禱への出仕を辞退している。これだけ多くの僧侶たちが辞退を申し出ているのをみると、やはり祈禱に出仕したくない何らかの理由があったと思われる。おそらく、称光の祈禱に出仕したところで義持の祈禱ほど得るものもないし、万が一法験がなかったら、譴責《けんせき》される可能性もありうる。そのような状況が、僧侶たちの進退を左右していた。

おわりに――称光の死とその実像

正長元年（一四二八）五月、称光がまたもや危篤状態に陥る。例のごとく祈禱が行われることになり、後小松や、義持の跡を継いだ義教は、僧侶の人選に取りかかっている。しかし、如意寺満意、三宝院満済、宝池院義賢、聖護院道意らは病気を理由に、随心院祐厳は触穢《しょくえ》を理由に辞退を申し入れている。この現実には、義教も「常住院尊経《じょうじゅういんそんきょう》は資金不足で出仕できないだろうか……」などと、独り言を漏らすありさまであった。義教は、足利満詮《みつあきら》の子で従兄弟にあたる実相院義運と浄土寺持弁《じょうどじじべん》に出仕を命じているが、両人ともに病気を理由に辞退を申し入れている。それでも義教は諦めず、蔵人から僧侶らに出仕を命じるよう後小松に提案しているが、後小松は「義教が色々と動いてくれたことはありがたいと思っている」と感謝を告げ、二十日には祈禱が中止されることになった（『建内記』同年五月二十日・二十一日・二十二日・二十四日・二十五日条、〈石原二〇〇八〉）。

ここまでくると、満足に祈禱をしてもらえなかった称光が不憫に思えてくる。しかも、長らく病と向き合ってきた称光は、この年の七月二十日に死去してしまうのであった。

これまで述べてきたように、称光の天皇としての事績はさほど多くはないものの、関連するエピソードの強烈さはなかなかのものである。しかし、称光の暗君ぶりを示すエピソードのすべてを、称光の個人的な資質や性格に帰結させるのはいささか酷ではないか。称光が後小松と対立したのも、義満の影響下から解き放たれた後小松が意欲的に院政を行うことで、称光の実権が蔑ろにされていったことに原因があるように思われる。しかも後小松は、称光の皇太弟にあの小川宮を据えた張本人であったと目される。まだ皇子を授かる可能性のあった称光としては、まさに寝耳に水であり、やるせなさを抱いたとしても一向に不思議ではない。称光の屈折した性格は、生来のものに加え、こうした政治状況のもと形成されていったものではなかったか。さらに、称光自身が後継者を確保できなかったことや、病気で体がままならなかったことも相俟って、その屈折した人格形成に拍車がかかったように思われる。

そもそも、称光は決して親不孝者ではなかった。後小松が病気になった際には、義持と協力して祈禱を実施している（『満済准后日記』応永三十年正月十二日条）。何より、内裏で平家物語を聴くことさえも、わざわざ後小松の許可をとろうとしていた。称光は、父であり治天の君である後小松を、可能な限り尊重していたようにも見受けられる。後小松がもっと熱心に愛情をこめて称光を教育していれば、違った歴史像が描けたのかもしれない。

（髙鳥　廉）

【主要参考文献】※副題省略

石原比伊呂「足利義持と後小松「王家」」（『室町時代の将軍家と天皇家』勉誠出版、二〇一五年、初出二〇〇七年）
石原比伊呂「足利義教の初政」（『日本歴史』七二四号、二〇〇八年）
伊藤喜良『足利義持』（吉川弘文館、二〇〇八年）
大田壮一郎「足利義持政権と祈禱」（『室町幕府の政治と宗教』塙書房、二〇一四年、初出二〇〇九年）
坂本和久「室町時代の公武の密通について」（『福岡大学大学院論集』四三巻一号、二〇一一年）
桜井英治『室町人の精神』（講談社、二〇〇九年、初出二〇〇一年）
髙鳥　廉「室町前期における足利満詮流の政治的地位」（『日本歴史』八二七号、二〇一七年）
髙鳥　廉「室町期の臨時祈禱と公武関係」（『日本歴史』八四七号、二〇一八年）
西山克「室町時代宮廷社会の精神史」（東アジア恠異学会編『怪異学の可能性』角川書店、二〇〇九年）
八木聖弥「『看聞日記』における病と死（1）」（『Studia humana et naturalia』三七号、二〇〇三年）
横井　清『室町時代の一皇族の生涯』（講談社、二〇〇二年、初出一九七九年）
吉田賢司『足利義持』（ミネルヴァ書房、二〇一七年）

コラム
Column

貞成親王

父　栄仁親王
母　三条治子

誕生　応安五年（一三七二）三月五日
死去　康正二年（一四五六）八月二十九日
追号　後崇光院

『看聞日記』と『椿葉記』

貞成《さだふさ》親王は、その生涯の中で多くの和歌を詠み、書物を書き記した。これらの数ある貴重な書物は伏見宮《ふしみのみや》家に継承され、今もなお自筆の著作や書写本が数多く残されている。その中に、代表的な著作『看聞日記《かんもんにっき》』と『椿葉記《ちんようき》』とがある。

『椿葉記』は、後小松上皇の猶子となり、後花園天皇となった息子に、天皇としての知見や、崇光院流の不遇とその再興の事績を伝えるために記された。また、『看聞日記』は応永二十三年（一四一六）から嘉吉三年（一四四三）までの日次《ひなみ》記《き》に、別記《べっき》を加えた全四十三巻（包紙の一巻を加えると全四十四巻）に及ぶ大部な自筆日記で、室町時代の政治状況や文化・芸能、在地の情勢や世間の風聞、経済や思想に至る豊富な内容を持つ。まさに、中世を代表する日記の一つといえるだろう。

ではなぜ、一人の親王がこれだけの穎脱《えいだつ》な記録を残しえたのであろうか。貞成親王について書き記した文献は枚挙に遑がなく、ここで改めて新しい事実を書き起こすことは到底叶わないが、先達に導かれつつ、時代の特性と親王自身の置かれた立場から、その淵源を紐解いてみたい。

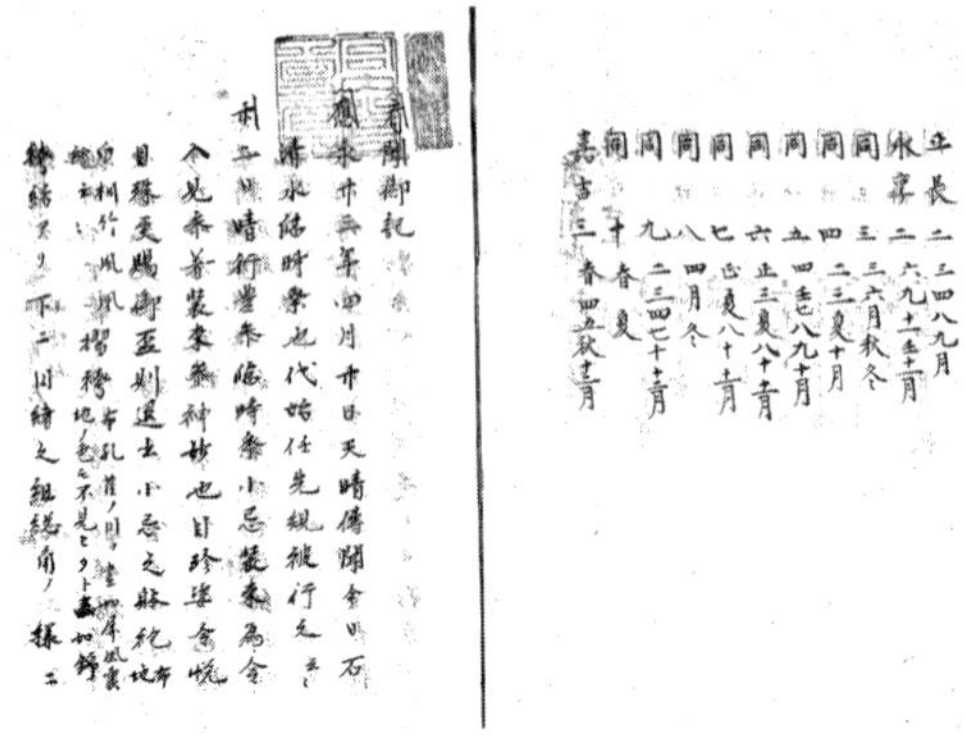

『看聞御記』冒頭部分　宮内庁書陵部蔵

崇光天皇の「正統」性

貞成親王は、北朝第三代の崇光天皇の子・栄仁親王を初代とする伏見宮家の生まれである。伏見宮家は父・栄仁親王にはじまり、兄・治仁《はるひと》王が二代目を継ぎ、貞成親王が三代目を継いだ。のち貞成親王の第一王子の彦仁王が後花園天皇として即位したことから、その皇統が現代の皇室に続いている。

　貞成親王の祖父・崇光天皇は正平一統の際、南朝によって廃位となり、大和国の賀名生へ移された。延文二年（一三五七）に解放されたが、すでに京都を奪還していた北朝（持明院統）は弟の後光厳天皇へと皇位を継承させていた。貞成親王はこの皇位継承を、「父（光厳天皇）の譲りでもなく、足利尊氏のはからいによって」行われたものであり、後光厳天皇は「不慮の聖運」を開いたと評する（『椿葉記』）。光厳天皇から後円融・後小松・称光天皇へと皇位が継承されていくのに対し、崇光天皇の一流は京都の伏見へとその居を移したのである。

　その後、栄仁親王の践祚の話が持ち上がるものの叶わず、後光厳天皇の子、後円融天皇の践祚によって崇光院流と後光厳院流の分裂は決定的となった。さらに、応永五年（一三九八）に崇光上皇が崩御した後、持明院統の正統として伝領されていた所領はことごとく後小松上皇のもとに没収され、伏見の御所も足利義満に引き渡された。同年に亡くなった花園天皇の皇子、萩原宮《はぎわらのみや》直仁親王の居所の萩原殿に移り、その遺領等が返されたが、その経営は苦しかった。

　応永六年に伏見へと戻ったが、応永八年に御所が焼失し、嵯峨へと移っていた。栄仁親王が伏見に安住したのは、応永十五年に足利義満が没して後、伏見御領が「御名字の地」として特別に返された後のことになる。

『椿葉記』の中で繰り返し述べられるのは、崇光天皇の「正統」性である。その一つの根拠となっているのが、光厳天皇の置文で、所領の長講堂領と法金剛院領は、もし栄仁親王が践祚した場合には崇光から光厳へと相続するように、もしそうでないならば天皇が相続するように、ただし崇光・後光厳の両流が皇位を継承した場合には、「正統」である崇光天皇の子孫が管領するようにとのことが記されていたというのである。

　栄仁親王は皇位を継ぐことがなかったため、所領の伝領はあきらめざるをえなかったが、本来は崇光天皇が「正統」であるという意識が貞成親王にも強く受け継がれていた。それを伝えたのが『椿葉記』だったのである。

イレギュラーな存在

貞成親王は応安五年（一三七二）に栄仁親王と三条実治娘との間に第二王子として誕生した。当初は宮家の当主となる可能性も低く、ましてや後に自らの子が天皇となることなど想像もしないような境遇であったに違いない。

貞成親王が元服したのは応永十八年（一四一一）の春、すでに四十歳であった。その六年後、応永二十四年に兄の治仁王が急逝し、貞成親王が伏見宮家の三代目となる。さらに親王宣下を受けたのは五十四歳のときで、同年に薙髪《ちはつ》するも、依然として無品《むほん》の親王であった。

だが、正長元年（一四二八）、称光天皇が崩御したことにより、状況が一変する。貞成親王の息、彦仁王が践祚し、ついに自身は天皇の父となることとなった。親王は宮家の第二子に生まれながら当主となり、不遇の崇光院流に生まれながら天皇の実の親となり、最後には自身が太上天皇の尊号を受けるという劇的な生涯を辿ったのである。

一方で、無品のまま天皇の父となった貞成親王の存在は、当時の先例と秩序が重視される社会において、イレギュラーな存在であったに違いない。とくに後花園天皇践祚から後小松上皇崩御までの期間は、天皇の実父とはいえど、息子の義父となった後小松上皇の機嫌を伺い続けなければならなかった。

先に述べた『椿葉記』を貞成親王が記したのは上皇の存命中であったが、「後小松上皇のお耳に達するのは憚りがあるので、頃合いを見て後花園天皇に進上しよう」という配慮のあったことが、『看聞日記』に記されている。そのような配慮は親王本人だけでなく、彼らを取り巻く人々の共通認識であった。そのような不安定な立場にありながら、親王が大事なく日々を送ることができたのは、決して親王自身の幸運だけによるものではなかった。

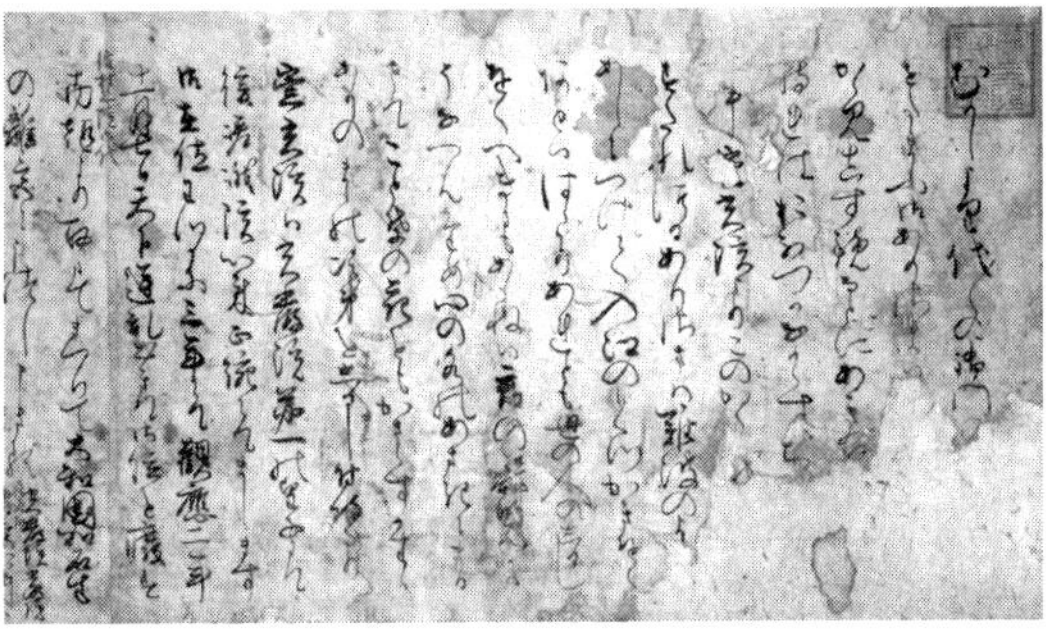
『椿葉記』冒頭部分　宮内庁書陵部蔵

将軍義教の配慮

貞成親王は永享二年（一四三〇）十月二十六日に初めて室町将軍足利義教の居所である三条坊門邸を訪れ、その後もたびたび参賀を行った。このときに問題となったのは、自身が着る装束であった。この時期の貞成親王は、天皇の父となったことによって、京都のさまざまな慣例を習得しなければならなかった一方で、後小松上皇の存命中は実の親としての立場を自ら明示することもできず、無品の親王のまま、身分秩序を重視する京の社会へと出ていかなければならなかったのである。

当時は地位や職・年齢や相手に応じて、その場にふさわしい装束があったが、僧籍でかつ無品であった親王は、何を着るべきか頭を悩ませた。また、親王のもとには装束師がおらず、着付けに関する知識を持つ者もいなかった。それを解決したのが、義教の室正親町三条尹子であった。尹子は、天皇の近親者等を優遇するために設けられていた「准后」が着る「指狩《さしかり》」を勧め、これにより装束問題は一応の解決をみたのである。

　このような貞成親王による先例の模索は、後花園天皇の践祚を契機に頻繁に行われているが、その一例に書札礼《しょさつれい》のことがある。永享二年九月、義教が左大臣の一条兼良に対し、親王大臣への書札礼について尋ねた。それに対し一条兼良は、貞成親王が「禁裏御実父」であることから、親王にあっても一段の高礼をとることを勧めた。後日、義教から親王に送られた御内書《ごないしょ》には、それに倣った書札礼がとられており、ここに天皇の実父である立場が明らかとなったのである。このような義教による親王の「格」への配慮は、この時期積極的に行われている。親王の不確定な立場が、義教と親王との間での「既成事実」の積み重ねによって、次第に確立していったと言えるだろう。

　また、それにともなって、伏見宮家の経済面も義教によって拡充されていった。永享二年には山《やま》前荘《さきのしょう》が、永享五年十二月には熱田《あつた》社領が伏見宮家の所領となったほか、たびたびの助成が行われ、伏見宮家の経済事情は安定をみることとなったのである。

貞成親王をとりまく女性たち

　このような足利義教との良好な関係の背景には、貞成親王自身の配慮もさることながら、伏見宮家の女性の尽力も大きかった。親王室の幸子は、足利義教や尹子の信任厚く、伏見宮家と将軍家の良好な関係を仲介した。

　また、栄仁親王室の一人で、室町殿に祗候することが多かった東御方《ひがしのおんかた》の存在や、入江殿《いりえどの》（三《さん》時知恩寺《じちおんじ》）に入室した性恵《しょうえ》の活躍も大きかった。永享五年（一四三三）には足利義教の娘が性恵の弟子として入室したほか、入江殿の尼衆には、伏見と室町殿を繋ぐ人物の一人で、所領問題から人事に至るまでの仲介を果たした西雲庵《せいうんあん》がいた。

　さらに、親王の第四王女であった賀々古《かかこ》は義教にことさらに目を懸けられており、義教が賀々古を猶子にすることを望むほどであった。永享六年に行われた真乗寺《しんじょうじ》への入室にあたっては、賀々古の御衣・御服・御具足等はすべて義教が用意し、その行列は嵯峨の比丘尼《びくに》たちが見物するほど荘厳であったという。このような機会は、親王と義教の親しい立場を内外に示す場にもなっていたであろう。

　このように、貞成親王の不安定な立場は、自身による上皇への配慮を前提に、将軍義教の積極的な「格」付け、それらを仲介する人脈及び人々の尽力に支えられ、さまざまな要因によって次第に位置付けられていく。その逐一を記したのが、『看聞日記』であったのである。

受け継がれた貴重な史料

　さて、貞成親王が伏見から京都へとその居を移したのは、後小松上皇が永享五年（一四三三）に没した二年後のことで、さらに太上天皇の尊号を受けたのは、文安四年（一四四七）七十六歳のときのことであった。これに前後して、文安二年の六月、第二王子の貞常《さだつね》親王が親王宣下を受け、翌年には親王より所領と記録文書を譲渡された。これによって、親王の第一・第二王子は一方が天皇となり、一方が伏見宮家を継ぐ当主となった。先の通り、『椿葉記』は後花園天皇へと進上される一方で、『看聞日記』はこの伏見宮家の貞常親王に譲られ、家記として伏見宮家に代々受け継がれてきたのである。不遇な一統に生まれた親王が、二人の息子の行く末を願って記し、残した書物は、中世史上貴重な史料として現代にまで受け継がれているのである。

（大澤　泉）

【主要参考文献】
石原比伊呂『室町時代の将軍家と天皇家』（勉誠出版、二〇一五年）
位藤邦生『伏見宮貞成の文学』（清文堂出版、一九九一年）
田村　航「西雲庵の素性―足利義教政権期における大炊御門家―」（『日本歴史』七三五、二〇〇九年）
中井真孝「崇光院流と入江殿（三時知恩寺）」（水野恭一郎先生頌寿記念会編『日本宗教社会史論叢』国書刊行会、一九八二年）
久水俊和「後花園天皇をめぐる皇統解釈の基礎的考察―貞成親王の京中伏見御所と尊号宣下を中心に―」（『年報中世史研究』四二、二〇一七年）
服藤早苗編著『歴史のなかの皇女たち』（小学館、二〇〇二年）
松岡心平編『看聞日記と中世文化』（森話社、二〇〇九年）
松薗　斉『日記の家』（吉川弘文館、一九九七年）、『中世禁裏女房の研究』（思文閣出版、二〇一八年）
村田正志『證註　椿葉記』（『村田正志著作集』第四巻　思文閣出版、一九八三年、初出一九五三年）
横井　清『室町時代の一皇族の生涯―『看聞日記』の世界―』（講談社学術文庫、二〇〇二年、初出一九七九年）
『図書寮叢刊　看聞日記　七』（宮内庁書陵部、二〇一四年）

後花園天皇
――後光厳流か、崇光流か

誕生　応永二十六年（一四一九）六月十八日
崩御　文明二年（一四七〇）十二月二十七日

諱　彦仁
父　伏見宮貞成親王（後崇光院）
母　庭田幸子（敷政門院）

在位期間
正長元年（一四二八）七月二十八日
～寛正五年（一四六四）七月十九日

陵墓　後山国陵（京都府京都市右京区京北井戸町）
般舟院陵（京都府京都市上京区般舟院前町）

はじめに――若く美しき天皇

永享六年（一四三四）二月上旬ごろ、諒闇《りょうあん》中の内裏をおとずれたくて、ある人とともに南の紫宸殿《ししんでん》（正殿）から見てまわった。どこもかしこも深閑として、左近の桜はまだ咲かず、右近の橘は老い木のさまを呈していた。天皇の居所である清涼殿では、時《とき》の簡《ふだ》と年中行事障子《ねんじゅうぎょうじのしょうじ》はいつもどおりであったが、墨染めの葦《あし》の御簾《みす》がおろされ、人影はなく、池に面した釣殿《つりどの》のほうをめぐると、雲客《うんかく》二、三人に囲まれ、後《ご》花園《はなぞの》天皇がいらっしゃった。鈍色《にびいろ》の衣《ころも》に柑子《こうじ》色の袴の喪服姿は輝くほどお美しく、弘庇《ひろびさし》に立たれた天皇と恐れ多くもお目通りが叶い、御前から退くと、天皇は雲客に折らせてきた紅梅の枝を手にして微笑まれていた。いつまでもつづいてほしいめでたさである。

歌人の正徹《しょうてつ》は私家集の『草根集《そうこんしゅう》』に、義父の後小松上皇に服喪していた後花園天皇を大体右のように描写している。このくだりについて村尾誠一氏は、正徹の稚児《ちご》好みが十六歳の後花園に投影されていたという。藤原定家《ふじわらのさだいえ》の崇拝者でその作風を継承した正徹は、室町時代の代表的な歌人だが、最後の勅撰和歌集『新続古今和歌集《しんしょくこきんわかしゅう》』には入集できず、歌人としての栄誉を逃した時期もあった。勅撰和歌集は天皇の下命で編まれるとはいえ、事業自体は足利将軍家の家督である室町殿の執奏によって始まるため、撰進にあたってはその意向に左右される場合が多く、正徹が入集できなかった事情もここにもとめられる。

正徹は後小松の庇護を受け、後小松に自詠歌《じえいか》を評価されたり、東常縁《とうのつねより》の父益之《ますゆき》と初雪のなかで後小松の死を悼む贈答歌を交わしたりした。そもそも、正徹が諒闇中の内裏をおとずれたのも、後小松を弔うためだったと思われる。しかし、正徹のこうした立場は、六代将軍の足利義教の政治路線と抵触したらしく、これが義教からの冷遇を招き、正徹は『新続古今和歌集』の撰から漏れたようである。そして、後花園天皇もまた義教の政治路線からの影響を免れられなかった。

一、後小松上皇と足利義教のあいだで

北朝の分裂と伏見宮

後花園天皇は応永二十六年（一四一九）、伏見宮貞成《ふしみのみやさだふさ》王の第一王子として生まれ、彦仁《ひこひと》と名づけられた。伏見宮は北朝、すなわち持明院統の崇光天皇の第一皇子栄仁《よしひと》親王が、応永十六年に皇室の御料《ごりょう》である伏見荘に移って以来、継承されてきた宮である。

崇光天皇は、南北朝が一時的に合一した正平の一統により観応二年（正平六、一三五一）に廃位されたうえ、翌年光厳・光明上皇と廃太子直仁親王とともに南朝の本拠である大和国賀名生に拉致された。正平の一統が破綻したあと、京都に残された光厳の第二皇子で崇光の弟にあたる後光厳天皇が即位し

た。しかし、その即位が神器なしでおこなわれたばかりか、伝国《でんこく》する治天も後伏見上皇の女御で後光厳の祖母ではあるが、皇族ではない広義門院（西園寺寧子）がなったため、後光厳はその皇位の正統性が危ぶまれた。実際、延文二年（一三五七）に光厳・直仁とともに帰洛し、伏見に移った崇光は自身の皇統の正統性を主張する立場から、栄仁の皇位継承を希望した。しかし、これは叶えられず、応安四年（一三七一）、後光厳の第二皇子緒仁親王（後円融天皇）が践祚した。かくして崇光と後光厳は対立を始め、それぞれの血筋は崇光流皇統と後光厳流皇統に分立していった。後光厳の即位以来、北朝の内部では百年に及ぶ角逐がつづいたのである。

後光厳自身の即位が尋常なものではなかったところから、後光厳流皇統は崇光流皇統に対してある種の引け目を覚えたらしく、永徳二年（一三八二）、後円融天皇は譲位にさいして、崇光が栄仁の皇位継承をいいだすことを恐れ、足利義満の後押しで後円融の第一皇子後小松天皇が践祚した。

後小松天皇は応永十九年、称光天皇に譲位し、後光厳流皇統が皇位を占めつづけたが、称光天皇に皇子がいなかったため、弟の小川宮が儲君《ちょくん》に据えられた。しかし、小川宮は応永三十二年二月に没したため、後光厳流皇統はその血脈につらなる後継者を失ってしまう。

そこで、その欠を補うべく、伏見宮（崇光流皇統）に後継者がもとめられた。応永三十二年四月、貞成は親王宣下を受けるにあたり、後小松の猶子（義子・養子）になったところから、称光はこの措置が貞成を自身の後継者に据えるものであると嫌忌し、みずからの退位をいいだした。称光をなだめるには、貞成自身で皇位継承の意思のないことをしめす必要があるため、貞成は出家を余儀なくされてしまった。かくして、貞成の皇位継承の望みは絶たれたものの、彦仁王の皇位継承には一縷の望みがかけられた。父親の立場から貞成が彦仁に期待したのはいうまでもないが、後小松も貞成に出家の交換条件として彦仁の皇位継承をほのめかし、同様の期待をいだいていたようである。すなわち、彦仁は後光厳流と崇光流の両皇統から皇位継承者と目されたのである。そして、これが後年、後花園の政治的な立場を複雑なものにしていく。

後小松上皇の猶子として即位

正長元年（一四二八）七月、称光天皇が危篤に陥ると、皇嗣が確定していない状態につけこんで、南朝の後亀山天皇の孫にあたる小倉宮《おぐらのみや》が嵯峨から出奔し、伊勢国司の北畠満雅《きたばたけみつまさ》のもとに身を寄せた。そして、小倉宮を擁した満雅は鎌倉殿《かまくらどの》（鎌倉公方）足利持氏《もちうじ》と提携し、北朝と幕府に反旗をひるがえした。

こうした状況のなかで称光が崩じた事態に対処すべく、足利義教は彦仁を伏見宮から迎える手はずを整えた。十二日の夜中に室町殿の政治顧問というべき三宝院満済から義教の意が伝えられ、翌日の夕刻に彦仁は輿に乗り、管領畠山満家の軍勢四〜五百人に擁され、東山の若王子社《にゃくおうじ》に向かった。女房がでかける体にこらされ、あくまでも密々の儀である。若王子社では僧正忠意《ちゅうい》が彦仁をもてなし、赤松満祐《あかまつみつすけ》が警固をつとめた。義教は関白二条持基をとおして後小松に報告し、十七日に彦仁は仙洞御所に入っ

後花園天皇画像　京都市上京区・大應寺蔵

ている。二十日に称光が崩じ、禁裏に触穢が生じたため、あらためて三条公光《きんみつ》（公冬《きんふゆ》）の邸宅が内裏にされ、二十八日に彦仁はここで後小松の猶子として践祚した。すなわち、後光厳流皇統の継承者に据えられたのである。しかし、『大乗院日記目録』に「所詮他流の継体なり」と記されたように、これを崇光流皇統の継承と見る向きもあった。

足利義教の政治路線

彦仁は後小松の猶子として即位したことで、生家の伏見宮（崇光流皇統）とは絶縁したのにもかかわらず、義教は貞成を彦仁の実父として遇し、後小松とは距離をとりはじめた。後花園の即位儀礼を機にこの方針は顕著になる。

永享二年（一四三〇）、彦仁は大嘗会に先立って、鴨川で穢《けが》れを除く御禊行幸《ごけいぎょうこう》をおこなった。この儀式は、代々の上皇が桟敷《さじき》や立車《たてくるま》での見物を習いとするものであるのに、後小松は見物をしていない。義教が後小松のために見物の手配をしなかったのが原因だが、一方、義教は貞成が見物する準備は万端整えたのである。貞成は見物にあたり、義教との仲介役を果たしていた勧修寺経成の邸宅を宿としたが、室町御所にまで招かれるほどの厚遇を得ている。義教は貞成の彦仁の実父としての立場を周知させ、大嘗会の終了後には広橋兼郷《かねさと》をはじめ、諸卿《しょきょう》に貞成への参賀を命じた。

この年の十二月には義教が伏見御所に、翌年二月には貞成が室町御所に来臨し、各御所の客殿《きゃくでん》（宸殿《しんでん》）と会所《かいしょ》で奥座《おくのざ》（上座《かみざ》）を譲りあうことで、互いに敬意を表し、諸臣に両者の緊密な関係をしめした。貞成は室町御所で山水を見てまわり、音阿弥《おんあみ》の猿楽に接している。

このように、義教の手引きにより、貞成は彦仁の実父として、その地位を上昇させていったのである。ところが、義教のこの政治路線が後年物議をかもすこととなった。

後小松上皇に服喪するか否か

永享五年（一四三三）正月、彦仁は元服をした。後小松の元服で加冠《かかん》を摂政の二条良基、理髪《りはつ》を左大臣の足利義満がつとめたことを先例とし、加冠を摂政の二条持基、理髪を左大臣の足利義教がつとめている。

十月には後小松が没し、後花園の後光厳流皇統の継承が揺らいだ。天皇の父母が没した場合、これに一年間服喪する諒闇が実施されるが、後小松と後花園は義理の父子関係にあたるため、諒闇の実施の是非が問われたのである。諒闇を実施すれば、後花園は後小松の子として後光厳流皇統の継承者であることが確定するが、諒闇を実施しなければ、後花園は後光厳流皇統ではなく、生家の崇光流皇統の継承者ということになる。このような問題が生じたのは、義教が貞成を後花園の実父とする政治路線をしいてきたからである。

実際、義教は諒闇の実施に反対し、二条持基も敏達《びだつ》天皇とその曾孫皇極《こうぎょく》天皇を、崇光と後花園の関係に重ねつつ、応神《おうじん》天皇と四代隔たる継体《けいたい》天皇が即位した例をしめし、さらに皇統が転換した例として、天武《てんむ》系の称徳《しょうとく》天皇から天智《てんじ》系の光仁《こうにん》天皇、後鳥羽上皇の孫の仲恭《ちゅうきょう》天皇から甥の後堀河《ごほりかわ》天皇への皇位継承をかかげ、崇光流皇統による皇位継承を是認した。

一方、後小松は後光厳流皇統の断絶を避ける意向を遺詔《ゆいしょう》に明記していた。これをふまえて満済は、崇光上皇が賀名生に拉致されたさいに子孫の皇位継承を断念した告文《こうもん》（誓約書）を書いたことと、後光厳天皇擁立のさいの公武の契約に言及し、また、前摂政の一条兼良《いちじょうかねよし》は仁明《にんみょう》天皇を後花園、淳和《じゅんな》上皇を後小松、嵯峨上皇を貞成になぞらえ、仁明が実父である嵯峨の存生中に、淳和を父に見たてた諒闇の例をしめして、諒闇の実施を主張した。

このように、諒闇の反対派と賛成派の折りあいをつけるため、持基は籤《くじ》で神慮《しんりょ》に添う提案をし、兼良も賛成した。籤は吉田兼富《よしだかねとみ》・大中臣清忠《おおなかとみのきよただ》・白川雅兼《まさかね》の三人がとり、兼富が諒闇を非としたのに対して、後二者が諒闇を是としたため、諒闇は実施の運びにいたった。こうして、後花園は後光厳流皇統の継承者の立場に収まったのである。貞成は『看聞日記』に「無力の次第なり」「今更無念の事なり」と記録し、後花園が崇光流皇統を継承できなかったことに落胆している。

二、義教・貞成に配慮した親政時代

貞成親王のあいまいさ

後花園の後光厳流皇統の継承が確定しても、義教が自身の政治路線を放棄することはなかった。そのため、貞成は依然、後花園の実父という立場にあり、後花園と伏見宮（崇光流皇統）のつながりが自他ともに意識されつづけた。

永享七年（一四三五）十二月、貞成は義教の手配で伏見から上洛し、後小松の仙洞御所の東隣《とうりん》、すなわち一条大路《いちじょうおおじ》南・正親町小路《おおぎまちこうじ》北・東洞院大路《ひがしのとういんおおじ》東・高倉小路《たかくらこうじ》西に御所を構え、後小松の御所から寝殿《しんでん》や対屋《たいのや》が移築された。さらに翌年四月、貞成は解体された仙洞跡地を拝領し、伏見宮の侍臣《じしん》に頒給している。後小松の遺詔には、自身の御所を貞成に譲ってはならないと記されていたため、義教はこれを遵守しつつ、内実においては貞成を後小松の御所に入れたのである。諒闇問題で後花園の皇統が後光厳流に帰着したなかにあって、義教は自身の政治路線を堅持し回復させるために、この施策を進めたのである。

こうした処遇を受けるようになった貞成は、ある種のレトリックではあるが、延暦寺から「院の御所様」「吾が君上皇」と呼ばれ（『看聞日記』）、これを承けて横井清氏は、貞成を「後小松院亡きあとの事実上の「上

足利義教画蔵　東京大学史料編纂所蔵

皇」と評価している。

しかし、貞成は正式な上皇ではなかったため、たびたび制度との齟齬に直面した。たとえば、永享九年十月の後花園の室町殿への行幸にあたり、貞成はどのような身分で参会するのかという問題が出来《しゅったい》している。上皇というわけにはいかず、かといって天皇の実父である親王という先例もなく、結局、貞成は親王および大臣と同等の待遇となった。貞成は後小松に代わる上皇の地位に手が届きそうで届かず、あくまでも天皇の実父という立場だったのである。そのため、後花園も後光厳流皇統を公式に継承しながら、伏見宮（崇光流皇統）とのつながりを絶ちきれず、ふたつの皇統のあいだで揺れることになる。

このような背景のもと、正徹は諒闇中の内裏をおとずれたのである。正徹が義教に冷遇された理由は、藤原定家の流れを汲む冷泉《れいぜい》派と二条《にじょう》派のうち、前者に属する正徹に対して、義教が後者を重んじたからだとされるが、正徹と後小松の密な関係も等閑視できまい。これが、伏見宮（崇光流皇統）寄りの義教の政治路線と抵触したことも考えられよう。

後南朝の脅威にさらされて

明徳三年（一三九二）、足利義満の斡旋で六十年対立していた南朝と北朝が和解した。明徳の和約と呼ばれる出来事である。和解の条件は南朝の後亀山天皇が北朝の後小松天皇に三種の神器を渡すことで譲国をし、以降の皇位は南朝と北朝で迭立《てつりつ》するというものであった。しかし、この約束は守られず、皇位は北朝の後光厳流皇統で独占されてしまう。先に触れたとおり、後亀山の孫の小倉宮が蜂起した事情はここにもとめられる。後花園は後光厳流皇統と崇光流皇統の角逐以外にも、皇位を奪取しようとする旧南朝勢力、すなわち後南朝の脅威にもさらされていたのである。

義教もこの点に危機を感じ、後小松の死没で上皇位が空位となった状態が、後南朝につけこむ余地をあたえることを恐れ、急遽、南朝皇胤に対する断絶策をとりはじめた。

南朝皇胤は小倉宮のほか、後村上天皇の孫の護聖院宮《ごしょういんのみや》（世明王《ときあきおう》）、長慶天皇の皇子の玉川宮《たまがわのみや》などが存在し、義教は世明王を皇孫として遇し、玉川宮の姫を祇候させるほど、南朝皇胤との融和政策をとっていた。しかし、永享五年（一四三三）十二月から政策を転換し、後村上の第六皇子説成《かねなり》（懐成《かねなり》）親王の子の「相応院新宮《そうおういんしんみや》」（聖淳《しょうじゅん》）を陰謀の嫌疑で捕らえ、翌年にはこれを処刑し、つづいて世明王の遺児たちを出家させ、皇位から遠ざけた。このことについて、貞成は『看聞日記』に「およそ南方の御《おん》一流、いまにおいて断絶せらるべしと云々」と記した。これら一連の政策が後小松の没した二ヶ月後から始まったのは象徴的である。

今谷明氏は、世阿弥《ぜあみ》が南朝方の越智維通《おちこれみち》と通じていたため、義教により佐渡国に配流されたと指摘するが、世阿弥の配流が永享六年という時期になされたことに着目すれば、右の施策の一連と見なすこともできよう。世阿弥が楠木正成と同族だった点も見落とせない。

永享十年の永享の乱にあたり、義教は後花園に足利持氏を朝敵として追討する治罰綸旨《ちばつのりんじ》の発給を仰いだ。これは、持氏が大和国の後南朝に与同したことが理由であった。後花園が即位した折にも、持氏は小倉宮を擁した北畠満雅と提携し、反旗をひるがえしたのに、治罰綸旨が発給されることはなかった。永享の乱のときのみ治罰綸旨が発給されたのは、やはり後小松の没後という状況が大きい。

義教の南朝皇胤断絶策は、後々にまで影響を及ぼしている。嘉吉三年（一四四三）、七代将軍義勝《よしかつ》が没したのを機に、後南朝は世明王の出家させられた遺児たち、すなわち通蔵主《つうぞうす》と金蔵主《こんぞうす》を擁して内裏を襲撃した。いわゆる禁闕《きんけつ》の変である。このとき三種の神器のうち、神璽《しんじ》が後南朝に強奪されている。

このののちも北朝と後南朝の対立はつづき、文安五年（一四四八）には護聖院宮の余流が紀伊国で蜂起し、康正二年（一四五六）には後崇光《ごすこう》上皇（貞成）の死没と軌を一にして後南朝の凶行が出来し、長禄年間（一四五七〜六〇）には北朝が神璽を奪還し、応仁の乱では東軍の後花園上皇と後土御門《ごつちみかど》天皇に対抗して、西軍に小倉宮の末裔が「新主上《しんしゅじょう》」にむかえられた（『大乗院寺社雑事記』）。この南朝皇胤の擁立に尽力したのが、後醍醐天皇の血をひくという日尊《にっそん》である。この人物は文明二年（一四七〇）十二月に処刑され、その直後に後花園が死去したところから、世上はこれを日尊の祟りと見なした。
このように、後花園は即位から死去まで、終生後南朝におびやかされていたのである。

貞成親王と春画を制作

永享十年（一四三八）、後花園は貞成と共同で「源氏絵《げんじえ》」＝「オソクヅ」を制作した。「オソクヅ」は漢字で「偃息図」と表記し、漢音《かんおん》（中国北方系の読みかた）の「偃息《えんそく》」を呉音《ごおん》（中国南方系の読みかた）で「おんそく」と読み、さらにこれが転訛したところに由来する。この語の横になって休むという意味から、「オソクヅ」は枕絵や春画をさすようになった。後花園は貞成を介して「源氏絵」の描画を粟田口《あわたぐち》隆光《りゅうこう》に依頼し、貞成と後花園の父子で詞書《ことばがき》を書いたのである。

三田村雅子氏は、「オソクヅ」である『小柴垣草紙《こしばがきぞうし》』が「灌頂巻」とも呼ばれたところから、この「源氏絵」も同様のものと考え、その制作を天皇が即位式で印をむすび、真言を唱える即位灌頂の秘儀と関連させて、崇光流皇統による皇位回復の野望を見いだした。しかし、当該の「源氏絵」が「灌頂巻」と呼ばれた形跡はなく、奥義や秘伝を意味する「灌頂巻」と即位灌頂が関連しうるのかという疑問にくわえ、「源氏絵」の制作と貞成の詞書が、貞成の発案ではなく、後花園から依頼された点に鑑みれば、いささか読みこみすぎのように感じられる。後花園が「源氏絵」の制作をおこなったのは、隆光の絵を所有したかったからであろう。

隆光は、洛東粟田口に住《じゅう》した絵仏師で民部法眼《みんぶほうげん》と称し、清凉寺本《せいりょうじ》「融通念仏縁起絵巻《ゆうずうねんぶつ》」「石山寺縁起絵巻」の作画にたずさわった。延暦寺所蔵の稚児物語「足引絵《あしびき》」も手がけ、永享八年に後花園はこれを借りて、みずから白描《はくびょう》（墨線のみによる描画）の模本を作成したが、いつまでも手もとに置きつづけたため、延暦寺からしきりに催促され、翌年返却している。

後花園は「足引絵」の模写をするほど隆光の絵に魅了され、模写だけでは飽き足りなくなり、そこで隆光の直筆を手に入れようとしたようである。実際、後花園は隆光に「源氏絵」を依頼するのと同時に、延暦寺から再度「足引絵」を借り、これを基に自身の模本への裏打ちや彩色などをおこなわせている。「源氏絵」の完成までのあいだ、隆光の直筆に触れていたかったかのようである。貞成に「源氏絵」の詞書を依頼した理由も、貞成が後花園と隆光の仲介をしたところにもとめられよう。そして、なぜ画題が「オソクヅ」だったのかという点については、さらなる考察が俟《ま》たれるが、嘉吉二年まで皇子（後土御門天皇）が生まれなかったことには留意してもよいだろう。

貞成親王の太上天皇の尊号宣下

文安元年（一四四四）、後花園の生母庭田幸子《にわたこうし》（敷政門院《ふせいもんいん》）の准三后宣下《じゅさんごう》がなされた。准三后は太皇太后・皇太后・皇后に准じ、年給にあたる年官・年爵、俸禄にあたる封戸《ふこ》を得られる地位で、皇族・外戚・摂関のほか天皇の生母などにあたえられたものである。

このさい、後花園は幸子を自身の母と遇してよいかどうか、一条兼良に諮問したところ、さしつかえないという答申を得たため、幸子は宣下の勅書で「朕《ちん》の母」と表記された。しかし、この文言を目にした万里小路時房は、後小松の近臣という立場から異を唱え、勅書の改変を訴えたものの、その主張は受け容れられなかった。

後花園が幸子を母と遇することをいいだしたのは、貞成を後花園の実父としてきた義教の政治路線が、嘉吉の変における義教の死後もなお有効だったからである。一方、時房が「朕の母」の改変に拘泥したのは、幸子を天皇の母と公言することで、後花園の後小松の猶子としての立場が揺らぎ、その後光厳流皇統の継承が崇光流皇統のそれに変わりかねなかったからである。

同様の問題は、文安四年の貞成の太上天皇の尊号宣下においても出来している。『師郷記《もろさとき》』によると、幸子の准后宣下の勅書を草進した唐橋在治《からはしありはる》は、「朕の母」の文言が問題になったところから、尊号宣下の詔書を起草するにあたり、二種類の詔書を準備して叡慮を仰いだという。ひとつは貞成を後花園の「厳親《げんしん》」＝父親とするもので、もうひとつは後花園の「傍親《ぼうしん》」＝傍系親族とするものであった。そして、後花園は後者を採択したのである。

後花園がこのような措置をとったのは、各方面の思惑をおもんぱかった結果である。後小松の遺詔には貞成に尊号宣下をしてはならないと記載されているのに、貞成自身は義教の政治路線に支えられ、後花園の大嘗会のときから尊号宣下をもとめたため、後花園は板ばさみの状態にあった。後花園が貞成の尊号宣下について廷臣に諮問したときには、時房は後小松の遺詔にもとづき反対をし、宣下をするとしても、後花園の後光厳流皇統の継承に影響が及ばないように、貞成と後花園の間柄を「他人」としておこなうべきであると主張した。後花園はこれらを調整して、最終的に貞成を「傍親」としたのである。

　この場合の「傍親」は、貞成が親王宣下を受けるとき、後花園に先んじて後小松の猶子になったことにくわえ、康正二年に没した貞成を後花園が「御兄弟」として弔ったことが、山科顕言《やましなあきとき》『禁裏御錫紵《きんりごしゃくじょ》之事《のこと》、同若宮御方《どうわかみやのおんかた》御軽服《ごきょうぶく》御服《ごふく》之事《のこと》』に見えるところから、兄に相当する。通説では、貞成は後花園の父として尊号宣下を受けたと理解されてきたが、じつはそうではなく、兄としてなされたのである。

　貞成の尊号宣下が後花園の父としてなされれば、後花園の皇統は後光厳流から崇光流へと移行することになるが、兄としてなされれば、後花園は後光厳流皇統の継承者のまま、貞成は崇光流皇統の上皇として、ふたつの皇統の並存が可能になる。

　実際、貞成の没後には、伏見宮は後崇光上皇（貞成）につらなり、代々親王位を保障される世襲親王家としての存続がみとめられた。皇孫は世代を重ねるほど、当今《とうぎん》の天皇から血統が遠くなるものだが、伏見宮の当主たちは必ず後光厳流皇統の天皇の猶子として親王宣下を受けつづけることで、天皇との近接した関係を確保し、皇位継承者がいないときにはこれを補う特別な地位を手に入れたのである。ここに、後光厳流と崇光流の両皇統の融和が見てとれよう。

　このように、貞成の尊号宣下は後花園がこれまで不安定だった自身の皇統を後光厳流に決し、なおかつ伏見宮（崇光流皇統）を世襲親王家として存続させ、百年つづいた後光厳流皇統と崇光流皇統の角逐を解消した点で重要な画期といえる。

貞成親王は尊号を辞退したのか

文安五年（一四四八）、貞成は後花園に尊号辞退の報書《ほうしょ》を提出した。報書は私信の一種ではあるが、天皇と上皇のあいだで交わされる場合は公的な性格を帯びる場合もあったものである。通説では、貞成の報書の提出を文字どおり上皇の位を辞したものと理解してきたが、近年の研究では貞成は形式的に辞意をしめしただけで、実際には辞退しなかったとしている。

通常、尊号宣下を受けたら、上皇は辞退の報書を提出し、天皇はさらにこれをひきとめる勅答をだして、最終的に尊号の受諾が実現する。

貞成の場合は慰留の勅答がだされた形跡は確認できないものの、宝徳二年（一四五〇）に仙洞歌合、享徳二年（一四五三）に歌会始をもよおし、自身が上皇位にあることを広く知らしめているので、やはり尊号は辞退していない。ただし、貞成は院政をおこなったわけではなく、依然、後花園の親政が後小松の没後以来つづいていた。それでも十五世紀半ばの朝廷と幕府は、後花園と足利義政と貞成、すなわち天皇と室町殿と上皇の三者が並び立つ状態にあった。

三、仁政をめざして

足利義政への諷諫

寛正二年（一四六一）二月、後花園は義政に次の漢詩を贈った。

残民《ざんみん》争い採る首陽《しゅよう》の薇《び》、処処廬《しょしょろ》を閉じ竹扉《ちくひ》を鎖《とざ》す。
詩興吟《しきょうぎん》は酸《さん》なり春二月《じげつ》、満城《まんじょう》の紅緑《こうりょく》誰《た》が為にか肥ゆ。

（災害に虐げられた民たちが首陽山《しゅようざん》のワラビをわれさきに採り、いたるところでわびしい住まいを閉ざし竹の扉に錠をおろしている。詩を吟じようにも気持ちの痛ましい春二月、都に満ちる赤い花と緑の葉は一体だれのために茂っているのか。）

長禄・寛正の飢饉で食料に事欠く民たちの様子を、後花園は『史記』「伯夷《はくい》伝」にもとづき、周王朝の粟《ぞく》を避け、隠棲した首陽山で餓死した伯夷・叔斉《しゅくせい》の兄弟にたとえつつ、これを顧みることすらせずに室町御所の造営に熱中している義政を諷諫したのである。

右は『史記《しき》』ばかりか、杜甫《とほ》「江頭《こうとう》に哀しむ」（曲江《きょくこう》のほとりで哀しむ）の「江頭の宮殿千門を鎖し、細柳新蒲《さいりゅうしんぽ》誰が為にか緑なる」（曲江のほとりの宮殿はすべての門を閉ざし、春の柳や蒲《がま》は一体だれのために青くなっているのか）や「黄昏胡騎《こうこんこき》塵城に満つ」（夕方に胡《えびす》の騎兵の土ぼこりが街に立ちこめた）もふまえた節がある。安禄山《あんろくざん》の乱（七五五年）により戦禍がもたらされても春はくるという内容上の類似にくわえ、当時の公家・禅僧間における杜詩《とし》の普及も傍証たりえよう。

さらに本詩には、為政者の濫費による民の生活苦を諷諫した詩を念頭に置いた蓋然性もみとめられる。本詩との直接の関連については判然としないが、中唐の白居易《はくきょい》が皇帝の奢侈《しゃし》を諷諫《ふうかん》した「驪宮《りきゅう》高し」（驪山《りざん》の離宮が高くそびえる）の本文《ほんもん》が『平家物語』や『太平記』に摂取された点に鑑みても、一概に否定はできまい。

当該詩を収載する『新撰長禄寛正記』は史料としての信憑性に不安があるため、これが史実であるかどうかはわからない。『蔭凉軒日録《いんりょうけんにちろく》』『長禄四年記』などの記録をひもとくと、前年から炎旱《えんかん》と飢饉《ききん》がつづく一方、義政が室町御所の会所・泉殿《いずみどの》・厩《うまや》の造営と、相国寺・東福寺などから徴した樹石で作庭を進めていたことが確認できるうえ、後花園は五条為清《ごじょうためきよ》・東坊城益長《ひがしぼうじょうますなが》・高辻継長《たかつじつぐなが》について『史記』を読んでもいた。そして、翌三月から義政が五山に雨を祈らせたのは、右の漢詩によるものと考えられなくはない。しかし、それでも右が後花園の実作であるという裏づけがとれないかぎり、史実としては判断を保留せざるをえない。

ただし、侍読《じとう》の清原業忠《きよはらのなりただ》に激賞され、みずから綸旨の添削をするほど、経学《けいがく》（儒学）に通じていた後花園が、学問を実践に応用し、君主としての仁政《じんせい》につとめようとしたことはありえない話ではないので、右は後花園の性格を物語るエピソードとして看過はできない。

成仁王への説諭

後花園の第一皇子成仁王《ふさひとおう》（後土御門天皇）は嘉吉二年（一四四二）に誕生し、長禄元年（一四五七）に親王宣下を受け、翌年元服した。後花園は皇儲《こうちょ》に確定した成仁を説諭《せつゆ》する『後花園院御消息《ごはなぞのいんごしょうそく》』を寛正三年（一四六二）にしたためた。連歌に堪能な成仁は才気に任せて会衆《かいしゅう》を批判したらしく、後花園は成仁にそのような態度を改め、ことに伏見宮に対しては敬意を表することを説いた。

この前年に内裏の黒戸《くろど》（仏間）で、連歌会が義政の申沙汰《もうしさた》で開催され、成仁は伏見宮貞常《さだつね》親王（貞成の第二王子）・前関白二条持通《もちみち》らと参会した。はたして、このときの連歌会が該当するのかどうかは断定できないが、後花園はこうした会における成仁を戒めたのである。

また、後花園が成仁に伏見宮への敬意を説いたことにも留意したい。『後花園院御消息』では、成仁が生後まもないころから伏見宮に同宿《どうしゅく》していたことを強調するが、同時に後花園が伏見宮（崇光流皇統）を世襲親王家として特別に遇した点も見落とせまい。

後花園はさまざまな政治勢力に翻弄されてきたためか、バランスを保つことに腐心していたようである。

なお、後花園と後土御門の気質の違いは化粧の仕方にも見てとれる。後花園が四十三〜四歳で念入りに化粧をほどこしていたのに対して、後土御門は四十歳になると化粧を省略しはじめたため、侍従《じじゅう》の三条西実隆《さんじょうにしさねたか》は眉をひそめている。

おわりに――叶わなかった徳治

寛正五年（一四六四）七月、後花園は成仁親王に譲位し、上皇として院政を開始した。院政下にあっては所務全般をとりしきる院庁《いんのちょう》が置かれ、その統轄者の院執事には義政が任じた。

通常、譲位して上皇になると、それを周知させる三席御会《さんせきごかい》がもよおされる。三席御会は漢詩と和歌を詠み、管絃を奏でる儀礼で、譲位にともなう場合は上皇にとっての即位儀礼に近い性質をもつ。後花園は譲位直後の十二月に開催し、「八紘聖猷《はっこうせいゆう》に帰す」（世界が天皇家の徳に感化される）の題で次の漢詩を詠じている。

教化多年功いまだならず、ついに南面を辞し閑情に拠る。
皇家願わくは唐《とう》・虞《ぐ》の道を復し、万国みな聖徳《せいとく》の明《めい》を誇らん。
（天皇として民への徳化《とっか》に長年つとめてきたが果たせぬまま、ついに譲位し上皇になってしまった。天皇家が堯《ぎょう》・舜《しゅん》の道を再興することを願い、世界中がその徳の光を誇るように。）

堯と舜は儒学で理想とされる中国古代の天子で、かれらの徳治をめざした後花園は実現できないまま譲位にいたった。堯と舜に比肩される天皇に対して、上皇は『荘子《そうじ》』「逍遥遊篇《しょうようゆうへん》」にもとづき、堯を超越した仙人になぞらえられる。すなわち、天皇の位を下りた後花園はつづく天皇による堯と舜の政治の再現を願ったのである。こうした後花園の徳治への希求は、その没後に唐橋在治が作成した「後花園天皇十三回忌願文」の「先院太上法皇、化《か》を厚くし放勲《ほうくん》の厳《げん》を追い、仁をあまねくし重華《ちょうか》の徳を兼ぬ」（後花園法皇は、民に徳化を浸透させ堯の威厳をもとめ、仁をひろめて舜の徳を兼ね備えた）からもうかがえ、後小松の三席御会や後崇光（伏見宮貞成）の歌会始の題が、それぞれ「竹万年の色あり」「庭の松緑を久しくす」のように、竹や松の青さに上皇位の永続性を託したものだったのにくらべれば、より明瞭になろう。

このように、後花園は仁政と徳治という理想をかかげていたからこそ、応仁元年（一四六七）に応仁の乱が勃発すると、乱にうまく対処できないばかりか、西軍と東軍に代わる代わる擁される自身の限界を悟り、九月に出家をしてしまう。法名《ほうみょう》は円満智《えんまんち》である。出家の意向自体は、在位中、各政治勢力に翻弄されていたころからあったが、乱を機にますますその思いを強め、六月には剃髪の意を固めて貞常に伝えている。そしてこれが表沙汰になると、義政に止められるため、後花園は貞常に自身の意向を秘すようにとさえいいふくめている。後花園は室町殿以上に、伏見宮と密な関係を形成していたといえよう。

文明二年（一四七〇）十二月二十七日、後花園は中風《ちゅうぶう》のため、五十二歳で没した。翌年正月、紀伝道《きでんどう》（中国史・漢文学）の高辻継長が「後文徳《ごもんとく》」と「後花園」の二種類の追号（院号）を勘進《かんしん》し、いずれがよいか後土御門天皇が諸卿に諮問したところ、二条持通・日野勝光《かつみつ》らは「後文徳」を推し、甘露寺親長《かんろじちかなが》のみが「後花園」を推したため、「後文徳」に決定した。しかし、翌月に一条兼良が「後文徳」のように諡《し》号《ごう》に「後」の字をつける先例はないと主張したので、再度諸卿への諮問がなされ、追号は「後花園」に改められた。天皇の死後に贈られる称号のうち、諡号は生前のおこないに対するもので、追号は御所などにまつわる院号である。兼良は両者の別を指摘したのである。

文明三年正月、後花園の遺骸は、応仁二年八月に天皇家の菩提寺泉涌寺《せんにゅうじ》が焼亡したため、大原の悲《ひ》田院《でんいん》で火葬と埋骨がなされた。翌月、常照皇寺《じょうしょうこうじ》の光厳天皇陵の域内に移されたが、これは後花園の遺勅によるという（後山国陵《のちのやまくにのみささぎ》）。後光厳流皇統と崇光流皇統の角逐に翻弄されてきた後花園は、皇統分裂前の天皇である光厳を志向していたのかもしれない。

（田村 航）

【主要参考文献】

相澤正彦「粟田口絵師考（上）（下）」（『古美術』第八三・八四号、一九八七年）

相澤正彦「石山寺縁起絵巻第四・五巻の絵師について」（村重　寧先生星山晋也先生古稀記念論文集編集委員会編『日本美術史の杜』竹林舎、二〇〇八年）

石原比伊呂『室町時代の将軍家と天皇家』（勉誠出版、二〇一五年）

伊藤慎吾「第百二代　後花園天皇」（岡野弘彦・中村正明編著『天皇文業総覧』（下）若草書房、二〇〇五年）

稲田利徳『正徹の研究―中世歌人研究―』（笠間書院、一九七八年）

今谷　明「世阿弥佐渡配流の背景について」（『藝能史研究』第一四一号、一九九八年）
末柄　豊「「十三絃道の御文書」のゆくえ」（『日本音楽史研究』第八号、二〇一一年）
菅原正子『日本中世の学問と教育』（同成社、二〇一四年）
田村　航「『有俊卿記』享徳二年（一四五三）十月二十五日条翻刻」（『早稲田大学日本古典籍研究所年報』第八号、二〇一五年）
田村　航「揺れる後花園天皇―治罰綸旨の復活をめぐって―」（『日本歴史』第八一八号、二〇一六年）
田村　航「伏見宮貞成親王の尊号宣下―後光厳院流皇統と崇光院流皇統の融和―」（『史学雑誌』第一二七編第一一号、二〇一八年）
田村　航「唐橋在治「後花園天皇上二伏見入道親王道欽太上皇尊号一詔」注釈稿」（『早稲田大学日本古典籍研究所年報』第一二号、二〇一九年）
久水俊和『室町期の朝廷公事と公武関係』（岩田書院、二〇一一年）
久水俊和「天皇家の追善仏事と皇統意識―室町後期から中近世移行期の事例を中心に―」（『国史学』第二一七号、二〇一五年）
久水俊和「後花園天皇をめぐる皇統解釈の基礎的考察―貞成親王の京中伏見御所と尊号宣下を中心に―」（『年報中世史研究』第四二号、二〇一七年）
三谷邦明・三田村雅子『源氏物語絵巻の謎を読み解く』（角川書店、一九九八年）
村尾誠一『残照の中の巨樹　正徹』（新典社、二〇〇六年）
横井　清『室町時代の一皇族の生涯―『看聞日記』の世界―』（講談社、二〇〇二年、初出一九七九年）

後土御門天皇

——心を砕いた朝儀再興

誕生　嘉吉二年（一四四二）五月二十五日
崩御　明応九年（一五〇〇）九月二十八日

諱　成仁
父　後花園天皇
母　大炊御門信子（嘉楽門院）

在位期間
寛正五年（一四六四）七月十九日
～明応九年（一五〇〇）九月二十八日

陵墓　深草北陵（京都府京都市伏見区深草坊町）
般舟院陵（京都府京都市上京区般舟院前町）

はじめに――戦国幕開け期の天皇

後土御門《ごつちみかど》天皇は嘉吉二年（一四四二）、後花園天皇の皇子として生まれ、寛正五年（一四六四）七月、後花園院の院政下で天皇の位に就いた。二十三歳のときであった。即位後まもなく応仁・文明の乱（一四六七～一四七七）が勃発し、明応二年（一四九三）には明応の政変（将軍交代劇）が起きるなど、戦乱と束の間の平和が交錯する時代に生きた戦国時代幕開け期の天皇である。在位中、戦乱によるたび重なる御所の焼失や経済的な窮乏、次々と降りかかる廷臣や幕府との間の難題に耐えきれず、幾度となく遁世《とんせい》や譲位を口にしながら、明応九年（一五〇〇）九月二十八日に在位のまま五十九歳で崩御した。

後土御門が在位した時代は、室町幕府八代将軍足利義政の将軍時代、および将軍を退き東山に移り住んだ時代と重なっており、文化としては銀閣に代表される室町殿による東山文化がつとに有名である。宮廷文化については、戦乱後に地方に下向していった多くの公家衆により各地に広まったことは指摘されているが、戦乱最中の都における宮廷文化の動向については、これまでほとんど注目されることはなかった。

しかし近年、後土御門については、戦乱によって存亡の危機にあった朝廷儀式や公事の再興に努力していたこと、また文芸・管絃・芸能において多様な文化諸行事を小規模ながらも開催し、近世的な宮中行事につながっていく新たな宮廷文化を形作っていたことが知られ、文化面における事績が注目されるようになった。

以下、戦乱の世に在位しながら、伝統的な朝儀の再興と新たな年中行事の形成を通して、宮廷の儀礼と文化の領域に独特の存在感を残した後土御門天皇像についてみていきたい。

一、伝統的な朝儀の再興

朝儀再興に向けた後土御門の念《おも》い

朝儀とは、古代律令国家以来、朝廷が連綿と執り行ってきた国家的な儀式・儀礼であり、朝廷が担ってきた長い統治の歴史に裏打ちされた宮廷文化の知の集積と言える。それゆえに、朝儀を執り行うことは、天皇にとって尊厳や威信を示すことにほかならなかった。

しかし、権力も経済力も大きく衰微した室町期の天皇には、幕府の援助なしに自力で朝儀を行うことはほぼ不可能な状況になっていた。後土御門も朝儀を挙行するため、諸国に廷臣を遣わして禁裏御料《きんりごりょう》所《しょ》の年貢未進を取り立てたり、武家や守護らから献金を募るなど、費用の調達に奔走している。

また、途絶えていた朝儀を挙行するために、過去に挙行されていた朝儀内容や式次第などについて、主催する天皇自身が学ばなければならなかった。

現存する東山御文庫本『建武年中行事《けんむねんじゅうぎょうじ》』（建武年間に後醍醐天皇が撰述した宮中行事書）は、後花園院が一条兼良本を書写し、後土御門に進上したものであることが明らかにされている。同本を見ると、後花園院自身が「近代中絶公事等」と朱書きの注記を付し、それを譲り受けた後土御門が町広光《まちひろみつ》の所持本をもとに校合《きょうごう》（写本を比べて誤りなどを正すこと）を加えていることがわかる。儀式再興にかける父子の熱意がうかがえる。

後土御門は、廷臣から儀式について講義を受けたり、過去に行われた諸例を抜き書きした部類記《ぶるいき》や儀式の進行等をまとめた次第書《しだいしょ》などの提出を命じたりしている。こうした廷臣のなかでもとくに頼りにされていたのが、甘露寺親長と親長の姉の息子である三条西実隆の両名である。二人とも古典や有職故実等に通じており、朝儀に関わる典籍の書写のみならず、戦乱で焼失した蔵書の補充などにも尽力している。こうした彼らの活動は、禁裏文庫の再建、ひいては古典文化の復興に大きく寄与した。

禁裏文庫の再建という視点からは、この時期に後土御門が、将軍家から召し寄せた絵をもとに「明恵上人絵《みょうえしょうにんえ》」を制作させていることや、九代将軍足利義尚《よしひさ》や南都の諸寺院から多数の絵巻を貸借し、披見していることが注目される。

正月三節会の再興と再廃絶

再興された伝統的な朝儀のうち最も重要な儀礼は、正月三節会（元日節会・白馬《あおうま》節会・踏歌《とうか》節会）である。

白馬節会図　東京国立博物館蔵　Image: TNM Image Archives

これらは応仁・文明の乱の勃発によって途絶した状態にあった。本格的な三節会の再興は延徳二年（一四九〇）以降となるが、この間、後土御門は節会の実践に向けて着々と準備を進めていた。

まず、戦乱もまだ終結していない文明七年（一四七五）に、後土御門の強い意志で元日節会が略儀ながらも挙行された。文明十年には、前関白一条兼良が公家社会の規範となる『江家次第《こうけしだい》』の談義を数回催しているが、この朝儀の再興を意識した談義は、その後には後土御門への進講につながる。

文明十一年十二月に土御門内裏の修繕が終了し、ようやく還御すると、いよいよ天皇の発意により、内裏での朝儀再興への作業が始まった。前述した甘露寺親長の日記である『親長卿記《ちかながきょうき》』などによれば、天皇の強いリーダーシップにより、文明十四年には元日節会・白馬節会・踏歌節会の習《しゅう》礼《らい》（予行演習）がそれぞれ大々的に執り行われている。ただし、費用の不足などもあって三節会そのものの挙行には至らなかった。

長享三年（延徳元、一四八九）に入って節会再興への動きが本格化する。同年八月、朝儀やその作法に最も詳しい甘露寺親長と三条西実隆の両名が召し出されて、元日節会の再興に向けた御前での談合が行われており、廷臣たちも記録類の収集に奮闘している。資金不足によりその挙行が危ぶまれた踏歌や白馬の両節会についても、足利義政の夫人日野富子《とみこ》から銭一万疋（百貫文。米価で換算し、現代のおよそ一千万円に相当）が進献されたことにより進展をみた。その結果、踏歌節会は元日節会とともに延徳二年に催され、白馬節会は義政の死去などにより延引されたものの、二年後の延徳四年に挙行されている。

延徳二年以降、明応四年（一四九五）にかけては、既述した正月三節会ばかりか、小朝拝《こちょうはい》、殿上淵《でんじょうえん》酔《ずい》、乞巧奠《きっこうてん》、節折《よおり》・追儺《ついな》、叙位《じょい》、懸召《あがためしの》除目《じもく》等の数々の朝儀も、規模は小さいものの再興されている。後土御門の朝儀の再興に向けた長年の努力が軌道に乗ったと言える時期であった。

しかし、再興された朝儀も長くは続かなかった。退位まで間近な明応七年にはこれらの儀式は一切行われなくなっている。それどころか、天皇の治国機能として重要な儀礼で毎年行うはずの新嘗祭《しんじょうさい》が後土御門在位の末年に廃絶してしまい、即位した天皇が初めての年に行う大嘗祭《だいじょうさい》についても後土御門以降の天皇九代、二百二十一年間にわたって行われることはなかった。

実は、この時期の朝儀の挙行は幕府の政治力や経済力に負うところが大きく、幕府権力が衰退するにともない、朝儀も停止せざるをえない状況に追い込まれていたのである。こうした苦境の中にあっても、朝儀の再興に力を注いだ最後の中世の天皇が後土御門であったといえよう。

二、新しい文化的年中行事の成立

新たな文化的胎動

この時期、数多くの伝統的な朝廷の儀式や行事が戦乱によって停止や廃絶の状態にあったため、伝統に縛られない世俗的な行事の吸収を可能とする柔軟な土壌が生まれてきた。また、天皇の住まいである御所が戦乱によって焼失したことにより、応仁元年（一四六七）八月から文明八年（一四七六）十一月までの約九年間、後土御門は室町第《むろまちだい》（一時は北小路亭《きたこうじ》）に住み、将軍家と同居する日々を過ごしている。このため、足利将軍家と北朝天皇家は公私を分けない昵懇の間柄になったとされている。こうした禁裏における柔軟な雰囲気の醸成と、親しくなった将軍家の年中行事などの影響もあり、この時期に禁裏に新しい年中行事が成立する。

以下では、新しい年中行事のうち、主要なものを紹介することとする。

「御祝」の成立

酒井信彦氏の研究によれば、新しく始まった年中行事の中でも最も目を引く「御祝《おいわい》」こそが、こうした時代背景の下で成立した典型的な行事であるという。御祝とは、特別の日を祝う意味を持つ節朔《せっさく》（毎月の朔日《さくじつ》〈一日〉と節供《せっく》の祝儀を基本とする一種の酒宴であり、もともとは公家社会や武家社会で世俗的な行事として行われていたものである。それが、戦乱の最中である文明初年頃から禁裏でも取り入れられるようになっていた。

具体的には、御祝は正月一日・二日・三日・七日・十五日の五ヶ日、三月三日・五月五日・七月七日・九月九日の四節供、正月から十二月までの各朔日などの日に、内々の小番衆《こばんしゅう》等の近臣層が参加して執り行われている。行事内容は二部構成であり、第一部では強御供《こわごく》（強飯《こわいい》）を供する儀が、第二部では三献のあとに天皇から女官や廷臣に酒杯を賜る儀が中心となっている。

このように後土御門の時代に宮廷行事に取り入れられた御祝は、伝統的な諸朝儀とは性格を異にする新しい年中行事として確立し、主要な古来の朝儀が回復された近世の朝廷でも年中行事として継続された。

月次御会とその変化

月次御会《つきなみごかい》とは、天皇や親王の主催で毎月定期的に催される行事である。主な月次御会としては、月次《つきなみ》和歌御会《わかごかい》、月次連歌御会《つきなみれんがごかい》、月次和漢連句御会《つきなみわかんれんくごかい》、月次御楽御会《つきなみおんがくごかい》などが挙げられ、いずれもこの時期に朝廷の年中行事として盛んに行われている。これらの御会は、戦乱によって宮廷社会から遠のいていた貴族が参加するために都に戻るきっかけにもなった。

最も古い月次御会は和歌御会であった。和歌は元来宮中文化の中でも最も重視されてきた文芸であったが、室町時代に入ると、禁裏における和歌行事に足利将軍家が介入するようになる。禁裏文芸の精華ともいうべき勅撰和歌集でさえ、将軍の要請に基づいて編纂されるようになっており、禁裏における和歌御会までも将軍の主導で行われることが多くなっていった。

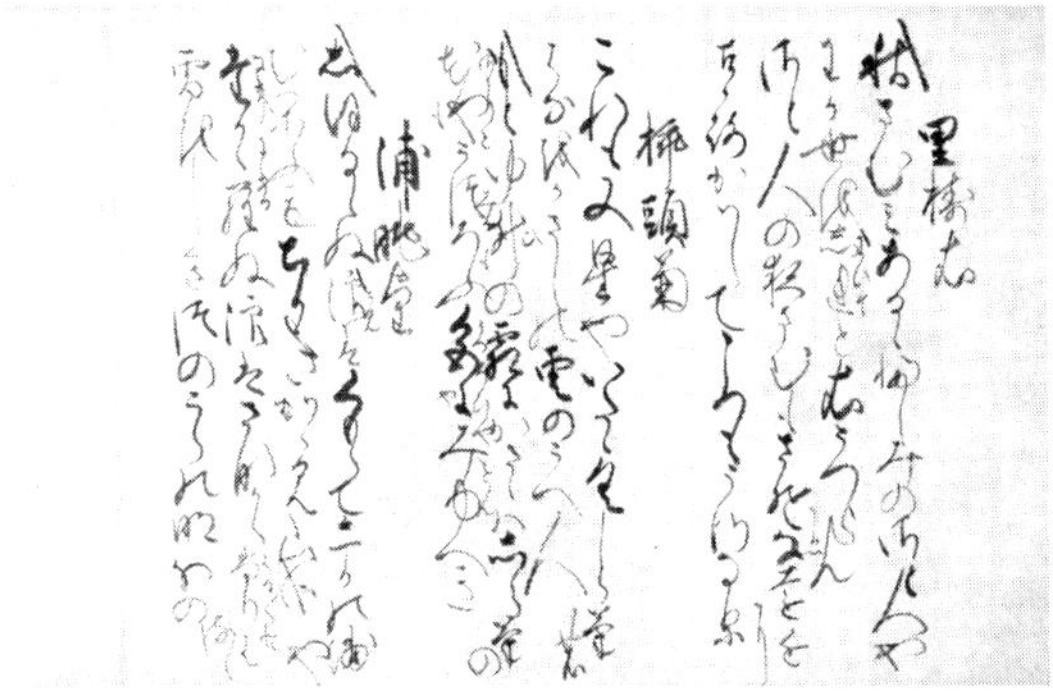
後土御門天皇和歌懐紙　東京国立博物館蔵　Image: TNM Image Archives

しかし、後土御門の時代になると、禁裏文芸における将軍の主導力に陰りが見えはじめる。勅撰和歌集の編纂事業も後土御門が在位した当初こそ、将軍義政の主導で進行していたが、応仁・文明の戦乱に巻き込まれるなかで、編纂事業自体を作業半ばにして断念せざるをえなくなっていった。月次和歌御会についても、義政が後花園院時代に催されていた御会の再興を提言し、文明十三年（一四八一）正月にいったん開催されるものの、その後長くは続かず、一年余りで消滅してしまう。その後も義政は、何としても足利将軍家主導の和歌御会を再開しようと和歌の晴御会を企てるが、結局実施には至らなかった。

このように、和歌における禁裏文芸への足利将軍家の影響力が弱まると、公武一統的体制から脱却した新しいスタイルの禁裏文芸が成立しはじめる。連歌や和漢連句等の御会がそれである。小森崇弘氏の研究によれば、応仁・文明の乱の勃発から後土御門の崩御までの三十三年間には、禁裏において催された連歌・和漢連句・漢連句（氏はこれらを総称して「連句文芸」と称している）の御会等の活動は一五〇〇回ほどに及び、かつてない連句文芸御会の隆盛期であったという。

伝統的な和歌御会の場合には、参会者は事前に示された題にもとづいて作った歌を短冊や懐紙《かいし》で提出すれば、御会に出席する必要はなかった。一方、連歌や和漢連句の御会は、参会者がその場で共同で歌を作り上げなくてはならなかったため、御会への出席は必須であった。参会者が同座して共同制作を行い、共に鑑賞するという方法は、天皇を中心とした座衆《ざしゅう》（参会する人々、連衆とも称す）との結束を強め、和歌御会と本質的に異なる連句文芸御会独特の発展を促す役割を果たしたのである。

以下、小森氏の詳細な研究を踏まえながら、連歌および和漢連句等の連句文芸の御会についてもう少し詳細にみてみよう。

月次連歌御会

連歌は、平安時代には一首の和歌を五七五の上の句（長句）と、七七の下の句（短句）に分け、二人で詠む形式で行われていた。その後、長句と短句を交互に続けて一定数に至る形式が流行するようになり、鎌倉時代以後は百韻《ひゃくいん》（百句のまとまり）が定型とされるようになる。連歌は後鳥羽院が好んだことが有名だが、公家社会よりはむしろ武家社会で愛好され、室町殿の会所でも連歌会が盛んに催されていた。応仁・文明の乱の頃には連歌師の活躍で地方にも広がり、連歌会も各地で開かれた。連歌は室町期を代表する重要な文芸の一つとなった。

さて、後土御門は応仁・文明の乱が終息したばかりの文明十年（一四七八）六月二十五日、初めて月次連歌御会を主催する。以後、毎月二十五日を定例日として、崩御する三日前の明応九年（一五〇〇）九月二十五日まで催された。連歌の神様とされた菅原道真の命日にちなみ、毎月二十五日に北野天神の御法楽として連歌などが催されていたことが月次化したとされている。

後土御門主催の月次連歌御会は、毎回後土御門自身が頭役《とうやく》となり、発句《ほっく》を詠む役を務めていた。頭役とは御会を取り仕切り、一献料を負担する役をいい、頭役になると発句と称する一番初めの句を詠むことになっていた。通常は参会者がそのつど交代して頭役を務めていた。しかし後土御門は、みずから毎月頭役を担い、発句の役を務めており、このことからも、天皇の連歌御会にかける意気込みがうかがえる。

少し細かくなるが、この月次連歌御会の座衆にも、後土御門の深い思惑が反映されていると考えられる。すなわち、十数名ほどのほぼ固定的なメンバーは、勝仁《かつひと》親王（後柏原《ごかしわばら》天皇、後土御門の子）、伏見殿（邦高《くにたか》親王、後土御門の従兄弟）を筆頭とし、羽林《うりん》・名家《めいけ》といった中・下級の公家によって構成され、なかでも勧修寺家出身者が多かった。時には連歌師肖柏《しょうはく》などの遁世者も連座していたことも注目される。

一方、大臣以上の公家や足利将軍家との関係が深い日野一門や将軍家の師範となった飛鳥井《あすかい》家と冷泉《れいぜい》家は排除されていた。

二つの月次和漢連句御会

和漢連句《わかんれんく》は連歌の一変形であり、和句と漢句を交互に詠んで百韻を連ねていく、連句というなかに日本と中国の言葉が同居する新しい形式の文芸である。

毎月定期的に催される月次和漢連句御会《つきなみわかんれんくごかい》には、外様《とざま》和漢連句御会及び内々《ないない》和漢連句御会と称す二つのタイプがあった。前者は文明十三年（一四八一）七月に始まり、後者は四年後の文明十七年に始まっており、後年、区別するために「外様」「内々」の呼称がつけられた。

先発の外様和漢連句御会は関白近衛政家《このえまさいえ》と右大臣西園寺実遠《さいおんじさねとお》の懇願により始まったものである。メンバーである座衆は摂関家・清華家《せいがけ》の大臣クラスと公卿クラスの者から構成されており、従来の官位秩序を重んじた公式性の強いものであった。また、この和漢連句御会では頭役は持ち回り制であり、参加者は地位により異なる一献料を負担する必要があった。たとえば、関白近衛政家などは千疋の高額を負担している例も見られるが、一般的に大臣クラスは三百疋、納言以下のクラスになると、共同で一人あたり二十〜三十疋ほどの負担であった。一献料の負担はかなりの重荷であったようで、時に負担料をめぐって問題が生じ、御会が延引されることもあった。外様和漢連句御会は明応五年（一四九六）を最後に開催されなくなる。

一方、内々和漢連句御会は、後土御門が崩御する明応九年まで続いている。座衆を見ると、摂関・大臣クラスはおらず、禁裏小番衆が多く、禅僧も加わっている。本来ならば参加できないはずの禅僧の参仕は、「内々」と「外様」の和漢連句御会の性格の違いを物語っている。御会の申沙汰《もうしさた》（費用の負担）については不明だが、おそらく、ここでも後土御門が毎回頭役を務め、一献料を負担していたのではないかと推察される。こうした従来の慣習にとらわれない新しいスタイルの内々和漢連句御会は、後土御門にとっては自分の思う通りに執り行える理想的な宮中行事であったのであろう。

月次御楽御会

月次御楽御会《つきなみおんがくごかい》とは、後土御門の身内および楽を堪能とする近臣をメンバーとする禁裏で毎月開催される管絃演奏会である。

その元となった御楽は、文明九年（一四七七）七月に避難先の御所であった北小路亭で催された弁財《べんざい》天《てん》を法楽《ほうらく》するためのものであった。弁財天は妙音天《みょうおんてん》とも称され、とくに琵琶を弾く天女像が有名であり、従来から音楽の神様として崇拝されてきたが、北小路亭には弁財天を祀った鎮守があった。このときの主催者は、後土御門の従兄弟にあたる伏見殿によるものであった。

後土御門が月次御楽御会を主催するのは、御楽始を終えた十日余り後の文明十年二月二十四日の法楽御楽である。このときは確認できないが、続く三月二十五日、四月二十五日、五月十四日にはいずれも後土御門が笙を演奏していることがわかる。その後、後土御門自身の奏楽状況はまばらとなるが、文明十年中、月次御楽は欠かすことなく催されている。しかし、翌年以降は、後土御門主催の月次御楽は減少し、代わって勝仁親王主催によるものが定例化していく。

なお、こうした傾向は蹴鞠《けまり》についてもあてはまる。文明期の前半には、禁裏の内々の鞠会《まりえ》が後土御門によりしばしば開催されていたが、文明十年代に入ると勝仁親王主催によるものへとバトンタッチされていった。

三、後土御門と笙

帝王学の一つとしての管絃

後土御門の笙の演奏についてみていくこととするが、その前に、天皇の音楽について少し述べておきたい。

平安時代初め頃から、天皇は帝王学の一つとして、幼少から管絃を習得するようになった。とくに、平安・鎌倉期における特定の朝儀に付随して行われる御遊《ぎょゆう》という公式の宮廷演奏会において、天皇が優れた演奏を披露することは、天皇の権威につながる重要な意味を持っていた。天皇が御遊の場で演奏する楽器は、天皇の嗜好というよりは皇統を巡る天皇家内部の対立や武家との対抗関係など、時の天皇を巡る政治情勢の影響を受けながら時代に応じて決められてきた。

天皇が演奏してきた楽器の変遷を簡単に表すと、琴《こと》（和琴《わごん》、七絃琴《しちげんきん》、箏《そう》）→笛（龍笛《りゅうてき》）→琵琶→笙→笙・箏となっている。室町時代初期の後光厳天皇が始めた笙は、時の足利将軍家の演奏する楽器でもあったため、天皇家と将軍家が笙の相承のなかで結びつくこととなった。その後、南北朝の合一がなされたときの後小松天皇の時代から箏も加わり、江戸時代最後の孝明《こうめい》天皇の時代まで笙と箏の時代が続いた。後土御門は笙と箏の時代に位置づけられるが、父の後花園天皇や第一皇子の後柏原天皇は笙と箏を演奏しているものの、後土御門の箏の演奏は見られず、もっぱら笙を演奏している。

かつては盛んだった御遊は、儀式の衰微などから、後土御門時代には文正元年（一四六六）の大嘗会に催された清暑堂御遊《せいしょどうぎょゆう》以外は行われていない。代わって年始の御楽始や七夕御楽（室町後期には禁裏での管絃の演奏を御楽と称した）が小規模ながらも開催されるようになっていた。とくに、応仁・文明の乱が終息し始めた頃から、後土御門はこれらの御楽の開催に力を入れるようになる。

文明十年（一四七八）二月に戦乱後初めて御楽始が催された。後土御門の近臣で笙に堪能であった山《やま》科言国《しなときくに》の日記『言国卿記《ときくにきょうき》』によれば、演奏者は天皇（笙、「大唐」という笙の名器を使用）、勝仁親王（箏）、伏見殿（琵琶）を筆頭に、演奏の技量に秀でた公卿や殿上人、地下の楽人、合わせて二十二名に及ぶものであった。また、このときは庭には多くの女房が聴聞する姿も見られ、「礼楽再興ノ瑞《きざし》」（『実隆公記《さねたかこうき》』）と評されており、戦乱後初の御楽始に対する関心の高さがうかがえる。この御楽始が契機となって、後土御門は積極的に笙に取り組むようになり、御師範の豊原縁秋《とよはらのよりあき》をしばしば御所に召して笙の稽古をしている。

先ほど、月次御楽御会について、後土御門は文明十年に主催するようになったが、しばらくして勝仁親王に主催をバトンタッチしたことについて述べた。しかし、このことは後土御門の御楽に対する関心が失われてしまったことを意味するわけではない。その後も御楽始や七夕御楽などの宮中儀礼として重要な御楽については、御土御門自らが笙の演奏者を務めながら催しており、これらは年中行事として定着していった。

後土御門が自ら演奏して儀礼に加わるという行為は、仏教儀礼の先帝追善供養会にも見られる。文明十四年十二月に催された先帝後花園院の十三回忌御懺法講《おせんぼうこう》において、後土御門は笙を演奏している。御懺法講とは、『法華経』を読誦《どくじゅ》する功徳によって罪障《ざいしょう》の懺悔《ざんげ》を行って追善を願う宮中の声明《しょうみょう》法会《ほうえ》をいい、後光厳天皇のときから催されるようになり、後土御門のときに定着したとされている。後土御門は法会の始まりの合図となる楽調子を演奏し、次第のなかの六根段《ろくこんだん》（眼耳鼻舌身意の六根について法文を読誦して懺悔する）の場面でも同じく奏者を務めている。このとき、後土御門は奏楽するばかりでなく、本尊の周りを僧衆とともに歩く、いわゆる御行道《ごぎょうどう》にも加わっている。このように、天皇が奏楽と行道に参加するという形式の御懺法講は、天皇参加型の新たな追善供養会として後柏原天皇にも継承される。

笙のご灌頂

後土御門の笙の習得に対する取り組みは、ご灌頂《かんじょう》という形で究極を迎える。灌頂とは、もともと琵琶の最秘曲啄木《たくぼく》を伝受することを真言密教の伝法灌頂《でんぽうかんじょう》に擬して灌頂と称したことに由来するが、笙においても最秘曲である荒序《こうじょ》という曲を伝受することを灌頂と称するようになった。後土御門は、これまで他の笙の秘曲を伝受していたが、最秘曲荒序の伝受には至っていなかった。

後土御門は明応二年（一四九三）九月、ついに豊原繁秋《しげあき》を師範として荒序を伝受した。この数年は、将軍義尚、義政が相次いで逝去し、義尚の後に十代将軍となった義材《よしき》が細川政元《まさもと》に廃立され、新たに十一代義澄《よしずみ》が擁立されるという明応の政変が起きるなど、世上が混乱している最中であった。そうした状況下においても、後土御門は正月の節会のなかに舞楽や殿上淵酔《でんじょうえんずい》を取り入れるなど、熱心に宮廷音楽の復興を行ってきた。このたびの荒序の伝受、すなわちご灌頂はその一環で、自らも笙の奏者として頂点を極めるとともに、そのことを広く示す意図があったのであろう。

おわりに——手猿楽の興行

最後に、手猿楽《てさるがく》という素人猿楽が定期的に禁裏で催されるようになったことについて触れておきたい。

後土御門以前の禁裏では、専業猿楽は不浄の者として卑賤視《ひせんし》され、禁裏への参入は基本的には避けられていた。称光天皇のときには内侍所《ないしどころ》の籤《くじ》によって専業猿楽の禁裏への参入が停止され、演能は完全に行われなくなった。しかし、同じ猿楽でも、担い手が専業の者ではない声聞師《しょうもじ》などの素人による手猿楽は参入が許されていた。後花園在位時代には小犬という声聞師が禁裏に召され、手猿楽が数多く行われている。声聞師とは庭仕事や経読《きょうよみ》、曲舞《くせまい》などさまざまな雑芸を得意とした散所民《さんじょみん》であり、禁裏の穢《けがれ》や災いを払い清める職能を持つとされた。そのため、専業猿楽ほど卑賤視されることもなく、禁裏への参入が可能とされたのである。

後土御門の時代になると、手猿楽は猿楽を専業とするいわゆる大和四座《やまとしざ》とは異なる在野の芸能集団として活躍するようになる。この頃禁裏に出入りした手猿楽の演じ手は、声聞師系に代わって公家の家司や武家の被官として、それまで謡を中心とした芸をたしなんだ下級官人衆が中心となっている。その後、上流都市民によって構成された手猿楽グループも禁裏に出入りするようになる。

文明年間中頃になると、禁裏における手猿楽にも開催月や興行の申沙汰を行う主体におおよその規則性が見られるようになる。すなわち、開催月は主に正月・二月・三月・七月であり、申沙汰のメンバーは、女房・勝仁親王・皇族僧侶・禁裏小番衆（内々・外様）などであった。小森崇弘氏の研究によれば、申沙汰を担った人々は天皇と親疎関係にある者たちであり、手猿楽は戦乱によって衰退した朝儀に代わって催された「新春の君臣関係確認儀礼」としての性格を持っていたのではないかとされている。

なお、文明九年（一四七七）から申沙汰を行うメンバーに摂家・清華家の家が新たに加わるようになる。

天皇との関係では疎外されていた感のあった摂家・清華家の公家が、多額の費用を負担することにより中沙汰に参入できるようになったものの、前述した月次外様和漢連句御会と同様に、明応三年（一四九四）以降、徐々に中沙汰からも脱落していくようになる。

戦国時代の幕開け期に天皇となった後土御門が作り上げた宮廷文化は、禁裏小番衆、とくに内々衆といった近臣を核としつつ、武家の被官人《ひかんにん》、禅僧、遁世者、地下楽人《じげがくにん》、連歌師などさまざまな階層の者が入り交じった、旧来なかった新しい文化であった。

（豊永聡美）

【主要参考文献】

朝倉　尚「禁裏連句連歌御会と禅僧―文明後半・長享・延徳・明応期を中心として―」（『連歌と中世文芸』角川書店、一九七七年）
石原比伊呂「義政期の将軍家と天皇家」（『室町時代の将軍家と天皇家』第十章、勉誠出版、二〇一五年）
池田美千子「中世後期の猿楽―天皇・院・室町殿との関係―」（『お茶の水史学』五六号、二〇一三年）
稲垣弘明「戦国期初頭の蹴鞠―応仁・文明～明応期の蹴鞠会―」（『中世蹴鞠史の研究―鞠会を中心に―』第三章、思文閣出版、二〇〇八年、初出は一九九一、九六年）
井原今朝男「廷臣公家の職掌と禁裏小番制―甘露寺親長を事例に―」（『室町廷臣社会論』第三章、塙書房、二〇一四年）
五島邦治「文明年間の内裏手猿楽について」（『芸能史研究』一一三号、一九九一年）
小森崇弘『戦国期禁裏と公家社会の文化史―後土御門天皇期を中心に―』小森崇弘君著書刊行委員会編、二〇一〇年）

酒井信彦「朝廷年中行事の転換―「御祝」の成立―」（『東京大学史料編纂所報』一八、一九八三年）、同「応仁の乱と朝儀の再興―正月三節会を中心に―」（『東京大学史料編纂所研究紀要』第五号、一九九五年）、同「戦国時代における朝廷の文化活動―後土御門天皇在位期の文芸的御会―」（『儀礼文化』三七号、二〇〇六年）

坂本麻実子「応仁の乱後の天皇家の雅楽」（『桐朋学園大学研究紀要』第二十集、一九九四年、同「戦国時代の御遊―後柏原天皇の御会始御遊をめぐって―」（『桐朋学園大学研究紀要』第二十三集、一九九七年）

末柄　豊『戦国時代の天皇』（日本史リブレット、山川出版社、二〇一八年）、同「後土御門天皇の絵巻披見をめぐって―南都の絵巻を中心に―」（『東京大学史料編纂所附属画像史料解析センター通信』四一号、二〇〇八年）

高岸　輝「応仁・文明の乱後の文物復興と土佐派・狩野派」（『室町王権と絵画』第九章、京都大学学術出版会、二〇〇四年）

田村　航「一条兼良の注釈の深化―『伊勢物語愚見抄』をとおして―」（『一条兼良の学問と室町文化』第一章、勉誠出版、二〇一三年、初出は一九九五年）

鶴崎裕雄「戦国社会と連歌師―牡丹花肖柏の生涯を通して―」（国立歴史民俗博物館編『和歌と貴族の世界―うたのちから―』、塙書房、二〇〇七年）

豊永聡美『中世の天皇と音楽』（吉川弘文館、二〇〇六年）、同『天皇の音楽史』（吉川弘文館、二〇一七年）

所　功「〈解説〉建武年中行事の成立と影響」（『京都御所東山御文庫本建武年中行事』国書刊行会、一九九〇年）

久水俊和「『凶事記』の作成とその意義―東坊城和長の『明応凶事記』―」（『室町期の朝廷公事と公武関係』岩田書院、二〇一一年）

廣木一人「後土御門天皇家の月次連歌会」（『青山語文』三十一、二〇〇一年）

三島暁子「御懺法講への転換と定着―視る荘厳から聴く荘厳へ―」（『天皇・将軍・地下楽人の室町音楽史』第六章、思文閣出版、二〇一二年、初出は二〇〇三年）

後柏原天皇

——践祚二十年を経ての即位

誕生　寛正五年（一四六四）十月二十日
崩御　大永六年（一五二六）四月七日

諱　勝仁
父　後土御門天皇
母　庭田朝子（蒼玉門院）

在位期間
明応九年（一五〇〇）十月二十五日
～大永六年（一五二六）四月七日

陵墓　深草北陵（京都府京都市伏見区深草坊町）

はじめに――修練を積んだ親王時代

後柏原《ごかしわばら》天皇は、後土御門天皇の第一皇子として寛正五年（一四六四）に生まれ、文明十二年（一四八〇）に元服する。勝仁《かつひと》親王と名乗った親王時代を経て、明応九年（一五〇〇）に践祚すると、永正の錯乱など社会を揺るがす大事件に自身の人生を翻弄されながら、大永六年（一五二六）まで六十三年の歳月を歩んだ。

多くの困難に遭遇してきた後柏原を正面から取り上げた研究は、大きな足跡を残した国文学・音楽史では見られるものの、政治面では見られない。そのため、後柏原の実像はいまだ解明されたとは言い難い状況にある。そこで、まずは徐々に混迷を深めていく時代の様相と後柏原の動向を理解するために、後柏原の半生を追っていこう。なお、これから親王時代の後柏原について見ていくが、混乱を避けるため、表記を「勝仁親王」ではなく「後柏原天皇」（あるいは「後柏原」）とする。

さて、応仁元年（一四六七）、後柏原天皇が四歳のときに応仁・文明の乱が勃発する。社会が混沌とするなか、幼い後柏原は学問に励み、後に重大な足跡を残すことになる和歌などの素養を身につけていった。

文明二年、代々天皇家に学問を教授することを務めとしていた清原氏から宗賢《むねかた》を師に迎え、後柏原は、わずか七歳にして家族を中心とした道徳を説く『孝経《こうきょう》』を読みはじめる。『孝経』を読み終えると、引き続き宗賢から天人合一《てんじんごういつ》の真理や中庸《ちゅうよう》などを説く『中庸』を学んだ。これら以外にも、宗賢からは人間の道徳的な正しい生き方の追求や仁愛と家族の倫理を記した『論語《ろんご》』を学び、当時を代表する公家で後柏原の治世を支え続ける三条西実隆と一緒に復読している。敬虔な仏教徒でもあった後柏原は、大永五年に疱瘡が流行したとき、自ら筆をとり『般若心経』を奉納することで万民の安寧を祈った。この背景には、仏教の教えだけでなく、幼いころに書物から学んだ君主としてのあり方も影響していると思われる。

後柏原天皇和歌懐紙　東京国立博物館蔵　Image: TNM Image Archives

そして雅楽でも、箏では四辻季春《よつつじすえはる》を、笙では豊原縁秋をそれぞれ師範として曲の伝授を受けている。蹴鞠では、蹴鞠の会を催していることに加え、稽古を重ねているところや、御所に蹴鞠用の庭を造っているところから、その熱心さがうかがえる。最終的には飛鳥井雅康《まさやす》から蹴鞠作法を伝授されている。

このほかにも、親王時代から数多くの歌会を開催している。ときには将軍足利義尚《よしひさ》と和歌の贈答を行ったり、幕府主催の和歌会に和歌を詠進したりしている。すでに親王時代から活発に和歌を作製し、それを用いて武家と交流を図っていたことが確認できる。詳しくは後述するが、公宴御《こうえんぎょ》会《かい》と呼ばれる後柏原の治世下で新たに創出された行事は、親王時代の歌会を基盤としている。このような歌会で、後柏原は和歌の技術を磨いていったのである。

学問を修め、雅楽の演奏や和歌をはじめとする詩歌に秀でることは、天皇の資質として非常に重要であった。それゆえ、後柏原も歴代の天皇と同様に各分野の修練を積んだのである。ところが、時代の荒波は後柏原を飲み込み、天皇になるために必要不可欠な儀式である即位式の実施をめぐって苦しい日々を送ることになる。

一、困難続きだった即位

最初の即位延期

明応九年（一五〇〇）十月二十五日の夜、三十七歳となった後柏原天皇は、天皇の象徴たる三種の神器を相続する践祚の儀を行った。この日は、多くの人々が感動するほど天気快然であったというが、時代はまったくそうではない。

同二年、管領として将軍足利義稙《よしたね》（当時の名は義材。以後、義稙に統一）を補佐していた細川政元が、畠山基家《もといえ》を征伐するために畠山政長《まさなが》とともに河内国に向かった義稙に背いて新しく足利義澄を将軍に据えるクーデターを起こした。いわゆる明応の政変である。河内国にいた義稙と政長のもとには政元から軍勢が差し向けられ、結局、義稙は捕まり京都に幽閉されることになった。ただし、義稙は、後に脱出に成功し越中国に逃亡している。政長は政元の軍勢に抗しきれないと悟った段階で切腹し、政長に付き従っていた息子の尚順《ひさのぶ》は紀伊国に逃れた。ところが、後柏原の践祚前年にあたる同八年、勢力を挽回し紀伊国から天王寺《てんのうじ》（大阪市天王寺区・阿倍野区）に進軍した尚順と、同じく越中国から越前国に進軍していた義稙が、政元の挟撃を画策したのである。これに対して政元は、坂本（大津市）まで進んだ義稙の軍勢を自ら食い止め、尚順の軍勢を家臣の赤沢朝経《あかざわともつね》（宗益《そうえき》）に防衛させてこの難局を打開し、再び尚順を紀伊国に追いやることに成功した。しかし、その後も和泉・河内方面で争いは継続していくことになる。

そのような状況下で践祚した後柏原は、早速、皇位を継承したことを内外に示すため、文亀元年（一五〇一）三月、中御門宣胤《なかみかどのぶたね》や三条西実隆などを呼び出し、即位式に関する七か条の諮問事項の検討を命じた。このうちの一つである即位式の費用捻出を武家に依頼する件は、即日、朝廷（天皇）と幕府（将軍）を取り次ぐ武家伝奏《ぶけてんそう》の勧修寺政顕《まさあき》を通じて、義澄と足利家の家宰《かさい》的立場にあった政所《まんどころ》執事《しつじ》の伊《い》勢《せ》貞陸《さだみち》に伝えられた。そして、八月に但馬国から三千疋（百疋＝十万〜十五万円程度）、十月に丹後国から二千疋が納入されたが、即位式を実施できるほど十分な額とはならなかった。その理由は、段銭《たんせん》と呼ばれる幕府が全国の土地に賦課し徴収する租税が、応仁・文明の乱後、幕府の支配地域縮小により機能しなくなったことがあげられる。さらに、政元が後に「即位大礼御儀無益」として諸国に段銭を賦課する必要はないとしたように、幕府の有力者が即位式を実施する必要性を感じていなかったことも原因の一つだろう。

廷臣の一人である甘露寺元長《かんろじもとなが》は、即位式の実施は極めて難しいが放置することのできない問題と認識していた。加えて、元長は有名無実化し、徴収が困難となった段銭に代わって、足利将軍家が交易で得た利潤を即位式の費用とすることに期待を寄せていた。幕府の費用徴収能力の低下を知りつつも、あくまでその費用調達を幕府に頼ろうとする元長の姿勢は、当時の朝廷と幕府の関係を示すうえで興味深い。しかし、元長の期待もむなしく、幕府は十分な額の費用を捻出できなかった。それゆえ、十二月に予定されていた即位式も延期となった。

永正年間の混乱と相次ぐ即位の延期

永正年間（一五〇四～二一）に入ると、細川政元は、前将軍足利義稙・畠山尚順勢力との対立以外にも、自身を支える直臣集団「内衆《うちしゅう》」の独立化に悩まされていく。そして永正四年六月、内衆の薬師寺長忠《やくしじながただ》や香西元長《こうざいもとなが》が竹田孫七《たけだまごしち》と謀って政元を暗殺するという一大事件を起こしたのである。当時、「天下無双之権威《てんかむそうのけんい》」であった政元が殺害されたことで、社会はより混沌としていく。

政元の暗殺直後、長忠や元長は、摂関家の九条家から政元の養子となっていた澄之《すみゆき》を擁立し、細川氏庶流の阿波細川氏から同じく政元の養子となっていた澄元《すみもと》を攻めて近江国甲賀《こうか》（滋賀県甲賀市）に追いやった。ところが、甲賀に追いやられた澄元を支持するもう一人の養子高国《たかくに》が、八月に澄之のもとを襲撃し、澄之・元長・長忠を討ち取る。その結果、甲賀にいた澄元が上洛し、細川本家の家督を継承した。政元暗殺を起点とする一連の騒動はこれだけで収束せず、今度は澄之を倒した高国が、家督を継いだ澄元と対立しはじめる。高国は、明応の政変以降、細川氏と敵対関係にあった前将軍義稙・尚順と手を結び、現将軍義澄と澄元を京都から追い出すことに成功する。これにより、義稙が再び征夷大将軍となり、京都に復帰するのである。

同七年三月、将軍に復帰した義稙が、内々に後柏原天皇の即位式の実施について申し入れたことで、朝廷はその実現に向けて動き出す。廷臣で中心となって準備を進めたのは三条西実隆であった。まず、実隆は延期となった文亀元年（一五〇一）の担当者である町広光《まちひろみつ》が残した記録、後小松天皇や後花園天皇の即位式における廷臣の配役、後土御門天皇が即位したときの参加者の確認をしている。それだけではなく、即位式で諸事の指揮をとる役目にあたった松木宗綱《まつきむねつな》や正親町三条公兄《きんえ》の相談も受けるなど、さまざまな役割を担った。しかし、年内に即位式を実現させることはできなかった。

明くる同八年三月、朝廷では天皇の玉座である高御座《たかみくら》を修理するため、使者を武家に遣わして段銭徴収の催促を行ったが、前年越前国から段銭五万疋が納入されて以後、段銭の納入は滞っており、ここでも即位式は実行に移されなかった。この間、京都を追放された澄元方の軍勢が勢力を盛り返し、政権を握っていた高国・大内義興《おおうちよしおき》軍と船岡山《ふなおかやま》（京都市北区）で対決している。高国と義興は澄元軍を打ち破り、ついに京都は軍事的安定を得るに至った。朝廷は、それ以降も費用の調達を幕府に催促し続け、三十万疋を集めたが、即位を実現することはできなかった。また、義興も十万疋を進上すると申し入れたものの、捻出できないでいた。

同十四年、後柏原の治世はすでに十七年に及んでいたが、即位式が延期され続けている当時の状況は「末代之至極《まつだいのしごく》」と表現され、廷臣の間では「前代未聞事《ぜんだいみもんのこと》」と認識されるようになっていた。

二十年越しの即位

後柏原天皇は、最初の即位式延期後、三条西実隆に「自分は三十七歳で践祚した「御晩達」であるから、即位の延期には嘆くしかない」と語ったことがある。即位できないことに対する焦りや劣等感は、相当のものであったと推測される。かつて、承久の乱（承久三年〈一二二一〉）に敗北した結果、鎌倉幕府によって即位せぬまま廃位させられた天皇は、明治天皇が仲恭という諡号《しごう》を贈るまで「九条廃帝《くじょうはいてい》」などと呼ばれ、歴代の天皇に数えられていなかったことが知られている。末柄豊氏は、後柏原も自分自身が歴代の天皇に数えられなくなる事態を恐れていたと指摘している。

このほか、即位していない影響は行事面にも出ている。後柏原は、永正十四年（一五一七）に正月三節会といわれる元日節会・白馬節会・踏歌節会を再興したが、即位する以前なので出席しなかったという。このように、たとえ行事を再興したとしても即位していなければ、天皇として朝廷の重要行事に臨むことも憚られたのである。同十六年には、後柏原が即位式の実現を神仏に祈っていることも見られるが、祈りは届かず、同十七年も費用の欠如や細川高国の出兵によって即位式は延期されてしまう。しかし、ついにそのときはやってくる。

大永元年（一五二一）二月、足利義稙が即位式の費用を朝廷に進上したことで、翌月に即位式を実施することが決まった。これにより、後柏原は石清水八幡宮や春日社に即位式当日が荒天にならないように祈るなどして準備を進めたが、またしても状況を大きく変える出来事が起きる。ここにきて、義稙が高国あるいは畠山順光《のぶみつ》の専横に不満を持ち、和泉国堺（大阪府堺市）を経て淡路国に出奔してしまうのである。廷臣の鷲尾《わしのお》隆康《たかやす》は、今回も延期と思い嘆きつつ後柏原のもとに参ったが、後柏原は隆康に即位式を強行する意志を示した。隆康は、その判断は当然と同調しながらも、費用の捻出元となる幕府に即位式の強行をどのように説明するかという点を気がかりにしていたようである。

水野智之氏は、三月二十日に高国が朝廷に来て、即位式の警固に関して談合している点に注目し、高国には朝廷をないがしろにする義稙を糾弾する材料として、即位式の警固を利用する思惑があったと論じている。そうであるならば、高国側と朝廷側の交渉は、朝廷側が即位式の警固を義稙の糾弾に利用することを許すかわりに、後柏原の即位式強行を幕府に認めさせるという内容が想定される。二十一日は祈ったにもかかわらず雨が降り延期になったが、翌日、後柏原は高国やその被官たちに警固されながら、無事に即位式を実施した。このとき、後柏原は五十八歳。最初の即位延期から二十年を経ての即位であった。

武家との友好関係構築に努める

後柏原天皇の人生は、将軍や幕府の動向に左右され続けてきたが、いったい後柏原と武家はどのような関係にあったのだろうか。今度はその点を見ていこう。

まず、践祚したときの将軍足利義澄とは良好な関係にあった。義澄は、後柏原から勅書を賜われば、その御礼にわざわざ朝廷に参っている。また、両者は歌会で和歌を詠みあったり、花を観賞する宴を催してお酒を飲み交わしたりしている。加えて、和歌の贈答もよく行っている。ほかにも、義澄が足利尊氏など先祖の詠歌十二首を色紙に書いてほしいと願った際には、後柏原が自ら十二首を書き送り、それに対して義澄も太刀や馬を献上して感謝したことが記録に残されている。文亀二年（一五〇二）、細川政元に不満を持った義澄が岩倉《いわくら》（京都市左京区）にある金龍寺《きんりゅうじ》に向かったとき、政元が後柏原を頼ったのも、後柏原と義澄の良好な関係を考慮してのことだと思われる。

永正五年（一五〇八）、義澄が京都から追放されると、義稙が京都に戻ってくる。当初、義稙は朝廷とは距離を置く姿勢を見せていた。しかし、後柏原をはじめとする朝廷は、義稙を将軍として認める立場を取り、新政権に対して宥和的な態度で臨んでいる。後柏原は、義稙が朝廷に来て酒を献上すれば宴を催し、義稙が病気となれば、その治癒を願い神楽を行っている。義澄のように和歌による交流は確認できないが、義稙との関係も悪くないと考えてよいだろう。ただし、後柏原が細川高国と取り引きを行い即位式を強行したことで、義稙との距離は離れていったとされている。

大永元年（一五二一）三月に義稙が出奔した後、高国は新将軍として義澄の子・足利義晴《よしはる》を擁立した。七月に上洛した義晴に後柏原は銀剣を与え、義晴からは馬と太刀が献上された。それから五ヶ月後の十二月、義晴は朝廷から征夷大将軍に任命される。水野智之氏は、朝廷は京都を支配していた義晴・高国を正統な権力として見なしつつあったが、敵対している義稙の動向を見極めていたので、義晴の将軍任官に五ヶ月を要したとしている。

以上のことから、後柏原は京都を支配する武家と良好な関係を構築することに努めていたことが理解できる。その理由は、後柏原の即位には武家の力が必要であったこと、天皇や朝廷を保護する存在として、京都を実行支配する武家に期待を寄せていたことがあげられる。一方の武家にとっても、将軍の任命は天皇・朝廷が行うこと、ときには天皇の意志という大義名分を得て敵対勢力の討伐を行えることなど、正当性を確保する面で天皇・朝廷に利用価値があった。それゆえ、京都を支配する武家も天皇・朝廷に友好的に接していたのである。

二、廷臣たちとの関係

山科言国からみる天皇の側近

後柏原天皇の親王時代からの近臣に山科言国《やましなときくに》という人物がいる。言国は、天皇の衣装を整えたり、笙の演奏で奉仕する家柄にあり、後柏原が践祚したとき四十八歳であった。文亀元年（一五〇一）十一月、後柏原は言国が病気になったことを知ると、言国が病気にかかってしまい心許ないといった内容の手紙を送っている。このように、言国は篤い信頼を得ていた廷臣であったのである。言国は同三年に死去するが、彼の残した日記『言国卿記』には、後柏原との交流が数多く記されている。そこで、言国を事例に天皇の側近くに仕える公家の様子を見ていくことにしよう。

そもそも言国は、後柏原が親王だったころから衣服の調進を命じられたり、一緒に音楽を演奏したりしていたので、後柏原と顔を合わせることも多かった。そして、ともに宴を楽しむなど、後柏原が践祚する以前からすでに昵懇の間柄にあった。しかし、両者を強く結びつけたものは職務による奉仕だけではない。しばしば言国は、後柏原に囲碁の相手として呼び出され、その際に色々なことを語り合っている。つまり、囲碁が両者の関係をより密接にさせたのである。

またある日、後柏原は言国と会話するなかで、言国宅に咲いている藤の花を見たくなった。早速、言国は藤の花一房を献上するのだが、そのとき、桶一つと三種類の土器も自宅から取り寄せ一緒に献上し喜ばせている。さらに、後柏原の命で言国が預かっていた盆山石を返上する際に竹を付して返したことで、後柏原より「見事ナル」という言葉をかけられ、後に御前で賞されたこともある。このように、言国は風流にも通じており、それも後柏原の評価を高める要因となったのである。

同二年十一月、言国は後柏原が借りていた花山院《かざんいん》家の鞠譜を返却する使者として花山院政長《まさなが》のもとに行き、後柏原の言葉を伝えている。ここからは、言国が後柏原の手足となって活動しはじめたことがわかる。このような言国の廷臣としてのあり方から、廷臣の文化的素養は、天皇と一緒に物事を楽しむための知識・技能に留まらない、天皇との距離を縮める機能を持ち、それが天皇の活動を支えていく廷臣を生み出す役割も果たしていたことが理解できる。まさに言国は、後柏原最初期の側近であり、活躍が期待される存在であったが、同三年、病により世を去ってしまう。言国亡き後は、三条西実隆や広橋守《もり》光《みつ》などが、後柏原の意を取り次いだり、よく諮問に答えたりして政治を支えていくことになる。

外記局への関わり方にみる政務運営

先に、後柏原天皇の親王時代の学問の師匠として清原宗賢の名をあげた。ここでは、宗賢の息子宣賢《のぶかた》が起こした騒動を中心に、外記局《げききょく》と呼ばれる国政を司る太政官《だじょうかん》の事務局で奉仕する廷臣に対する後柏原の関わり方を見ていこう。

清原氏は、天皇家の学問の師匠となる以外にも、外記局の長官を務めた後、少納言《しょうなごん》という官職に就く家柄でもあった。しかし、宣賢は文亀元年（一五〇一）六月、「武家執奏」という天皇でも断ることができない将軍の強力な口利きを足利義澄に依頼し、外記局の長官を飛ばして少納言となることに成功した。この本来の昇進ルートを逸脱した宣賢の行為は、公家社会の秩序を乱す重大な事件と認識された。なぜならば、外記局での奉仕は、天皇の政務を支える重要な職務であるにもかかわらず、それを経験せずに少納言になったことは、朝廷を衰退させる原因になると見なされたからである。また、そもそも「武家執奏」を利用したこと自体が、朝廷を軽んじる「第一之狼藉」とされた。三条西実隆も、宣賢が清原氏歴代の先祖が就いていた外記局の役職を卑官《ひかん》として避け、直接少納言となったことは、不当な家格上昇を意図するものであると批難している。

この騒動の翌月、宣賢は自身が任じられていた大炊頭《おおいのかみ》と主水正《もんどのかみ》を息子に譲りたいと申請したが、後柏原は、宣賢が少納言となるために利用した手法が道理に合わないことを理由に却下した。それだけでなく、この時期、大炊頭として支配していた所領が没収される可能性も高まっていたとされている。後柏原は、「武家執奏」によって宣賢の少納言任官を許さざるをえなかったが、これを相当不快に感じていたようである。しだいに後柏原の怒りが父である宗賢にも伝わり、宗賢は恐怖を抱くようになっていた。九月になると、宗賢と宣賢は実隆のもとを訪れ、「身上事」を後柏原に取りなしてほしいと依頼した。実隆は「それは難しい」と返答したが、二人が書状を持参してきたので後柏原に披露することになった。

しかし、後柏原は宗賢と宣賢を許さなかった。再度、宗賢と宣賢は書状を携えて実隆のもとに行き、「身上事」が赦免されるように取りなしてほしいと依頼したが、後柏原の意志は強固で説得は困難と、実隆は二人に語っている。その後しばらく、宗賢と宣賢は後柏原の怒りを買い続けたが、十二月中旬に宣賢の養子業賢《なりかた》が外記局の職員となり、先祖代々の昇進ルートを違わないようにすると宣賢が誓約したことで、やっと後柏原の怒りは解け、二人は許されたのである。

後柏原が清原氏に厳しく対処している一方で、もう一つの外記局の長官を輩出する家である中原氏には救済の手を差し伸べている。永正元年（一五〇四）、困窮に堪えられず、家を捨て出家を試みた師象《もろかた》に、後柏原は憐れみをかけて千疋を下した。それにより、中原氏は困窮を乗り越えることができたのである。

このように、後柏原が清原氏に厳しく対処し、中原氏に施しを与えたのは、公家社会の秩序維持や困窮する廷臣の救済だけが目的ではないだろう。外記局の長官となる清原・中原氏の職務は、行事運営に関連する実務の統轄、行事や廷臣の昇進に関する先例の調査である。この職務を両氏とも放棄したとなれば、朝廷の運営に重大な影響を与えかねない。つまり、後柏原の清原氏と中原氏に対する対処は、両氏を外記局に留め、朝廷の運営基盤を護るための措置でもあったのである。

おわりに――新しい行事と伝統の整備

最後に、後柏原天皇が後世に残したものを国文学の研究成果によって確認しておきたい。親王時代から和歌を嗜んでいたことは先述したが、在位中もほかの公務を果たしながら、構想に沿ってかなり自在に歌を読み分けることができたとされており、相当な技量を備えていたことが知られている。その技量は、践祚後すぐに山科言国に指導を行っているほどであるから、親王時代の研鑽もさることながら、やはり抜きんでた才能があったということなのだろう。

それゆえか、後花園天皇の勅命で永享十一年（一四三九）に『新続古今和歌集《しんしょくこきんわかしゅう》』が編纂されて以降、勅撰和歌集は編纂されていなかったが、歌人の冷泉為広《れいぜいためひろ》は、後柏原が勅命を下し、再び勅撰和歌集が編纂されることに期待を寄せていた。しかし、勅撰和歌集は編纂されなかった。衰退した朝廷に勅撰集をつくる力はなかったのである。

その代わりに、天皇を中心とする新しいシステムを整備し持続可能なものとすることで、後世まで残る行事を創始している。それは公宴御会と呼ばれる天皇主催の歌会である。公宴御会は、基本的に取りまとめ役の奉行が事前に歌の題を知らせ、それを受けた参加者が、詩歌を作製し奉行を通じて宮中に届ける。そして、宮中では奉行が天皇の御前でそれらを取り重ね、当日を迎えるという段取りになっていた。毎月二十五日に行う定例の公宴御会である月次《つきなみ》御会では、決まったテーマの和歌を詠む会と、題を隠した短冊を参加者がランダムで分け合って歌を詠む会とを交互に開催するようにしていた。これも、後柏原が導入したものであった。ただし、廷臣の参加はなく、作製された詩歌が披露されることもない。この形式は、経済的・時間的に毎月大規模な歌会を催すことが不可能であることや、多少の動乱の中でも、経済的な困窮の中でも、不足の事態にも流動的に対応することが可能であり、比較的少ない負担で存続可能であることを考慮して生み出されたとされている。

月次御会と異なる様相を呈するのは、年始の公宴御会にあたる御会始である。これは一つのテーマのもと、参加者が和歌を作製し披講する歌会となっている。つまり、和歌を作製した廷臣は参会して作製した和歌を詠み上げて披露するのである。普段の月次御会では詠み上げることのない和歌を、御会始のみ詠み上げることで差別化を図ったのである。その結果、御会始は宮中における正月の年中行事として定着し、五百年近くを経た現在も続く行事となっていくのである。ほかにも、後柏原は七夕や重陽の節句に行う御会も、廷臣の参加はなく詩歌を提出するのみという形式に整備している。

後柏原が整備した公宴御会に参加する廷臣は、近臣と、父後土御門天皇以来参加することが慣わしとなっている小倉《おぐら》家・姉小路《あねがこうじ》家・中御門家などに限られていた。そのため、公宴御会に参加する廷臣以外が和歌を作製し提出する機会は非常に少なかった。それは、和歌の世界で重要な役割を担ってきた歌道家の地位低下という思わぬ効果をもたらした。確かに、当時を代表する歌人冷泉為広や政為《まさため》、飛鳥井雅俊《まさとし》には公宴御会で重要な役割を割り当てられている。しかし、これは歌人を輩出する家ゆえに形式的に割り当てられたにすぎず、その人の家が伝える知識や作法などによって特別な立場を担ったわけではなかった。実際は、公宴御会の中心にあった三条西実隆や、実務を担った甘露寺元長の経験が支えていたのである。このようなあり方が、公宴御会を天皇と限られた近臣の和歌の場という性格を決定づけ、新しい伝統として後世に受け継がれていくのである。

（森田大介）

【主要参考文献】

末柄　豊「禁裏文書にみる室町幕府と朝廷」（『ヒストリア』第二三〇号、二〇一二年）
末柄　豊『戦国時代の天皇』（日本史リブレット、山川出版社、二〇一八年）
高柳祐子「和歌史の岐路に立つ天皇―後柏原天皇と御会の時代―」（『国語と国文学』第八十六巻第八号〈通巻千二十九号〉、二〇〇九年）
福島克彦『戦争の日本史一一　畿内・近国の戦国合戦』（吉川弘文館、二〇〇九年）
本山八重子「永正一〇（一五一三）年三月三日起日の後柏原天皇主催着到和歌について―後柏原天皇の短冊詠草を中心に―」（『立教大学大学院日本文学論叢』第十六号、二〇一六年）
水野智之「室町時代における公家勢力の政治動向」（『室町時代公武関係の研究』吉川弘文館、二〇〇五年）
水野智之「戦国期の公家勢力と将軍・大名」（『室町時代公武関係の研究』吉川弘文館、二〇〇五年）
山本啓介「後柏原天皇時代の内裏和歌活動について―時代背景と形式―」（『日本文学』第六二巻第九号、二〇一三年）

後奈良天皇

——足利将軍家分裂の桎梏

誕生　明応五年（一四九七）十二月二十三日

崩御　弘治三年（一五五七）九月五日

諱　知仁

父　後柏原天皇

母　勧修寺藤子（豊楽門院）

在位期間

大永六年（一五二六）四月二十九日

～弘治三年（一五五七）九月五日

陵墓　深草北陵（京都府京都市伏見区深草坊町）

般舟院陵（京都府京都市上京区般舟院前町）

はじめに――畿内の動乱のなかで

後奈良《ごなら》天皇（以下、後奈良）は、後柏原天皇を父に、勧修寺藤子（典侍《ないしのすけ》、東洞院殿《ひがしのとういんどの》、豊楽門院《ぶらくもんいん》）を母として明応五年（一四九七）に生まれ、父天皇の崩御をうけて、大永六年（一五二六）四月二十九日に践祚した。後奈良はその後、三十余年に及ぶ在位を経て、弘治三年（一五五七）に六十一歳で崩御した。

後奈良が在位していた時代は、戦国期の真只中であり、畿内の政情が大きく変化した時期であった。とくに大きな変化としては、それまで畿内で勢力を持った細川京兆家《けいちょう》（管領細川氏、細川氏の惣領家）が衰退し、その被官であった三好《みよし》氏（とくに三好長慶《ながよし》）が台頭したことがあげられよう。後奈良在位期間に該当する将軍は、第十二代足利義晴と第十三代足利義輝《よしてる》であったが、動乱により将軍の京都不在も多かった。

このような動乱に、後奈良はどのように対応したのであろうか。この時代は、それまでの将軍権力が動揺するなかで、相対的に天皇権威が上昇しはじめた時期とされる。そのなかでも従来とくに関心が示されてきたのは、後奈良と戦国大名との関わりであった。とくに戦国大名が、将軍を介さずに後奈良へ直接官位を求めたことが知られている。しかし、このような面に反して朝廷の経済的衰微に、朝廷に奉公するはずの公家衆たちの地方下向、朝廷を支えるはずの将軍家の不安定化、戦乱にともなう京都近郊での戦闘など、むしろ後奈良にとっては苦難の時代であった。

そのなかで天文九年（一五四〇）、後奈良は疫病息災のために、自ら般若心経を認めて諸国に奉納させた。後奈良は現在の疫病は自身の「不徳《ふとく》」のためとして、諸国の寺院に般若心経を奉納させたのだが、これは後奈良が世の中に対して、将軍とは違う責任・役目があると意識していたことを示している。

しかし、後奈良の時代において、たとえ将軍権力が不安定となったとしても、同じ京都に居住する将軍との関係は切っても切り離せないだろう。何より後奈良の時代も、朝廷が幕府を無視して単独で機能したわけではないからである。では、後奈良と将軍（とくに義晴）の実際の関係はどうであったのだろうか。

ところで、後奈良には『後奈良天皇宸記《ごならてんのうしんき》』（『天聴集《てんちょうしゅう》』とも。以下『宸記』）として知られる日記が残されている。日記は正月から十二月まで記載される天文四年（一五三五）と五年、一部が残る同十三・十五年が現存する。室町・戦国期の天皇の日記としては、分量としてはもっともまとまったものである。さらに、宮中の女官の公務日記である『お湯殿《ゆどの》の上《うえ》の日記《にっき》』もこれらと平行して存在するため、後奈良や朝廷の動向はこの日記によっておおよそ把握できる。両者の記述内容が交差するものもあれば、それぞれにしか記述がない場合もあるため、日記それぞれを比較することでより後奈良の実状を知ることができる。

そこで本項では、後奈良自身による『宸記』を中心に、後奈良と将軍権力との関わり、さらにそこからうかがえる後奈良の思考や人物像に迫っていきたい。

一、遅れた即位式

大名たちからの献金

戦国期の天皇の一つの特徴は、践祚より即位式まで長い年月がかかったことである。後奈良も大永六年（一五二六）に践祚したのち、即位式を挙行できたのは天文五年（一五三六）であった。

即位式がすぐに挙行できなかった一番の理由は、挙行費用がないという経済的な問題があったためである。父天皇の崩御により後奈良は践祚したものの、その際も費用が問題となった。それは、幕府が葬礼と践祚を合わせて、総費用が六万疋（現代の価値で約六千万円）しか用意できなかったためである（『二水記《にすいき》』）。当然、このような経済状況のなかで後奈良の即位式まで挙行することは困難だろう。

そのような経済危機のなかで、朝廷に多大な献金を行ったのが、周防山口を拠点とし、周防・長門などの守護職を兼ねていた大名・大内義隆《よしたか》であった。大内氏は日明貿易《にちみんぼうえき》などにより莫大な収入を得ており、当時もっとも裕福な大名であった。義隆は、天文三年末に即位式のためとして二十万疋（現在の金額で約二億円）を献金した（『宸記』）。さらに、翌四年には御所の日華門《にっかもん》の修復費用として一万疋（約一千万円）を献金するなど、朝廷への金銭的援助を惜しまなかった。

そのほかにも、費用徴収のために勅使が各地に派遣され、その結果、地方の大名が後奈良に献金すること（越前の朝倉《あさくら》氏など）もあった。これらの金銭援助もあって、翌四年正月には即位式を挙行する目処が付いた。ところが、正月十一日に後奈良の生母勧修寺藤子（東洞院殿）が薨去したのである。勧修寺藤子は後柏原天皇の皇后ではなく、女御（皇后・中宮に次ぐ妃）であったが、生母である藤子のため、後奈良は諒闇（天皇父母の喪の期間）に入った。これが原因で即位式が延期することとなり、結局、後奈良の即位式は天文五年二月二十六日に挙行された（『宸記』）。

御即位図　国立国会図書館蔵

経済的負担をしない幕府

ところで、本来このような即位式費用を用意するのは将軍の役目であったが、当時の将軍義晴が各国へ即位費用の徴収を行った形跡はなく、朝廷からも幕府に費用献上を求めたことが確認されない。さらに、即位式の直前には、伊勢神宮へ奉幣《ほうへい》のための勅使が派遣されたが、神宮に奉納する神馬《しんめ》二匹や白太刀などは、本来幕府が用意すべきものであったものの、朝廷がこれを用意している。その前にも、将軍より後奈良の生母藤子薨去への香典料もなかった（『宸記』）。これは、第一に幕府の経済難にある。当時の幕府も経済的に衰微しており、とても朝廷に対して諸費用を用意する余裕がなかったのである。後奈良も幕府に経済面で期待することが減少していく。

幕府の経済が衰微するなかでも、後奈良は将軍に期待することがあった。後奈良は即位式挙行にあたり、義晴に対して禁裏警固や周辺の掃除のほか、先例に倣い源氏長者《げんじちょうじゃ》（諸源氏の筆頭）補任を推任したのである。義晴は源氏長者補任は遠慮したものの、警固や掃除は承諾した。朝廷の警固や御所周辺の掃除も即位式における本来の幕府の役割の一つであった。源氏長者補任も従来の先例に基づき、後奈良が推任したのであったが、義晴は辞退したのである。

このように、後奈良の即位式に対して、義晴は経済的負担をしない代わりに、警固役（義晴の命により細川晴元《はるもと》が勤める）と掃除役（同じく伊勢貞孝《さだたか》が勤める）という従来の役割のみは果たしたのである。

二、二つの将軍家のはざまで

堺公方足利義維の登場

後奈良の即位式が延引した理由の一つは、当時の畿内の政情不安にもあった。後奈良の践祚当時の将軍は十六歳の義晴であったが、幕府の主導権は将軍家を支えていた有力大名である細川高国が握っていた。しかし、大永六年（一五二六）の後奈良践祚の直後、高国が重臣を粛清したことで細川家中が分裂し、内紛状態となったのである。この事件を発端として、幕府のみならず、京都を中心とした畿内周辺では数年間に及び動乱状態となった。後奈良践祚直後に発生した動乱によって、即位式挙行が難しくなったのである。

足利義晴画像　京都市立京都芸術大学芸術資料館蔵

大永七年には、桂川《かつらがわ》（京都の西部）にて義晴・高国らの幕府連合軍と、義晴の兄弟である足利義維《よしつな》（義晴の兄か弟かは断定できない）を擁する阿波の細川六郎（のちの晴元）とその被官三好元長《もとなが》（長慶の父）らの阿波勢が決戦を行った（桂川合戦）。しかし、義晴らはこの決戦に敗れ、京都を没落することとなった。代わって京都を事実上支配したのが、義維と六郎を擁する阿波勢であった。しかし、義維と六郎らは上洛することなく、堺（大阪府堺市）を拠点とした政権を樹立した（義維を「堺公方」、その政権を「堺公方府」「堺政権」などと呼ぶ）。ここに、将軍家が現職の将軍義晴と、その兄弟である「堺公方」足利義維とに二分する状態となった。

後奈良は、この事態にどのように対応したのだろうか。義維の最終

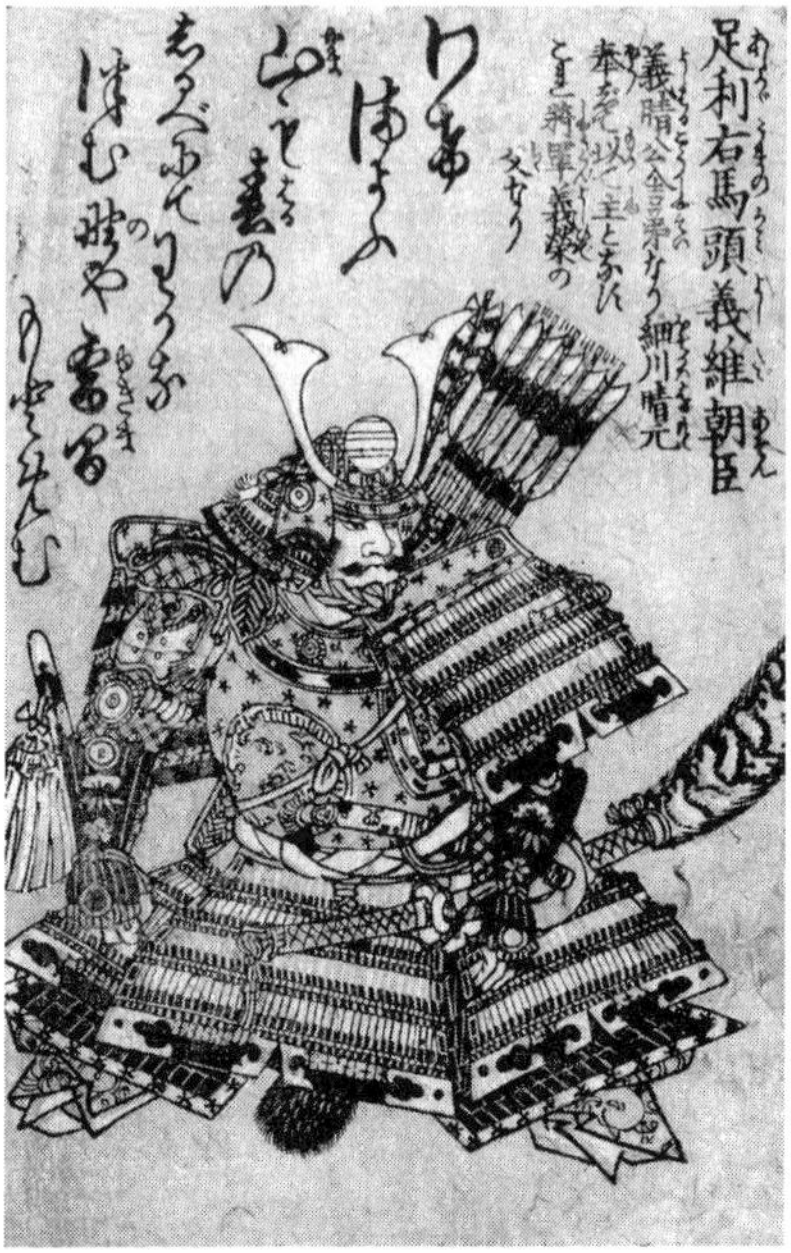

『英雄三十六歌仙』に描かれた足利義維　当社蔵

的な目的は将軍就任であったため、その前提となる「左馬頭《さまのかみ》」の任官を希望した。それに対して、朝廷側は任官には上洛が必要として、義維の上洛を促した（『二水記』）。結局、義維は上洛することなく左馬頭に任官した。この対応から見れば、後奈良は義晴を見限って次期将軍として義維を支持したかのように思える。後奈良としては、実際に義維が上洛し、一刻も早く即位式を挙行できる状態になることが、希望であったと思われる。

では、義維が後奈良の即位式への経済的な支援を申し出たのだろうか。結論からいえば、義維やその陣営が後奈良の即位式挙行に積極的に動いたことはなかった。後奈良は自分の即位式支援に無関心なうえ、いつまでも上洛しない義維に対して、おそらく不信感を抱いたのではないだろうか。

義維に対して、現職の将軍である義晴はなお後奈良や朝廷との関係を積極的に継続した。義晴は近江国朽木《くつき》（滋賀県高島市）に亡命していたが、その間にも可能な限り欠かさず朝廷と交流した（滞在先の朽木と京都は、若狭街道にて一本道にあることも交流を可能とした要因だろう）。たとえば、伊勢国司北畠晴《はる》具《とも》が参議《さんぎ》に任官する際、天皇へ執奏（将軍よりの要請）したほか、定期的な贈答儀礼も継続した。また、高国も公家社会と密接な関係を持っており（とくに徳大寺《とくだいじ》家）、公家衆からも信頼されていたことも、義晴方への支持に関係しているだろう。

このように、義晴は遠く近江の地にいながらも、後奈良や朝廷との繋がりを維持した。これは義晴の強みともいえるもので、このような活動により、義晴は後奈良に自分が正統な将軍であることをアピールすることができたのである（もちろん、義維を将軍としないため）。しかし、後奈良はまったく義維陣営を無視したわけではない。後奈良は義維方の晴元に対して、寺社所領の回復を命じているからである。つまり、後奈良は義晴を正統な将軍として支持しながらも、現在への対応として義維方への命令権や交渉を維持していたのであった（水野二〇〇五）。

義晴への推任と改元

後奈良と義晴との関係をよく示す出来事が、「享禄」と「天文」の二回の改元である。室町時代の改元は、基本的には将軍が天皇に執奏をするかたちで話が進み、幕府の諸費用の支援のうえで行われていた。

大永八年（一五二八）八月、義晴は朝廷に改元について執奏した（『お湯殿の上の日記』）。このとき、義晴は義維方との和睦交渉が決裂し、近江の坂本（大津市）に滞在していた。この時期に改元を執奏したのは、義晴による後奈良への政治的なアピールであったといってよい。後奈良はそれを受け入れて、八月二十日に「享禄」に改元したのである。当然、義晴が経費を負担した。一方、義維は「享禄」の改元を認めず、「大永」をしばらく使用した。これは、後奈良が対立する義晴の要請を受け入れ改元したことへの抵抗であった。さらに、享禄五年（一五三二）にも義晴は改元を執奏した（『お湯殿の上の日記』）。その結果、八月一日に「天文」に改元することになる。これら二度の改元の事例から、後奈良があくまでも義晴を正統な将軍として承認していたことを見て取れるのである。

それだけではない。後奈良は義晴への期待の表れとして、享禄三年正月には、義晴を権大納言・従三位に推任している（当時の義晴は参議兼左近衛権中将）。その理由が興味深い。それは、「現在京都の守りがないため、官位を昇進させた」というものであった（「高代寺日記《こうだいじにっき》」）。これは、将軍は天皇・朝廷を守護する存在であり、同時に洛中の治安維持も行う存在であるから、将軍である義晴に対して京都に戻るように促すためのものであった。また、一向に上洛しない義維に期待しないという表れでもあった。実際に、後奈良は義維へはそのような官位の推任は行っていない（左馬頭のまま）。

このことから、将軍は在京して天皇・京都を守護するものとの意識が後奈良にあったことがわかる。いつまでも上洛せず、現在京都を実効支配するものの即位式に関心のない将軍候補の義維よりも、近江にありながらも朝廷との関係を維持していた現職将軍の義晴を後奈良は評価したのであった。

後奈良はそこまで義晴に期待したのに、義晴はその期待に応えたのだろうか。前述のように、義晴は後奈良の即位式への費用負担をしていない。ではなぜか。義晴がその亡命生活より京都に帰還したのが天文三年九月であり、当初は南禅寺《なんぜんじ》を仮御所とした。同時に、義晴は南禅寺周辺の山上で築城をはじめた。それだけではなく、京都復帰後の将軍御所の再建など、幕府にも多額の金銭が必要となる。そのような状態で、幕府が即位費用を優先して徴収することは無理だったのだろう。さらに、天文四年末には義晴の正室近衛氏が懐妊したため、後奈良の即位式費用ではなく、その出産のための準備費用（御産所御祝要脚）が諸国に課せられたのである（「御産所日記」）。

このような義晴側の都合があり、後奈良の即位式に幕府が資金援助することはなかった。その代わりに求められたのが警固役などであり、義晴はこれは受諾したのである。

三、将軍義晴との関係

勅書での依頼

これまで、後奈良が将軍家の分裂のなかでも義晴を将軍として期待していたことを見てきたが、その後の後奈良と義晴との関係はどうであったのだろうか。

後奈良は天皇として、公家衆の主人という立場であったから、彼らの利益のために義晴へ申し入れることがたびたびあった。天文五年（一五三六）、加賀国内に所領を持つ中院通為《なかのいんみちため》（当時は参議）が幕府奉公衆《ほうこうしゅう》の朝日《あさひ》氏と領有をめぐり相論になった。そのため、後奈良は義晴へ直接勅書（天皇の手紙）を出して、通為の所領維持への尽力を求めた。それに対して義晴は勅書を恭しく受け取り、承知しましたとの旨の返信をしている（武家伝奏宛）。通常、天皇から将軍への依頼は、女房奉書《にょうぼうほうしょ》によって武家伝奏を介して伝えられるが、天皇より将軍へ直接勅書にて依頼することはそうあるものではない。

この場合では、通為の相論の相手が義晴の奉公衆であったことから、通為が裁判で不利にならないように依頼したのであろう。このような義晴への依頼の背景には、公家衆がその家領《けりょう》を維持できない場合、京都を離れて家領に下向することがたびたびあったことがある。そうなると、朝廷に奉公する公家衆が自動的に減少することともなるからである。これをできるだけ避けるためには、公家衆の家領の維持（＝年貢収入の維持）が必要であり、そのために義晴に対してわざわざ勅書を出したのである。

それだけでない。後奈良はその前年にも義晴へ勅書を出している。それは、醍醐寺理性院《りしょういん》による太元帥法《たいげんすいほう》（もとは宮中で行われていた国家安全のための祈禱）開催のための料所が押領されたため、費用の捻出が難しくなったからであった。後奈良は義晴に対して、太元帥法は公武に関わる重要行事であるから中止にならないよう押領を停止させてくれ、そのために直接筆をとったのだと伝えた。これに対して、義晴はやはり受諾する旨を返信している（武家伝奏宛）。このような勅書による依頼だが、軽微な事項や、容認されないようなものであれば、結果的に天皇権威を貶めることになるため、勅書を出す状況を的確に判断することが必要であったという（末柄二〇一八）。義晴も、後奈良の依頼に対しては無碍にせず、承諾する姿勢を示し、権威を落とすことのないよう後奈良の面目を守っている。

義晴からの依頼とその対応

後奈良より義晴へ依頼をすることがあったのと同じく、義晴より後奈良へ依頼をすることも多かった。では、将軍の依頼に対して後奈良はどのように対応したのだろうか。多くは叙任の執奏であり、または裁判沙汰への介入であった。たとえば、天文四年（一五三五）に将軍は紙座《かみざ》（紙の製造販売を独占した集団、この場合は図書寮《ずしょりょう》宿紙座《しゅくかみざ》か）からの年貢課税に関する代官職について、清原宣賢を任命してほしいと後奈良に申し入れた。これに対して後奈良は許可せず（『宸記』）、義晴は武家伝奏を通じて重ねて後奈良に申し入れた。そこで、後奈良は「母豊楽門院の死後百ヶ日未満であるので許可しないが、（過ぎたら）重ねて申し入れるように」と返答した。つまり、暗に百ヶ日を過ぎてから申し入れれば許可をするという意志を示したのである。結果、清原宣賢が代官職に任命されることになった。義晴は御礼として後奈良に太刀を進上している。義晴は武士だけでなく、朝廷の人事にも介入したのである。

ところで『宸記』には、義晴より後奈良への申し入れに対して、不満を漏らしていることが見える。とくに『宸記』のなかには、たびたび「比興《ひきょう》」という言葉が見える。比興とは、「おもしろい」、または「つまらない、みっともない」という両極端の意味を持った言葉である。『宸記』での文脈からは、この「比興」はおもしろいではなく、否定的な意味、つまり不満の表現として使用されていることが多い。実は、後奈良と義晴との関係が常に良好であったわけではなかったのである。

天文三年には神道相論があったが、これは平野兼永《ひらのかねなが》（平野神社）と吉田兼右《よしだかねみぎ》（吉田神社）が朝廷における「唯一神道《ゆいいつしんとう》」の継承をめぐって争ったものであった。ともに同じ神職卜部《うらべ》氏で、兼永は兼右の叔父にあたる。義晴ははじめ兼右を支持し、それを後奈良に取りなした（一方の兼永は大内義隆が支持していた）。しかし、後奈良は兼右の提出した書類は謀書なので承認できないと、兼右の勝訴をいったん保留した（『お湯殿の上の日記』）。その後、兼右の勝訴となったらしいが、大内氏の介入もあり、翌四年に審議のやり直しを後奈良は意図した。しかし、義晴はそれに対して、審議のやり直しは「自分の面目を失うことである」と書状を出して、再審議の中止を求めた。結局、後奈良は「心得た」と返答したが、『宸記』には「比興々々」と記し、強い不満を示している。

もう一つが、叙任の執奏である。将軍は何も武士の叙任のみを天皇に執奏しているわけではない。公家衆の叙任に対しても、天皇に執奏することがあったのである。多くの場合は、昵近公家衆と呼ばれる、天皇だけではなく将軍も主人に持つ公家衆であった。

義晴は天文四年、昵近公家衆である日野晴光《はるみつ》を従四位下に昇進させてくれるよう後奈良に執奏したが、後奈良はこれに不満を示した。しかし、最終的には勅許している。さらに、義晴は同じ昵近公家衆烏《からす》丸光康《まみつやす》を従四位上に昇進させてくれるように後奈良に執奏したが、後奈良はこれに納得しなかったため、当初返事をしない（＝無視）という形で事実上拒否した。この後奈良の対応に、廷臣らが将軍の執奏を受け入れないことは不都合であると説得したことで渋々に勅許したものの、天皇は「是非もなく勅許したものだ」と、大いに不満を持ったことが確認される（以上『宸記』）。しかし、後奈良は義晴の叙任に関する執奏すべてに不満があったわけではなく、日野晴光への勅許の五日後に行われた、幕府外様衆《とざましゅう》の細川尹隆《ただたか》の従四位下昇進執奏はとくに何の不満もなく勅許している。

これらのように、天皇は当初は不満を示しても、最終的には廷臣らの説得をうけて了承することが多い。最後まで自我を押し通すことはあまりない。これは、後奈良が一面では押しに弱いともいえる。しかし、あまりに強烈な個性で我を押し通すと、幕府などとも余計な摩擦が生じることにもなるため、後奈良が最終的に譲歩したともいえる。後奈良は、当時の将軍や世情に対して、「比興」とかなり不満を持ち、ときには抵抗しながらも、最後はそれを受け入れるのであった。

一方、義晴は経済的な支援には限界があるものの、定期的な参内や贈答を行うことで、朝廷との繋がりを維持しただけでなく、摂関家である近衛家と婚姻関係を結ぶなど、公家社会との関係を深めている。さらに、誕生まもない幼年の嫡男菊幢丸《きくどうまる》（天文五年生まれ。のちの義輝）を頻繁に参内させるなど（近衛家が後見として）、菊幢丸の朝廷への売り込みも欠かさなかった。

後奈良と義晴は、お互い利用できるものは利用しつつ、関係を維持していたのであった。

四、武家の任官と畿内の動乱

大内義隆の大宰大弐任官

後奈良の時代は、いわゆる戦国大名などの地方勢力が積極的に後奈良への音信を行った時代でもある。そのなかで、前述したように義晴の推挙を得ずに、直接後奈良に官位を求め、実際に任官するものも現れた。これは、義晴が京都より没落してその機能を果たしえなかったことが大きな要因であった。本来、室町時代の武士の任官には、将軍による推薦（推挙）が必要であり、将軍が朝廷へ執奏することで任官が許可されてきた。義晴は近江に亡命中もこの権限を行使していたが、将軍を介さずに直接朝廷とやり取りをする武士もいた。いわば武士にとって御法度であったはずだが、『宸記』からは後奈良が叙任に躊躇した様子はうかがえない（義晴もとくにこれを咎めることもしなかった）。

その代表的な人物が、前述の大内義隆である。義隆は天皇にさまざまな要望を行っている。享禄四年（一五三一）には前左大臣転法輪《てぼり》三条実香《さねか》（大内担当の申次）を介して自身の位階を昇進させたほか、被官などの官位推挙も行い、後奈良はその多くの要望を受け入れた。義隆が義晴を介さなかったのは、義晴が京都にいなかっただけではない。義隆は、公家衆の三条家という朝廷へのコネクションを持っていたことも朝廷に直接要請できる要因であった。『宸記』や『お湯殿の上の日記』における義隆の叙任は、将軍の執奏という表現は見られない。

前述のように、後奈良の即位式に多額の献金をした大内義隆だが、献金をした大きな目的は単なる尊皇ではなく、自身の大宰大弐《だざいだいに》任官であった。天文四年十二月に義隆は日華門修復費用献上の賞として任官を希望した（『宸記』）。それに対して、天皇は任官の勅許を出した。しかし、ここで後奈良のまじめな一面が現れる。献金の見返りとしての任官勅許であることを後ろめたく感じたのか、翌日に突如撤回したのである。実際に勅許を取り消した理由が何であったかはわからない。そもそも、武士で大宰大弐に任官した例は源平の時代以来なかったため、事実上先例のない任官を気にしたのかもしれない（義隆も義晴から任官が認められないと思ったか）。しかし、翌年正月になって廷臣の説得により、結局任官を許すことにしたのである（五月十六日に任官）。

大内義隆画像　山口市・龍福寺蔵

本来、守護など武士の任官には将軍の執奏が欠かせない。当時、一般の武士が官職名を自称することはあったが、戦国期とはいえ守護クラスの大名が将軍を介さずに直接任官するのは異例であった。しかし、後奈良はとくに義晴（当時は南禅寺に滞在）に任官の可否を尋ねた形跡はなく、自身で処理したことは注目される。これは、後奈良が叙任権は本来天皇が有し、将軍に制限されるものではないと認識していたことを示しているからである。

しかし、義隆の任官もいくつかの問題を引き起こした。なぜなら、義晴の許可を得ていない任官であったため、義隆は領外で大宰大弐の官途を使用することができなかったのである。そのため義隆宛ての手紙には、義隆を大宰大弐でなく、古い官職左京大夫で記載している（『天文日記《てんぶんにっき》』、天文七年ころより大宰大弐に変更）。これは当時、武士は天皇より直接任官した事実より、将軍の執奏を経て任官されたものでなければ、社会的に通用できなかったことを示している。後奈良がいくら将軍に関係なく叙任しても、武家社会（すくなくとも畿内）においては、将軍の公認がなければその効果範囲は限定的であった。

畿内の動乱と後奈良

天文十三年（一五四四）ころより、畿内の情勢が再び流動化しはじめる。それは、細川高国の後継者を称する細川氏綱《うじつな》が、細川晴元打倒を掲げて挙兵したためである。氏綱には河内の遊佐《ゆさ》信教《のぶのり》ら支援者もおり、晴元は彼らと抗争を繰り広げることとなった。ところが、天文十四年ころより、晴元方が劣勢となっていくのである。このような情勢の変化に対して、義晴は晴元との関係を切り、氏綱との連携を模索しはじめた。その結果、義晴と晴元は敵対関係になってしまう。同時に、義晴は自身の先例を意識して、天文十五年中の息菊幢丸（のちの義輝）の元服と将軍職移譲の準備を進めている。

後奈良は天文十五年後半ころに、禁裏の警固や京都の治安維持も義晴に求めた。後奈良は、ここでもやはり天皇の警固役としての将軍に期待したのである。当時の京都周辺では、武士の合戦のほかに徳政《とくせい》を求める一揆《いっき》も発生し、京都の治安が一層不安定になったためであった。しかし、義晴が合戦の当事者となるなかで、警固役を務める（または徴集）には限界もあった。結局、禁裏警固のために、日々二・三百人ほどの警固役が醍醐寺などの寺院などから徴集された。後奈良の『宸記』には、たびたび将軍勢などによる合戦の様子が記され、その情勢に対して関心を持っていたことがうかがえる。そのなかで後奈良が義晴に兵術書を遣わしている点は興味深い。合戦に活用してもらいたかったのであろうか。

同年十二月、義輝（はじめ義藤《よしふじ》）が近江坂本にて元服し、さらに義晴に移譲されて十一歳にて第十三代将軍に就任した。この将軍職移譲に際して、義晴は後奈良の推任（天皇の推薦での任官）により右近衛大将に任官した（当時、義晴は権大納言の官職にもあった）。右近衛大将は公家のなかでも重職であり、左近衛大将とともに武官の頂点にある官職であった。近衛とは名前の通り、天皇近辺の守衛という役割を担うものであった（当時はすでにその実態はなく、儀式などでの活動が主）。

これはまったくの異例の処置であった。将軍が右近衛大将に任官することは第三代義満以来たびたびあるが（それでも第九代義尚以来七十年ぶり）、それは将軍在職中の任官であり、将軍を辞任した人物が就任することはこれまでなかった。そのような先例によらず、今回、後奈良による推任があったのである。そのため、義晴は当初この推任を受けるべきかどうか判断しかねたらしく、幕府を支えた有力大名である六角定頼《ろっかくさだより》に諮問している（「光源院殿御元服記《こうげんいんでんごげんぷくき》」）。結局、義晴はこの推任を受け入れ、将軍職移譲ののち右近衛大将を兼ねた。義晴父子は翌年正月に参内し、後奈良に御礼をしている。

後奈良による推任の目的は何だったのであろうか。それは「近衛」の文字通り、朝廷の軍隊として、義晴に自分の警固役、そして京都の治安維持をしてもらいたかったためであったと理解できる。義晴は将軍を移譲し大御所《おおごしょ》となったが、幕府の実権はなお義晴にあったためである（義輝はまだ十一歳）。しかし、後奈良の期待とは裏腹に、義晴は天文十八年に戦乱により京都を没落し、以後、京都に戻ることはなかった（翌年五月に没）。

おわりに――政治的なバランス力

後奈良について、とくに第十二代将軍義晴との関係を中心に見てきた。はじめに述べたように、後奈良の時代においても、たとえ権力が動揺しようと、同じ京都に居住する将軍との関係は切っても切り離せなかった。そのため、後奈良は義晴の依頼や介入に対して、自分の不満があったとしても、最終的にそれを押し殺して妥協を選択することが多かった。これを後奈良の押しの弱さとみるか、政治的バランス力とみるかは人それぞれだろうが、私は後奈良の政治的なバランス力とみたい。なぜなら、これによって将軍・幕府との余計な摩擦を防ぎ、結果的にお互いの面目を維持しあうことにもなったからである。

そのなかで、後奈良は天皇権威を期待する戦国大名などへの叙任については、将軍と関係なく独自に対応することもあった。これは、基本的に相手側の依頼に応じただけであるが、将軍を介さない叙任については将軍に制約されずに行えるという先例にもなっていく。

それでも、戦乱の時代にあって後奈良がなお将軍に期待していたことは注目してよいだろう。「将軍権力の動揺による天皇権威の上昇」といわれることが多いが、後奈良自体は、それでもなお将軍に期待し続けたのである。ただし、幕府も経済的に余裕のないなかで、即位式含め朝廷を経済的に支援することには限界があった。そこで、後奈良は経済的には地方の戦国大名に期待する一方、軍事面（警固役など）においてはなお「武家」である将軍に期待した。

しかし、期待したはずの義晴は、天文十八年（一五四九）に京都を没落してしまう。その後、台頭した三好長慶が京都を実効支配するようになるなど（将軍不在中は、治安維持を三好長慶に期待するように）、畿内の動乱は後奈良の時代にさらに進展していくのである。

（木下昌規）

【主要参考文献】
今谷　明『戦国大名と天皇』（講談社学術文庫、二〇〇一年）
神田裕理編・日本史史料研究会監修『ここまでわかった戦国時代の天皇と公家衆たち』（洋泉社、二〇一五年）
神田裕里編・日本史史料研究会監修『伝奏と呼ばれた人々』（ミネルヴァ書房、二〇一七年）

木下昌規編著『足利義晴』（戎光祥出版、二〇一七年）
末柄　豊『戦国時代の天皇』（山川出版社、二〇一八年）
久水俊和『室町期の朝廷公事と公武関係』（岩田書院、二〇一一年）
水野智之『室町時代公武関係の研究』（吉川弘文館、二〇〇五年）

正親町天皇

――新たな武家権力との対峙

誕生　永正十四年（一五一七）五月二十九日
崩御　文禄二年（一五九三）正月五日

諱　方仁
父　後奈良天皇
母　万里小路栄子（吉徳門院）

在位期間
弘治三年（一五五七）十月二十七日
～天正十四年（一五八六）十一月七日

陵墓　深草北陵（京都府京都市伏見区深草坊町）

はじめに——正親町天皇の兄弟・子女

正親町《おおぎまち》天皇は、後奈良天皇の第二皇子として永正十四年（一五一七）五月二十九日に生まれた。諱は方仁《みちひと》。母は万里小路賢房《かたふさ》の娘栄子（吉徳門院《きっとくもんいん》）。在位は、後奈良天皇が崩御した弘治三年（一五五七）から、天正十四年（一五八六）に後陽成《ごようぜい》天皇に譲位するまでの約三十年に及ぶ。文禄二年（一五九三）正月五日、七十七歳で崩御。追号の「正親町」は、仙洞御所（譲位後の居所）北面の町名にちなむという。

正親町天皇の父後奈良天皇には、正親町天皇のほかにも幾人かの息女がいる。そのなかの一人に、覚恕《かくじょ》という皇子がいる。覚恕は、比叡山三門跡の一である青蓮院の脇門跡である曼殊院《まんしゅいん》に、大永五年（一五二五）に入室している。

覚恕が入室した曼殊院の記録には、覚恕は大永元年の生まれとされ、正親町天皇の弟となっている。ところが、覚恕入室時のことを記した公家三条西実隆の日記『実隆公記』によれば、このとき覚恕は十一歳であったという。つまり、永正十二年生まれということになり、正親町天皇の兄になる。兄である覚恕が親王とならず、曼殊院に入室したのは、覚恕の母が小槻《おづき》氏（実父は半井《なからい》親就《ちかなり》で、小槻雅久《まさひさ》の養女となっている）であり、その位の低さによるものとされる。

さて、覚恕は後奈良天皇・正親町天皇のもとにたびたび参仕していることが諸記録に散見され、また、両人のための加持祈禱なども行っており、朝廷を支える天皇近親者でもあった。元亀元年（一五七〇）には天台座主《てんだいざす》となっている。ところが翌年、織田信長《おだのぶなが》によって比叡山は焼き払われ、覚恕は天台座主を辞することを奏上している。こののちも、覚恕は比叡山復興へ尽力するが、結局、その復興を見ることなく、天正二年正月に没する。

もう一人、厳密には正親町天皇の兄弟ではないが、後奈良天皇の猶子になった人物がいる。それは、近衛前久《さきひさ》である。当時、晴嗣《はるつぐ》と名乗っていた前久は、天文十五年（一五四五）七月に後奈良天皇の猶子となっている。後奈良天皇みずからが書いた日記には、前久を猶子にすることについて、「神慮に相叶うものか」（『後奈良天皇宸記』）と記している。近衛家は摂関家筆頭とはいえ、天皇の猶子になる事例は少なくとも戦国期には類例がなく、詳細は不明である。

正親町天皇画像　京都市東山区・御寺泉涌寺蔵

一方、正親町天皇の子女は、誠仁《さねひと》親王をはじめ一男六女がいる。誠仁親王は皇儲《こうちょ》であったが、譲位が目前に迫った天正十四年七月二十四日に逝去し、誠仁の息和仁《かずひと》が正親町天皇より譲位をうけ、即位することとなる。

一、改元をめぐる天皇と武家

足利義輝期の改元事例

室町時代の朝廷は、長らく朝廷行事における費用調達を幕府に頼っていたため、応仁の乱以後、室町幕府の経済的困窮により朝廷もまた困窮していた。さらに、世は戦国時代であり、洛中ですら戦火の渦中にあったのである。そのため、後土御門天皇・後柏原天皇・先代後奈良天皇の御代は、即位前や在位中、はては死後まで含め、艱難辛苦《かんなんしんく》の時代であった（詳細は各項を参照されたい）。

その後を継いだ正親町天皇も、約三十年近くに及んだ在位期間はなかなか波乱に満ちたものであった。ここでは改元をめぐる問題を中心に、織田信長登場以前の状況を簡単に述べよう。

父後奈良天皇の崩御により、正親町天皇は弘治三年に践祚（天皇の地位につくこと）するも、時の将軍足利義輝が三好長慶との対立により京都に不在であったため、即位礼催行のための金銭的援助を幕府に求めることはできなかった。さらに、永禄元年（一五五八）に義輝が三好長慶と和睦し帰京するも、その直前に一悶着があった。

正親町天皇の御代始めにより、弘治四年（一五五八）二月に元号は永禄へと改まる。ところが、本来であれば幕府との協議により行われる改元は、将軍義輝が離京していたため、それが叶わなかった可能性がある。しかも、義輝へ改元を通知しなかったことにより、義輝が激怒してしまうのである。当事者の一人である義輝にとっては、一悶着どころか体面を傷つけられたに等しいが、交渉の末、義輝の怒りも静まり、永禄元号を受け入れたことにより、この一件は落着する。この一件に関して、義輝以外にも、毛利《もうり》氏などは改元当初「永禄」を受け入れず、「弘治」を使用しつづけている。

さて、義輝が帰京したのちもすぐには即位礼は挙行されなかったが、毛利元就《もとなり》からの献金により永禄三年に即位礼が行われた。こののち、正親町天皇と義輝との間では、再び改元問題が浮上する。

年の干支が甲子《きのえね》であるとき、変乱が起こる年と考えられていた（讖緯《しんい》説による甲子革令《かっしかくれい》）。それを避ける目的で改元することが、前近代では通例であった。ところが、永禄七年は甲子年であったにもかかわらず、将軍義輝は改元を発議しなかった。代わって改元を奏上したのが、松永久秀《まつながひさひで》などである。結局、この奏上は退けられ、改元も行われなかった。正親町天皇と義輝の真意は不明であるが、結果として、この永禄七年のみが明治以前に甲子改元をしなかった唯一の事例となってしまう。また、翌八年にも朝廷より内々に改元の触れが出ているが、実現していない。

こののち、義輝が三好三人衆らによって殺害され、阿波国より摂津国富田《とんだ》（大阪府高槻市）へ動座した足利義栄《よしひで》を将軍とするも、義栄は入洛することなく死没する。

足利義昭期以降の改元事例

代わって入京するのが、足利義昭《よしあき》と織田信長である。信長は義輝の弟義昭の協力要請をうけ、永禄十一年（一五六八）に義昭とともに上洛すると、朝廷への献金、御所の修理などを行っている。

一方、将軍となった義昭は改元することを朝廷へ奏上し、やや遅れるも永禄十三年四月に元亀と元号が改まる。ちなみに、元亀改元時の候補には「天正」や「明和」など、後に元号となるものも候補として挙げられている。

ところが、元亀年間に再び公武間で改元問題が発生するのである。元亀元年（一五七〇）十一月、義昭は再び朝廷へ改元を奏上する。同三年に入り、改元のための準備が着々と進み、新元号案となる勘文《かんもん》を提出すべき勘者《かんじゃ》が決定する。ここで、朝廷側は幕府に対して費用を出すよう求めるも、幕府がこれを調わずとして拠出しなかったことにより、改元の話は停滞してしまう。このことは、後に信長が義昭に提出した十七箇条におよぶ異見書《いけんしょ》において、非難している。

そうこうしているうちに義昭と信長が対立し、翌四年七月、義昭は京都から退去する。その直後、信長は朝廷に改元を申し入れた。朝廷は信長へ勘文を見せ（候補は「貞正」「安永」「延禄」「文禄」「寛永」「明暦」「永安」と「天正」）、信長が天正を選んだことにより、元亀四年は天正元年（一五七三）と改まる。以後、信長の死を経て、豊臣秀吉《とよとみひでよし》治世の天正二十年に至り、文禄と改められる。

天正の元号は長続きし、その間、正親町天皇が平穏無事な日々を過ごせたかは定かではないが、少なくとも洛中が戦禍を被ることはほぼなかったといってよい（信長が上京を焼き討ちにしたのは、天正改元直前である）。唯一の戦火が本能寺《ほんのうじ》の変《へん》というのが、一波乱であったといえようか。

上記のように、正親町天皇在位中を改元に焦点を当ててみてきたが、この一事をもっても、当該期の朝廷がいかに幕府の衰退による影響をうけていたことはわかるであろう。

二、譲位をめぐって

信長による申し出

さて、朝廷と室町幕府との関係は、程度の差はあれども、基本的には公武協調路線であった。永禄元年（一五五八）に帰京した際には激怒していた足利義輝も、その後は朝廷との協力によって政策を展開している。一方で、正親町天皇と信長の関係は、戦前には信長の勤王が強調されるも、戦後には信長は天皇を克服・超越しようとしていたとし対立関係に、近年では協調関係が主流となっている。これらの研究でとりあげられるのが、天皇の譲位問題や、信長による蘭奢待《らんじゃたい》の切り取り、絹衣相論《きぬころもそうろん》などの朝廷の裁判に関する問題、馬揃《うまぞろ》え、信長の右大臣退任、左大臣推任、三職《さんしょく》推任などのさまざまな政治的案件である。ここでは、このなかの譲位についてみていきたい。

織田信長画像　東京大学史料編纂所蔵模写

天正十四年（一五八六）十一月、正親町天皇は孫和仁へ譲位する。後花園天皇が寛正五年（一四六四）に後土御門天皇に譲位を行って以来、実に百二十年ぶりの譲位である。というように、信長在世期には、正親町天皇の譲位は行われていない。しかし、信長在世中である天正元年には、すでに譲位のことが話題となっている。

足利義昭が京都を没落した天正元年七月以降に、信長は朝廷へ正親町天皇の譲位についての費用を献上することを申し入れた。同年十二月、正親町天皇は信長の申し入れに対する返書をしたためる。そこには、後土御門天皇以来の望みではあったが叶わずにいたところ、このたびの申し出は奇特であり、「朝家再興」のときであると好意的に記している（「東山御文庫所蔵文書」）。この勅書は宸筆《しんぴつ》（天皇の自筆）とされており（現在残っているのは控えである案文《あんもん》）、そこからもこの申し出が殊勝とされていることがうかがえよう。この喜び様からは、義輝・義昭将軍期には譲位が発議されなかったことを含め、戦国期の窮状が垣間見える。そして、この後の交渉で来春の譲位が決まったかに思われたのだが、実現しなかったのである。

そのため、公武関係が対立的に考えられていたときには、ここに正親町天皇と信長との暗闘があったとされてきた。ところが、勅書の文面にあるように、信長が譲位を申し入れ、天皇はそれを歓迎していることから、少なくとも両者の方向性は一致している。

では、なぜ天正二年春に譲位が実現しなかったのか。その背景には、同年における信長を取り巻く情勢が不安定なことがあったとされる。すなわち、二月には越前国における一向一揆《いっこういっき》の蜂起や、美濃国への武田勝頼《たけだかつより》の侵攻が起きる。信長は武田勢に対処すべく、明智城《あけち》（岐阜県可児市）へ出陣するも、戦果なく帰国。その後、三月に上洛するも、四月には大坂本願寺《ほんがんじ》の顕如《けんにょ》が挙兵し、これに呼応して三好康長《やすなが》が河内国高屋城《たかや》（大阪府羽曳野市）に籠城する。さらに、武田勝頼が今度は徳川家康《とくがわいえやす》領である遠江国高《たか》天神城《てんじん》（静岡県掛川市）へ侵攻し、信長はこれを助けるために岐阜へ帰国している。そののち、七月には伊勢長嶋《ながしま》の一向一揆を攻め、これを撫切《なでぎ》りにしている。こうして、信長が岐阜へ戻ったのは九月であり、譲位のために動くことは叶わなかった。以降、正親町天皇側は譲位のために備えていたが、結局、しばらくの間正親町天皇と信長との間には譲位についての話が出なくなる。

再度の提案

再びこの件が史料上にみられるようになるのが、天正九年（一五八一）である。この年の正月、信長は安土《あづち》城下（滋賀県近江八幡市）にて左義長《さぎちょう》を催行する。さらに、京都でも同様の催しを行おうと考え、その準備を家臣に命じる。ちょうどその頃、朝廷側も左義長の観覧を希望する旨を信長へ伝えた。そして、二月二十八日と三月五日の二度にわたり、京都馬揃えが盛大に行われたのである。

　この直後、正親町天皇は信長を左大臣へ推任することを伝えている。信長は天正六年に右大臣・右近衛大将を辞官しており、正二位という位階は残されていたものの、官職には就かずにいた。その信長へ馬揃えの褒賞も兼ね、左大臣に任じようとしたのであろう。この正親町天皇の申し出に対して、信長の返事こそが、正親町天皇の譲位と誠仁親王の即位礼を行った暁に、というものであった。

　ところが、である。今度は、天正九年が「六金神《ろくこんじん》」ということで、朝廷側が譲位の延期を申し出た。金神とは殺伐を好む神とされ、この神がいる方角は禁忌とされた。通常は四方であるが、天正九年はそれが六方となる（六金神）年に当たっていたのである。方違《かたたが》えなどによる回避方法はあったものの、朝廷は譲位延期の意を信長へ伝え、信長がこれを承諾したため、再度の延期が決定する。当然、信長の左大臣任官も沙汰止みとなった。

　そして、これが正親町天皇と信長間で譲位のことが交渉された最後の事例となる。翌年、信長は本能寺の変により、その生涯を閉じてしまう。

　ところで、今まで述べてきたように、この譲位問題は研究史上、天皇と信長との関係の中で説明されている。しかし、こうした見解に対して、譲位がなされなかった背景には当該期の朝廷内部の問題があったのではないかとの指摘もされている。

　すなわち、百年に及ぶ戦乱によって朝廷もそのありようを大きく変えていた。とくに、天皇が譲位をせず、次代を迎えることが常態化していたため、いまさら院政が行われることに廷臣側の反発があったという見解である。

このように、譲位問題は公武間のみならず、朝廷内部での問題ともなっていた可能性があり、ことは複雑だったのである。

譲位直前の悲劇

さて、信長の死後、豊臣秀吉政権期に入ると譲位に向け本格的な動きを見せ始める。秀吉は、天正十二年（一五八四）に譲位後の正親町天皇の住まいとなる仙洞御所の造営を、禁中東馬場に始める。さらに翌年には、廷臣から譲位や仙洞御所に関する先例・記録を集めている。こうした状況を受けて、正親町天皇は吉川元長《きっかわもとなが》に対して、譲位費用にあてるため銀山からの銀運上を求めている。

いよいよその時が近づくなか、二つの悲劇が正親町天皇を襲う。一つは社会全体に大きな被害をもたらした大地震であり、もう一つは子誠仁親王の死去である。

明応七年（一四九八）に起きた明応地震以後、戦国時代には巨大地震はなかったとされているが、それでも京都に被害をもたらした地震は幾度か起こっている。そして、その極めつけが天正十三年十一月二十九日夜におこった、天正地震である。奈良におけるこの地震の揺れは、過去天文七年（一五三八）正月二十日と天正十三年七月五日に大地震があったが、それらをはるかに上回る震動であったという

（『多聞院日記《たもんいんにっき》』）。

この天正地震は、中部・近畿に甚大な被害をもたらした。飛騨国帰雲城《かえりくもじょう》（岐阜県白川村）の内ケ島《うちがしま》氏や娘を失った山内一豊《やまうちかつとよ》など、この地震による悲話は多く残る。そして、京都にも少なからぬ被害が出ている。東寺では講堂や仏像が崩れるなどの被害があり、吉田神社では神壇の石が落ちている。奈良興福寺でも被害があり、また、同年中は余震が続いていたことが記録に残る。大坂城は、被害がなく無事であった。地震直後の諸記録には、地震前後に「ヒカリ物」が飛来したことや、禁中内侍所がしきりに鳴動しているとの風聞が立っている。

この地震のとき、正親町天皇がどのように行動したかは史料に残らず不明であるが、地震後すぐに諸寺社へ祈禱命令が出ていることや、京都の地震後の様子を伝えた書翰などには、禁裏の被害は記されておらず、大きな被害はなかったのであろう。しかし、譲位へ向け仙洞御所の造営が進む最中のことであり、心穏やかではなかったのではなかろうか。

しかし、これだけでは終わらなかった。翌十四年七月には誠仁親王が病のため没してしまう。誠仁親王は、皇儲として期待され、信長や秀吉との交渉などにも参画していた。誠仁の薨去は、正親町天皇にとって痛恨の極みであったのであろう、しばらくの間食事も喉を通らなかった様子が史料に残されている。

こうして在位最後まで波乱がありつつも、同年十一月、正親町天皇齢七十にして、誠仁親王の息・和仁に譲位がなされたのである。

三、正親町天皇の残したもの

さて、ここまで改元と譲位に焦点を当てて、正親町天皇の時代を述べてきたが、本節では、正親町天皇が後世に残したものについて触れたい。

自筆日記

京都御所の御殿の東北隅に、東山御文庫と呼ばれる建物があり、禁裏に伝わる典籍・文書などが収められている。ここに、正親町天皇の自筆による日記や文書の写しが残されているので紹介したい。

まず、期間としてはわずかではあるが、自筆日記が伝えられている。残存するとはいえ、在位中のものは天正三年（一五七五）正月元日から三日にかけてのものにすぎない。残る日記のほどんどは方仁親王時代のものであるが、それも天文十三・十四・十八・二十二・二十三・二十四年分の各年数日分が残されるのみである。親王時代の日記は、推敲の跡が多く見られることや、残存形態、料紙の使い方などから、日記の草稿と考えられている。また、次に述べる『御湯殿上日記』とは違い、和様漢文で書かれている。

内容は、廷臣の参礼や贈与ほか身辺の雑事が大半であり、公的な記録というよりは親王時代の日常生活を書いたものである。日記をみると、方仁親王は母方の伯父万里小路秀房《ひでふさ》（生母栄子の兄）の邸宅を御所としていたことや、親王の自称が「松」ということが判明する。

次に、『御湯殿上日記』と呼ばれる禁裏御湯殿上の間に祗候した女官の手による日記がある。文明九年（一四七七）から文政三年（一八二〇）に至る約三五〇年間にわたる膨大な日記である。現在まで伝わっているもののうち、江戸時代以前の部分については写本でのみ伝わっているが、元亀三年（一五七二）分は唯一残る原本である。そして、この原本の一部分、正月一日から三日条が正親町天皇宸筆となっており、かつ、ほかの女官が書いた記事同様に仮名《かな》書きとなっている。四日以降は女官の筆に戻っており、なぜ、この部分のみ宸筆となっているかは不明である。この宸筆部分を含めた元亀三年の原本が残存することにより、当時の『御湯殿上日記』の体裁が知れるという点でも貴重なものとされる。

記録・文書などの書写

「足利義昭入洛記」と題する史料が、東山御文庫にある。その名の通り、永禄十一年（一五六八）の足利義昭と信長の上洛時の動向が記されたものである。すなわち、九月七日の信長岐阜出陣から始まり、六角攻めを経て、摂津国芥川《あくたがわ》（大阪府高槻市）に兵を進めた後、入洛し、十月二十八日に信長が岐阜へ下向するまでの経緯が書かれ、とくに信長の武功が賞賛されている。

正親町天皇は、この史料を永禄十一年十一月十九日に曼殊院覚恕が所有する本を写したとある。「入洛記」原本が何人によって作成されたかはつまびらかではないが、非常に早い段階で書写したことがわかる。

このほか、宸筆で残るものとして、綸旨や口宣案《くぜんあん》の控えがある。

たとえば、信長に対する口宣案の写し二点がある。一つは末尾に「天正二三廿日写之」（天正二年三月二十日に書写したことを示す）とあり、同年三月十八日付で信長への昇殿勅許と叙従五位下の二通分のものが一紙に書かれている。もう一点は末尾に「天正二十月廿五日写之」と書かれ、やはり同年三月十八日付の叙従五位下と昇殿勅許の二通分が一紙に書かれている。この二点の写しは、信長の官歴の位置づけにある問題を浮上させる。

すなわち、『公卿補任《くぎょうぶにん》』（朝廷の職員録）に拠る信長の官位は、天正二年三月十八日に従三位参議、同三年十一月に従三位権大納言・右近衛大将、同四年十一月正三位内大臣、同五年十一月従二位右大臣、同六年正月正二位へ昇進し、同年三月に右大臣・右大将を辞官する。

この内、先の口宣案の写しと同日である、天正二年三月の従三位参議叙任は、本来翌三年十一月に従三位権大納言に直任（一定の順序を経ない任官）をしたが、次第に昇進したこととするため、遡及させたものであると指摘されている（同様の事例は秀吉でも確認できる）。問題は、正親町天皇が残した口宣案の写しにみえる、三月十八日付の昇殿勅許と叙従五位下も記録のみを遡及させたものなのか、または実際に与えられたものなのかということである。現在のところ、この一件は『歴名《りゃくみょう》』という四位・五位と六位蔵人の官位補任記録の下書きにあたる『歴名土代《りゃくみょうどだい》』にも記載がみえることなどから、任参議とは違い、信長へ実際に与えられたものと考えられている。

こうした、正親町天皇自身に関わるものや、武家権力者に関する記録の控えのほかにも、たとえば以下のような書状も正親町天皇の筆によって書写されている。

元亀四年（天正元年）正月十一日付で武田信玄が幕臣上野秀政《うえのひでまさ》に宛てた書状がある。これは、実質的な宛先は将軍足利義昭となる。内容は、信玄が信長を打倒すべき理由を列挙したもので、比叡山焼き討ちを行った信長を「天魔《てんま》」とするなど、その悪行をあげつらっている。この文書は東山御文庫以外にも醍醐寺理性院などに写しが伝わるほか、『甲陽軍鑑《こうようぐんかん》』にも所載されている。写しが重ねられているため、諸本間の誤字・脱漏などが多くあり、正親町天皇が写したものも原本ではないようである。禁裏の修理や誠仁親王の元服費用の献上など、朝廷に少なからぬ貢献をしていた信長に対するこの文書の控えを作成した正親町天皇の心中は、いかなるものであったのだろうか。

このように、応仁・文明の乱で多数の典籍・文書類が焼失したため、その復興に動き出した後土御門天皇以来、戦国期の天皇同様に禁裏文庫の維持・拡充のため、自らも筆を執っていたのである。

おわりに――譲位後の動向

『院中御湯殿上日記』と呼ばれる史料がある。これは、天正十四年（一五八六）の譲位後の正親町院の院御所に仕える女官が記した日記である。天正十五年から同十九年までの五年分が残されている。

あまり知られていない史料であるが、近年、遠藤珠紀氏によって翻刻が紹介されたこともあり、遠藤氏の論考に学びつつ、上皇時代の正親町院を少し紹介したい。

本史料には正親町院の動静を中心に、後陽成天皇や秀吉との関係といった政治に関わるものや、院における行事・儀礼などについて記されている。その内容から、後陽成天皇の禁中における『御湯殿上日記』と補完し合うものとして重要である。

さて、一つの特徴として、院の御所への武家の参礼が多いことがあげられる。このことは、足利義輝・義昭や信長期と大きな違いとなる。その背景として、戦国期には守護在京の原則が崩れ、続く信長期にも上洛してくる武家は少なく、正親町天皇と謁見できる武家は限定されていた一方で、秀吉政権期には諸国大名などが入京・在京していることがあげられる。

また、秀吉は清花成《せいがなり》・公家成《くげなり》・諸大夫成《しょだいぶなり》と官位による家格秩序を形成したため、武士に対して叙任が行われるようになる。その結果、任官叙位の御礼のため参礼を行う事例が増えたのである。そのため、実にさまざまな武士が院御所に参上しており、徳川家康や秀吉の弟秀長《ひでなが》、信長の息織田信雄《のぶかつ》、信長旧臣の前田利家《まえだとしいえ》や蒲生氏郷《がもううじさと》、遠く九州からは島津義弘《しまづよしひろ》・大友義統《おおともよしむね》・立花宗茂《たちばなむねしげ》・龍造寺政家《りゅうぞうじまさいえ》、越後の上杉景《うえすぎかげ》勝《かつ》や安芸の毛利輝元《もうりてるもと》、土佐の長宗我部元親《ちょうそかべもとちか》などの名が見える。こうした武家の叙任に関する参礼は、秀吉政権の動向によるところが大である。また、珍しいところでは、天正十六年正月十一日に、同四年以来備後国鞆の浦（広島県福山市）にいた足利義昭が十数年ぶりに正親町院と参会している。ちなみに、この日義昭は剃髪し「昌山」と号し准三后となり、正式に将軍を辞している。

こうした武士のほかにも、院に仕える人々や当然公家の名前も多く見られる。また、正親町院の妹にあたる曇華院《どんげいん》聖秀《せいしゅう》女王や、母や誠仁親王生母が万里小路家出身であるため、万里小路家に連なる人も頻繁に院御所を訪れている。

また、五月二十九日条は正親町院の誕生日の記事も残る。中世における誕生日は、長寿の祈禱などが主で、祝は副次的なものであるとされる。天正十五年の譲位後初めての誕生日では、祝いの一献のほかに番衆などを召して謡曲《ようきょく》があり、女官にも盃が与えられており、院御所あげての盛大な祝いとなっている。永禄・元亀年間の『御湯殿上日記』の同日条を見ると、祝いの一献のみがほどんどであり、謡曲が行われることはほとんどない。こうした点も、時代の移ろいといえようか。

そして、文禄二年（一五九四）、正親町院は齢七十七歳で崩御する。後土御門天皇以来の悲願であった譲位をなし、「朝家再興」を成し遂げ、その生涯を終えたのである。

（水野　嶺）

【主要参考文献】
天野忠幸『三好一族と織田信長』（戎光祥出版、二〇一六年）
遠藤珠紀「『院中御湯殿上日記』（天正一五年正月〜三月記）の紹介」（『中間成果報告書　日本目録学の基盤確立と古典学研究支援ツールの拡充—天皇家・公家文庫を中心に—』、二〇一五年）

遠藤珠紀「『院中御湯殿上日記』（天正十五年四月〜七月記）の紹介」（『史料編纂所研究成果報告書　室町後期・織豊期古記録の史料学的研究による政治・制度史再構築の試み』二〇一六年）
遠藤珠紀「『院中御湯殿上日記』（天正一五年八月〜十二月記）の紹介」（田島公編『禁裏・公家文庫研究』第六輯、思文閣出版、二〇一七年）
金子　拓『織田信長〈天下人〉の実像』（講談社、二〇一四年）
金子　拓『織田信長権力論』（吉川弘文館、二〇一五年）
木下　聡「「足利義昭入洛記」と織田信長の上洛について」（田島公編『禁裏・公家文庫研究』第五輯、二〇一五年）
木下　聡「中世における誕生日」（『日本歴史』八〇四号、二〇一五年）
末柄　豊『戦国時代の天皇』（山川出版社、二〇一八年）
橋本政宣『近世公家社会の研究』（吉川弘文館、二〇〇二年）
久水俊和『室町期の朝廷公事と公武関係』（岩田書院、二〇一一年）
堀　新『織豊期王権論』（校倉書房、二〇一一年）
矢部健太郎『豊臣政権の支配秩序と朝廷』（吉川弘文館、二〇一一年）
『皇室の至宝　東山御文庫御物』一〜五（毎日新聞社「至宝」委員会事務局編集、宮内庁協力、毎日新聞社、一九九九・二〇〇〇年）

コラム

Column

誠仁親王

父　正親町天皇
母　万里小路房子

誕生　天文二十一年（一五五二）四月二十三日
死去　天正十四年（一五八六）七月二十四日
追号　陽光院

誠仁親王が生きた天文〜天正年間は、足利将軍では十三代足利義輝から十五代義昭にかかり、また武家権力者として三好長慶、織田信長や豊臣秀吉が活動した時代である。そんな時代に生きた誠仁親王について、いくつかのエピソードをとりあげながらみていこう。

生涯

誠仁《さねひと》親王は、正親町天皇の第一子として天文二十一年（一五五二）四月二十三日に誕生する。母は万里小路秀房の娘房子。正親町天皇の世継ぎに定められていたが、約百二十年ぶりとなる譲位を目前にして、天正十四年（一五八六）七月二十四日に死没する。享年三十五。院号は陽光院《ようこういん》とされ、後に太上天皇号が追贈されている。なお、誠仁親王の死去により、第一皇子である和仁《かずひと》王が親王宣下をうけ、同年十一月に即位することとなる。すなわち、後陽成天皇である。

不義密通事件

永禄十年（一五六七）、この年朝廷ではちょっとした騒動が起こる。

この年の十月十四日、禁中から二人の女性がいなくなる。一人は、正親町天皇に仕える女房目々典侍（飛鳥井雅綱娘）で、突然暇《いとま》を申し出て禁中を退出している。もう一人は、永禄三年以来、誠仁親王付の上臈《じょうろう》「御伊茶《おいちゃ》」であった万里小路惟房《これふさ》（誠仁母房子の兄弟）息女で、こちらは突如逐電してしまう。御伊茶の逐電後、同年十一月二十三日に、勧修寺晴右《はれみぎ》の娘が上臈として、親王御所へ参上する。この女性こそが「阿茶局《あちゃのつぼね》」と呼ばれ、誠仁親王との間に、後の後陽成天皇をはじめとし六男七女をもうけることとなる。

問題となったのは、目々典侍の件である。関白近衛前久らの調査の結果、典侍は権大納言右近衛大将久我通堅《こがみちかた》と密通をしていたことが判明する。近衛前久ら廷臣による評議の結果、久我通堅は官職を解かれ、和泉国堺への蟄居処分が下され、翌十一年には勅勘《ちょっかん》となってしまう。

ところが、同年に足利義昭が織田信長の協力を得、上洛し将軍となると、通堅の父久我宗入《そうにゅう》（晴通《はるみち》）が通堅の朝廷復帰のために動き出す。宗入は義昭側近の一人であったこともあり、義昭をして織田信長に仲介を頼み、勅免を得ようとする。さらに元亀元年（一五七〇）三月に通堅は堺より上洛すると、数人の公家らの取り計らいによって、内密に誠仁と対面しているのである。

結局、正親町天皇が通堅を許すことはなく、天正三年（一五七五）に死去するまで勅免は得られはしなかった（ちなみに、通堅息・敦通《あつみち》（季通《すえみち》）は、永禄十一年に朝廷に出仕しており、父をめぐる騒動に連座はしなかったが、後年長橋局《ながはしのつぼね》との「密談」により、後陽成天皇より出仕を止められている〈『言経卿記《ときつねきょうき》』〉）。

さて、この一件は朝廷内の問題とはいえ、誠仁は二十歳を前に天皇につながる交渉ルートとして目されており、注目に値しよう。

信長・秀吉との関係

永禄十年（一五六七）、美濃国を平定した信長に対して、朝廷は数通の綸旨を下す。そのなかには、誠仁の元服費用を献上するよう求めたものがある（『経元卿御教書案《つねもときょうみぎょうしょあん》』）。翌十一年、信長は足利義昭とともに上洛すると、十月八日に親王元服のためにと銭万疋（百貫）を献上する（『御湯殿上日記』）。これをうけ、同年十二月十五日には誠仁への親王宣下、同十九日には元服の儀が執行されている。

さて、誠仁と信長との関係を示す事例は上記に始まり、以後数多くみられるが、ここでは二条御所移徙《わたまし》をとりあげたい。

天正七年（一五七九）十一月、信長は誠仁へ、二条にあった京都滞在用の屋敷を献上した。これにより誠仁一家は禁裏を離れ、二条御所へと移ることとなる。誠仁が二条御所に入ったことで、二条御所でも公家衆による小番が組まれ、それは禁裏と同様に内々と外様にわかれた番編成であった。また正親町天皇のいる内裏は「上御所《かみごしょ》」、誠仁のいる二条御所が「下御所《しもごしょ》」とも呼ばれるようになる（『言経卿記』）。

こののち、天正十年（一五八二）六月二日に明智光秀《あけちみつひで》が謀反を起こし、信長を本能寺に討つと、妙覚寺《みょうかくじ》を宿所としていた織田信忠《おだのぶただ》が、誠仁のいる二条御所へと居所を移し、この御所にて明智勢力と交戦し、生涯を閉じることとなる。当の誠仁は禁裏へと移り、戦闘そのものに巻き込まれることはなかったとはいえ、本能寺の変のまっただ中にその身を置いていたのである。

また、京都馬揃えは、かつては信長による朝廷に対する軍事的示威行動とされてきたが、近年、誠仁母の死去による都の沈滞した空気を一掃する目的や、母を失った誠仁を慰めるために執り行われたとの指摘がされている。

この京都馬揃えにも代表されるように、誠仁は信長と良好な関係にあったようである。またこうした事例のほかにも、信長への左大臣推任や三職推任、朝廷と信長が関与した相論など、公武間における政治的案件の多くに誠仁は関わっているのである。

また、豊臣秀吉に対して正親町天皇が勅使を派遣するとき、誠仁もともに使者を派遣しており、この両使派遣は信長時代から続くやり方である。誠仁と秀吉の間では、親密な関係を示す事例は見いだせないが、信長没後も誠仁の武家に対する活動は確認されるのである。

誠仁の死

さて、秀吉治世となり、譲位も目前に迫った天正十四年（一五八六）七月二十四日、誠仁は突如として死去する。その様子を『御湯殿上日記』にみると、七月十五日に病になったとの記述があり、翌日には誠仁のための加持祈禱が命じられている。快復の兆しをみせていたものの、二十四日に瘧《おこり》による震えがみられ、めまいにより倒れると、治療の甲斐なくそのまま亡くなってしまう。

誠仁急死により、世上にはさまざまな噂が飛び交った。そのなかには秀吉の関与をうかがわせる黒い噂もあり、その驚きのほどがうかがい知れる。そして、世間以上に強い衝撃を受けたのが正親町天皇であろう。誠仁死後に作成された、誠仁死去前後を描く史資料は複数散見され、そこには誠仁の病の様子とともに、正親町天皇の悲嘆が記される。また、同時代史料である『御湯殿上日記』にも、ショックのあまり食事もままならない天皇の姿が記されている。それほどまでに、天皇の誠仁に対する期待は大きかったのであろう。

大きく変わる評価

最後に、近年正親町天皇や誠仁親王を中心とする朝廷と織田信長の関係は、対立関係から協調路線へと見直しがされつつある。こうした研究上の動向により、誠仁本人に対する評価もなかなか大きく変わったように思われる。

すなわち、公武間が対立的にみられていたところは、誠仁は信長が造営した御所に移ったことなどから、信長により抱え込まれていたとの評価がされてきた。ところが、公武間の協調路線が主流となるなかで、信長と良好な関係にあった誠仁は注目され、朝廷と信長を結ぶ存在として、その位置づけは大きく転換したのである。

（水野　嶺）

【主要参考文献】

遠藤珠紀「誠仁親王の死去と「陽光院御登遐記」の成立」（『古文書研究』八二号、二〇一六年）
金子　拓『織田信長権力論』（吉川弘文館、二〇一五年）
堀　新『織豊期王権論』（校倉書房、二〇一一年）
矢部健太郎『豊臣政権の支配秩序と朝廷』（吉川弘文館、二〇一一年）

後陽成天皇

——秀吉・家康と渡り合う

誕生　元亀二年（一五七一）十二月十五日
崩御　元和三年（一六一七）八月二十六日

諱　和仁・周仁
父　誠仁親王
母　勧修寺晴子（新上東門院）

在位期間
天正十四年（一五八六）十一月七日
〜慶長十六年（一六一一）三月二十七日

陵墓　深草北陵（京都府京都市伏見区深草坊町）

はじめに――天下人の時代に生まれて

後陽成《ごようぜい》天皇が生きた時代は、織田信長が最後の室町幕府将軍である足利義昭と政権を担っていたときから、江戸時代に入り、将軍が二代徳川秀忠《とくがわひでただ》になり江戸幕府が形成されていった期間である。信長、豊臣秀吉、徳川家康が天下統一を目指し、あらゆるものを巻き込みながら覇権を争った時代だ。当然、後陽成天皇も彼らに翻弄された一人であったが、ただ長いものに巻かれて安寧に暮らすことを望むような人物ではなかった。それが後陽成天皇の生まれつきのものか、時代のせいなのかはわからないが、なかなかにユニークな人物であった。

本項では、後陽成天皇にまつわるいくつかのエピソードを紹介しながら、天皇の人となりについてアプローチしてみたい。

一、天下人との対峙から見る気質

即位の経緯

後陽成天皇は元亀二年（一五七一）十二月十五日、誠仁《さねひと》親王の第一皇子として生まれた。母は勧修寺晴子であり、大覚寺門跡の空性《くうしょう》法親王、曼殊院門跡《まんしゅいんもんぜき》の良恕《りょうじょ》法親王、聖護院《しょうごいん》（照高院）門跡の興意《こうい》法親王、八条宮智仁《はちじょうのみやとしひと》親王らが同腹の兄弟である。諱《いみな》を初め和仁《かずひと》、のちに周仁《かたひと》といった。天正十四年（一五八六）七月二十四日、父の誠仁親王が急病を患い死去したことを受け、同年九月十七日に親王宣下《せんげ》、同月二十日に元服を遂げた。元服時の加冠《かかん》（冠を着ける役目）は秀吉が務めた。そして同年十一月二十五日に後陽成天皇として即位した。これに先立つ同月七日には正親町天皇が譲位しており、譲位・即位の礼ともに秀吉の出資によって執り行われた。

後陽成天皇画像　京都市東山区・御寺泉涌寺蔵

同年十二月十六日には、近衛前久《このえさきひさ》の娘前子《さきこ》が入内《じゅだい》し、後陽成天皇の女御《にょうご》となった。女御とは後宮女官の一つで、皇后（正妻）を立てる前の予備的な地位であったが、南北朝期以降は立后されていなかったため、女御が正妻と同様の地位と見なされていた。つまり、このとき前子は後陽成天皇の正妻の地位に就いたのである。

また、前子は秀吉の養女であったため、秀吉は天皇の外戚《がいせき》となった。外戚は母方の親族のことで、とくに天皇の外戚は藤原道長《ふじわらのみちなが》の例に表されるように、天皇家および朝廷のなかで権力を掌握できるポジションである。す

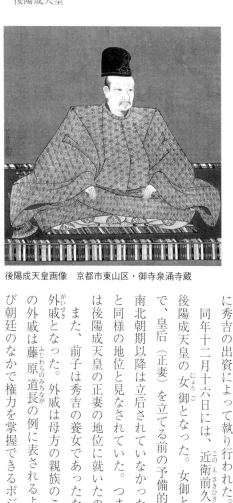

豊臣秀吉画像　個人蔵

でに同年七月十三日、秀吉は五摂家が就くはずの関白となったことで、朝廷内のヒエラルヒーの最上位に位置していたが、前子の入内によって天皇と擬制的血縁関係を結び、さらにその地位を高めたと言えよう。誠仁親王の死は秀吉にとって想定外の出来事であったが、その皇子を急遽即位させることにより、自らの地位を上昇させていった。このように、後陽成天皇は秀吉の掌《てのひら》のなかで天皇に即位したのである。

秀吉の渡海に「待った」

天正二十年（文禄元、一五九二）、豊臣秀吉は中国大陸へ侵攻するため、朝鮮出兵を企てた。九州の大名を中心に編成された日本軍は、朝鮮半島に上陸すると朝鮮（高麗《こうらい》）の都である漢城《かんじょう》（ソウル）へ向け進軍し、ひと月が経たない内に漢城に入った。漢城入城の知らせを受けた秀吉は三国国割《さんごくくにわり》構想を表明した。三国国割構想とは、秀吉が打ち出した明《みん》と朝鮮と日本の征服・統一政策である。実は、秀吉は天正十五年の九州征伐の際、朝鮮への出兵を試みていた。しかし、仲介にあたった宗《そう》氏が朝鮮使節を日本へ派遣させることで済むよう取り計らったため実現しなかった。つまり、このときにはすでに秀吉の眼は朝鮮とその先へ向けられていたのである。いつからこの構想が秀吉の頭にあったかは判然としないが、日本の統一を終える以前に海外侵略を始めようとしていたことは間違いない。

この構想では、明の都である北京に後陽成天皇と関白豊臣秀次《ひでつぐ》を移し、日本の京都に後陽成天皇の皇子良仁《かたひと》親王か、弟の智仁親王を置くと示されていた。そして、日本に残す親王たちは「日本帝位」とされ、明に移る後陽成天皇に譲位の予定は示されていなかった。これは、後陽成天皇が主たる天皇の地位のまま北京に移るということであり、ただ明に拠点が増えただけでなく、明を三国統治の中心とするということである。それは関白秀次が北京に移り、朝鮮や京都に「留守居」が置かれることからも明らかであった。したがって、三国国割構想は天皇家をも動員する征服・統治政策で、これまでの国内の征服とは異なるレヴェルのものであった。

秀吉の膨大かつ前代未聞の構想に対し、後陽成天皇は次の手紙を認めた。

高麗国への下向《げこう》、嶮路波濤《けんろはとう》をしの《（凌）》かれむ事、無勿体候《もったいなくそうろう》、諸卒《しょそつ》をつか《（遣）》ハし候ても、可事足哉《ことたるべきか》、且《かつうは》
朝家《ちょうけ》のため、且《かつうは》天下のため、かへす《（返）》〳〵《がえす》発足遠慮可然《しかるべく》候、勝《かち》を千里に決して、此度《このたび》の御事おも
ひとまり《（止）》給《たまい》候ハゝ《はば》、別而悦《べっしてよろこび》おほ《（思）》しめし《（召）》候《そうろう》へく《べく》候《そうろう》、猶勅使《なおちょくし》申候へく候、かしく、
（切封墨引《きりふうすみびき》）
大閤とのへ

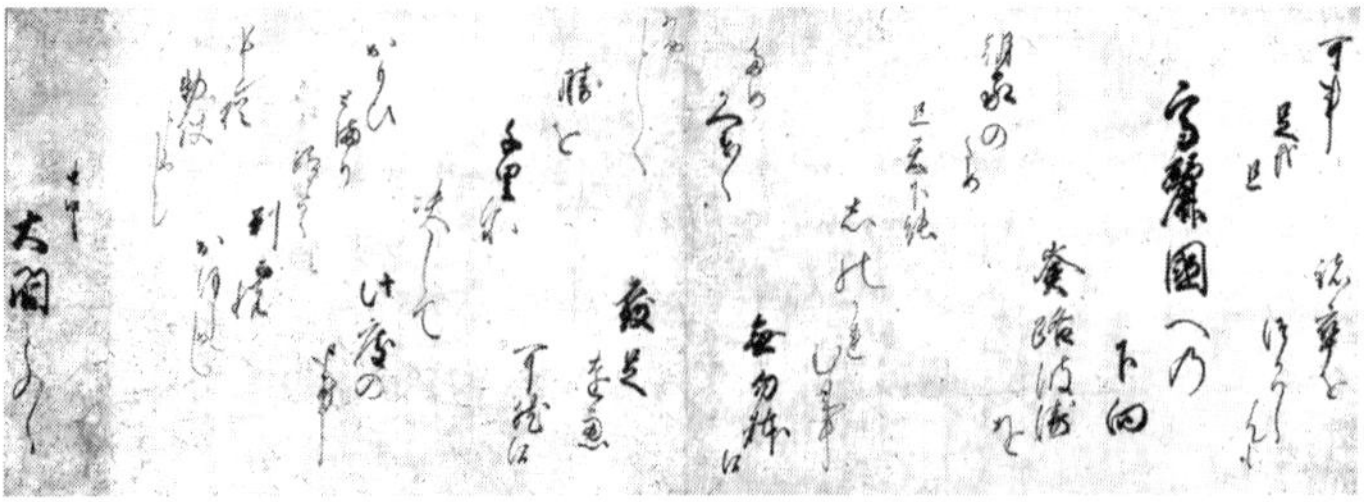

豊臣秀吉宛て後陽成天皇宸翰女房奉書　京都国立博物館蔵

〔現代誤訳〕高麗国〔朝鮮〕への下向は嶮路波濤〔険しい道や大波〕を凌がねばならず、もってのほかである。（秀吉が行かずとも）諸卒〔雑兵〕を派遣すれば事足りるであろう。朝家〔朝廷〕のためにも天下のためにも、（朝鮮へ）発足するのはどう考えても遠慮したほうがよい。勝を千里に決して〔勝利の知らせを戦地から遠く離れた場所で知り〕（秀吉が）今回の事〔発足、出陣〕を思い止まりなさるならば、格別に悦ばしく思う。なお勅使が（このことについて口頭で）申す。かしく。

天皇が手紙を差し出したいとき、禁裏に詰める女官が天皇の命令に従って書いていた。貴人の意を奉じて書く手紙を奉書《ほうしょ》といい、女官が書くものを女房奉書《にょうぼうほうしょ》と呼ぶ。女房奉書は「仮名《かな》書き」で、読む際に工夫が必要な「散《ち》らし書き」の形式で書かれる場合がある（図版参照）。ただし、天皇自らが筆を執ることもあり、その場合も女房奉書の形式で書いていた。右の手紙も女房奉書の形式をとっているが、後陽成天皇の自筆の手紙である。

この手紙のなかで、後陽成天皇は秀吉に対し、朝鮮への出陣を思い止まるよう呼びかけている。危険を犯してまで秀吉が戦地に向かう必要があろうか、世のため朝廷のためには出陣するべきではないと言葉を尽くしており、後陽成天皇が何とか秀吉を引き止めようとしている必死な様子が伝わってくる。後陽成天皇は秀吉に出陣を思い止まらせることで、三国国割構想の実現をくい止めたかったのかもしれない。

天正十五年、先述した九州征伐時に朝鮮出兵計画が頓挫した際、朝鮮使節が天皇に拝謁する予定が組まれた。使節は禁裏に参内し天皇と対面するということだが、天皇はこれを拒絶している。すでにこのときから、異国との交わりに対して後ろ向きで、秀吉のプランに従わない天皇の姿がある。したがって、三国国割構想の実現につながることを恐れた天皇は、秀吉に自筆の手紙を送ることで、今回も自身の意向を聞き入れてもらいたかったのであろう。

家康による譲位阻止

父誠仁親王の急死により急遽即位した後陽成天皇は、なかなか譲位できず苦しむことになった。慶長三年(一五九八)八月に秀吉が死去した頃、自身も体調を崩していた。十月になっても快復に向かわなかったため、後陽成天皇は譲位を表明する。そこで次の天皇として名前を挙げたのは、弟の八条宮智仁親王であった。後陽成天皇には大典侍《おおすけ》の中山親子の産んだ第一皇子・良仁《かたひと》親王がおり、良仁は秀吉によって儲君《ちょくん》(皇太子)に定められていた。この突然の指名替えに禁裏も政権も驚き、智仁親王への譲位について反対した。すると、後陽成天皇は智仁親王の代わりに第三皇子・政仁《ただひと》親王(当時は「三宮《さんのみや》」)を挙げ、徐々に良仁親王を廃嫡《はいちゃく》(家督を継ぐ権利を奪うこと)へと追いやった。

結局、譲位自体が無用であるとの徳川家康の判断により、いったん収束したが、良仁親王の廃嫡の件は進められた。慶長六年に良仁親王を仁和寺《にんなじ》へ入室させ、政仁親王を儲君として親王御所へ移したのである。後陽成天皇が良仁親王へ譲位したくなかった理由は判然としない。しかし、譲位のきっかけが病気ではあったものの、秀吉が没してすぐに意思を表明しているところを見ると、秀吉の生前中から儲君が良仁親王であることに不満があったのかもしれない。

慶長八年に家康は征夷大将軍に就き、同十年に息子秀忠に将軍職を譲った。幕府はようやく後陽成天皇の譲位の意向を受け入れ、院御所の造営に取りかかった。同十二年の末、後陽成天皇は完成した院御所に移ったものの、譲位の件は進まなかった。

譲位の件が動きを見せるのは、慶長十四年十二月になってからであった。後陽成天皇は家康へ譲位の意向を再度伝え、返答を催促した。家康は譲位についての返答を曖昧にし、翌年になって了承の旨を伝え、三月には譲位の予定であった。しかし、閏二月十二日に家康の娘市姫《いちひめ》が病死したため、幕府は譲位延期を報じてきた。後陽成天皇は激怒するも、譲位は延期されたのであった。

催促を重ねる後陽成天皇に対し、家康は七ヵ条の申し入れを行った。そのうち二ヵ条が譲位に関することであった。一ヵ条目は、家康か秀忠のどちらかが上洛しなければ譲位を執り行う費用が出ず、儀式を挙行できないだろうが、それでも譲位したければ今年中に実施して構わない、というものであった。禁裏は長らく財政面を武家政権に頼っており、幕府の援助なしには儀式を挙行できなかった。

二ヵ条目では、政仁親王の元服を今年中に行いたいとの後陽成天皇の意向を受け入れる、とあった。後陽成天皇は親王の元服と譲位を同日に行いたいと考えていたが、幕府としては当年中に譲位を実施する費用を支出しないので、譲位と元服は別の年に行いなさい、と言っているのだ。一・二ヵ条目ともに天皇の意向を否定する返答であった。天皇の怒りを増長させたことは言うまでもない。

天皇は家康から七ヵ条に対する返答を催促され、「合点」(了解)と答えたが、家康から届いた三ヵ条の申し入れを見て、さらに機嫌を悪くした。その一つに、政仁親王の元服を至急執り行うよう書かれていたからだ。天皇は摂家衆に対し、元服は延喜《えんぎ》の例にならって譲位と同日に行いたいのだ、と答えた。延喜の例とは、宇多《うだ》天皇が醍醐《だいご》天皇に譲位する際、元服と同時であったという事例のことである。醍醐天皇は親政を行ったことで有名であり、後陽成天皇は醍醐天皇の例を踏襲することで、天皇権威の再興を企図していたとされる。摂家衆は後陽成天皇に対し、家康の言うことを聞き入れるよう説得を試みるも失敗した。天皇の頑なな態度に、摂家をはじめとする廷臣たちは不安を募らせた。

この事態を打開するため、京都所司代《しょしだい》の板倉勝重《いたくらかつしげ》が動いた。家康の意向を受け入れなければ今後の関係悪化は避けられないと、摂家衆を通して天皇に伝えた。それでも天皇の意思は変わらず、家康との関係が悪くなろうとも構わない、と強気の返答であった。説得にあたった智仁親王・興意法親王・良恕法親王ら後陽成天皇の兄弟、女院、摂家衆は戦《おのの》くしかなかった。摂家衆の一人近衛信尹《のぶただ》は腹をくくり、天皇の意向を実現させるため家康のもとに板倉を遣わせるので、なんでも仰ってください、と上奏した。

ここでやっと天皇は折れ、家康の意向を受け入れると返事をした。

慶長十五年十二月に政仁親王の元服が行われ、翌年三月に後陽成天皇の譲位の儀式、四月に後水尾《ごみずのお》天皇の即位式が行われた。後陽成天皇が最初に譲位の意向を示してから、実に十三年の月日が流れていた。そのなかで垣間見えた、家康の強権的な態度に怯まない後陽成天皇の態度は、秀吉に対する抵抗ぶりもあからさまである。

また、延喜の例を参照していた件に関連するが、後陽成天皇は集めた典籍の奥書に「従神武百数代孫和仁」（和仁は後陽成天皇の諱）と署名していた。「神武」は神武《じんむ》天皇のことで、後陽成天皇は自身が神武天皇以来の皇統に連なることを明確に意識していたのである。強烈な自意識の持ち主と評される所以である。そのような後陽成天皇が、譲位の際に延喜の例を引こうとしていたのも、皇統に対する高い自意識の表れである。皇統にあるという自負が、家康と対峙することさえも恐れさせなかったのであろう。

密通事件での厳罰処分

ところで、譲位問題の過程では別の問題が起きていた。慶長十四年（一六〇九）に発覚した禁裏における密通事件である。公家衆と女官との密通が取り沙汰され、天皇の側勤めの女官たち五名と公家七名の関与が明らかになった。女官は宮仕えを免じ親元に返され、公家衆は勅勘《ちょっかん》（天皇のお咎め）を蒙り、出仕停止となっていた。取り調べの結果、事件は公家の猪熊教利《いのくまのりとし》と典薬の兼保頼継《かねやすよりつぐ》の手引きであったことが判明したため、猪熊らは逃走に及んだ。

この慶長十四年の事件の前にも、禁裏内ではたびたび公家衆と女官による密通事件が起きていた。今回の事件の首謀者であった猪熊教利は、同十二年にも密通の罪に問われ、処罰されている。こうした風紀の乱れに対し、後陽成天皇は禁裏の秩序を維持するため法度《はっと》の制定に及んだ。しかし、禁裏内の風紀が正されることはなく、今回の事件が発覚したのである。だいたいの密通事件の場合、公家衆は出仕停止、女官は里に返されることで事件の処理が進められたが、今回はそれだけでは済まなかった。

事態を受け、後陽成天皇は激怒し、事件の関与者を厳罰に処するべく幕府へ報告した。すると、家康は天皇の叡慮次第に処分するよう返答した。天皇としては即時の厳罰を望んでいたが、家康はその点については賛同の意を示さなかったのだ。天皇と家康の意向は合致しないまま事実究明の場は幕府に移り、京都所司代板倉勝重が関係した公家衆と女官に尋問を行った。ただし、女院勧修寺晴子や女御近衛前子は厳罰を望んでいなかったようで、家康からの要請に基づき事態の収束について相談に応じている。

その結果、天皇は家康に公家衆・女官の処分を委ねることになり、幕府から正式に処分が下された。幕府の調べで関与が明らかになった二人を加えた女官七人が伊豆新島に流され、公家衆七人の内、薩摩硫黄島に二人、蝦夷、隠岐、伊豆に一人ずつ流された。逃走していた猪熊教利と兼保頼継の二人は捕縛され、京都で処刑された。関係者の大部分が死罪と配流《はいる》という厳しい処分となったが、処分決定の経緯を思い返せば、軽度で済んだとみるべきであろう。天皇はこれよりも重い処分を望んでいたからである。

後述するように、朝廷の再興に取り組んでいた後陽成天皇にとって、自身にごく近しい人間の怠惰なさまや裏切り行為は到底許せるものではなかった。また、たび重なる密通事件に終止符を打ち、禁裏内の風紀を正すためにも厳罰を望まざるをえなかった。当事件を深刻化させた背景には、後陽成天皇の真面目な気質が少なからず影響していよう。

二、王朝文化への憧れ

和歌・文学に興じる

さて、ここで後陽成天皇の文事に目を転じてみよう。後陽成天皇は幼い頃、父誠仁親王に連れられて正親町天皇の御会に参加している。御会は天皇が出座する会で、廷臣たちを集め和歌や連歌などに興じた。正親町天皇の御会はそれほど多くはなかったが、御会始や節句の御会などは定例として開催されていた。また、父正親町天皇に代わって息子の誠仁親王が御会の中心的役割を果たすなど、父よりも熱心に歌会活動に取り組んでいた。

そのような父誠仁親王の姿があってか、後陽成天皇は天正十四年（一五八六）の即位後、活発な活動を見せる。正親町天皇時代に比べ御会の開催数を増やすと同時に、「千首の御歌」に挑戦している。「千首の御歌」では後陽成天皇、青蓮院《しょうれんいん》門跡尊朝《そんちょう》、菊亭晴季《きくていはるすえ》、庭田重通《にわたしげみち》、園基継《そのもとつぐ》（または基任《もととう》）の五人が千首ずつ、計五千首の和歌を詠んだ。二ヶ月の内に十回の御会を設け、一回につき各自準備してきた百首、計五百首ほどを添削するというハードな計画であった。こうした活動は、後陽成天皇自身が和歌への造詣を深めるべく、自己の鍛錬のために実施されたことは間違いないが、別の意味合いもあった。

文禄二年（一五九三）四月、後陽成天皇は十五歳以上の公家に対し、和歌の御会に出席するよう命じた。それまでは、和歌を家職とする家や後陽成天皇の身内などが中心となって御会を構成していたが、ここで広範囲の公家に対し御会への参加を求めたのである。実は同年の二月、公家に対して諸家の家業が衰廃しているので各自稽古するよう命じていた。命じた主体は後陽成天皇であったが、実は豊臣秀吉の甥で関白の豊臣秀次が天皇に命じさせたもので、豊臣政権の政策であったと考えられる。したがって、同年四月の和歌御会への強制参加はこの政策の一環として命じられたものである。豊臣政権はこれ以前にも、公家に対して家業に勤しむよう命じており、その矛先は当然後陽成天皇にも向けられていた。つまり、後陽成天皇の文芸活動への熱心な取り組みは、政権の要請に基づく可能性が高い。

ただ、後陽成天皇の活動をていねいに見ていくと、一概に政策の一環とは言い難い点がある。慶長九〜十三年（一五九八〜一六〇二）に禁裏で源氏物語講釈が催されたが、その講師は後陽成天皇であった。前代の正親町天皇の在位期は三条西家が講師を務めており、天皇自身が講釈することはなかった。後陽成天皇は他にも『伊勢物語』や『詠歌大概《えいがたいがい》』などの講釈を行っている。

ここでも熱心に活動する天皇の姿勢がうかがえるが、問題は次の点である。細川幽斎《ほそかわゆうさい》は武家でありながら文化的素養を持ち合わせた人物として知られ、とくに八条宮智仁親王への古今伝授《こきんでんじゅ》にまつわるエピソードは有名である。後陽成天皇は『伊勢物語』の注釈書『伊勢物語愚案抄《ぐあんしょう》』を著す際、幽斎の注釈書である『伊勢物語闕疑抄《けつぎしょう》』を叡覧したが、幽斎の説を引用しなかった。代わりに後陽成天皇が重んじたのは三条西家説であった。三条西実枝《さねき》は三条西家の伝授系統を絶やさないよう、細川幽斎に古今伝授を行った。しかし、幽斎は智仁天皇へ相伝してしまった。幽斎は、三条西家に返す以外に古今伝授を行ってはならなかったのである。そのため、幽斎以降の古今伝授は本流ではないと三条西実条《さねえだ》が語っている。つまり、幽斎は中継ぎにすぎず、古典・歌学の師として仰ぐべきは三条西家と考えられる向きがあった。

後陽成天皇が武家の政策の一環として活動しているならば、武家である幽斎の説を引き、媚を売ってもよさそうなものだが、そうはせずに三条西家説を引用している。政治的な問題のみでは説明しえない、学問に真摯に向き合う後陽成天皇の姿がある。

また、後陽成天皇の文芸活動の結果、天皇自らあるいは廷臣たちによって典籍が集められ、大量に書写された。それが近世禁裏文庫の基礎となり、次代の後水尾天皇以降へと引き継がれた。しかし、後陽成天皇は譲位の際、後水尾天皇へすぐには文庫を渡さなかった。徳川家康から促されるも従わず、再度家康から促された際に、後陽成天皇の代で集めたものは渡さなくてよいと言われ、渋々引き継ぎに応じた。これは譲位問題による父子の関係悪化が大いに影響しているのであろうが、譲位までに集めた典籍に執着していたと見ることもできる。後陽成天皇の学問への強いこだわりであろう。

さらに、後陽成天皇は『方輿勝覧集《ほうよしょうらんしゅう》』といわれる名所歌集を編んだ。名所歌集とは、よく和歌に詠まれる地名（歌枕《うたまくら》）を含んだ和歌を集め、国別やイロハ別などの分類を施したものである。後陽成天皇は名所和歌を大量に集め、それぞれ異なる分類系統をもつ『方輿勝覧集』を数多く編纂した。天皇がいくつもの系統で和歌を分類することを好み、それが有効な学問手法であると考えていたということである。この編纂事業からも、学問に対する天皇の姿勢は明らかである。

したがって、後陽成天皇は政策の一環で古典や歌学を学んでいた側面もあるが、政権の要請以上に学問に対して真摯に向き合っており、王朝文化への憧憬があったと見られる。

「鷹攫雉図」と王朝文化

後陽成天皇の関心は絵画にも向けられた。この時期、大名の多くが美術品に魅せられ、あるいは政治的に利用しようと、収集に奔走したことは広く知られるところである。しかし、後陽成天皇の場合は制作にまで及び、それも多くの作品を制作していた。

作品の一つに「鷹攫雉図《たかきじをさらうのず》」がある。この絵は、慶長十六年（一六一一）三月に四十一歳で後水尾天皇に譲位した後、元和三年（一六一七）八月に四十七歳で死去するまでに制作されたという。つまり、上皇期に制作されたということである。

鷹攫雉図　国立歴史民俗博物館蔵

「鷹攫雉図」は鷹が獲物を捕らえた図式になっており、鷹狩りの一場面を想起させる。鷹狩りとは鷹等の猛禽類を用いる狩猟であり、古くから世界で親しまれた遊びでもある。日本では仁徳《にんとく》天皇が鷹狩りをした記録が残っており、『源氏物語』等で天皇が鷹狩りに興じる姿が描かれるなど、鷹狩りは王朝文化として位置付いていた。その後、鷹狩りが武家に広まると、鷹狩りに没頭して中には武芸の修練を怠る者が出てきたため、時の為政者が家臣の鷹狩りを統制するようになった。これを契機に、鷹狩りは一部の権力者のみが興じることのできる遊びとなり、権威の象徴となった。

天皇の鷹狩りに関する研究は少ないようであるが、近世期の天皇も鷹狩りに親しんでいたという。後陽成天皇の息子である後水尾天皇は、隼《はやぶさ》などの小型の猛禽類を用いて鷹狩りを嗜んでいたことがわかっている。しかしその一方で、後陽成天皇が鷹狩りを行っていた記録は確認されていないため、後陽成天皇が鷹狩りに興じていた、あるいはそうではなかったという判断はできかねる。したがって、天皇自身の鷹狩りに関する趣向と「鷹攫雉図」の関係は見出しにくいが、「鷹攫雉図」に描かれたモチーフから、この作品の制作意図がうかがえる。

近世初期には、鶴を献上品とすることが好まれており、鷹狩りの獲物は鶴が至上とされた。しかし、平安期の天皇による鷹狩りの様子を描いた絵画では、獲物として雉が描かれている。これは、平安期の天皇の鷹狩りの獲物として雉がふさわしいと考えられたことを示しており、後陽成天皇は当時好まれた鶴ではなく、天皇による鷹狩りの然るべき獲物として雉を選んだと見ることができる。ここから、「鷹攫雉図」も、後陽成天皇が好んだ王朝文化の一面として評価できると指摘されている。

おわりに――後陽成天皇の本当の姿とは?

さて、後陽成天皇にまつわるエピソードをいくつか紹介してきた。そこには、天皇としてあるべき姿を求め、王朝文化を好み学問に真摯に向き合うことで、ひたむきに朝廷の立て直しに取り組む天皇の姿があった。それと同時に、秀吉の一大事業に難色を示し、譲位に関して家康と長期にわたる喧嘩を行い、裏切った廷臣たちには厳罰を望んだ場面もあった。武家政権に君臨するものに対し、肚の座った態度をとったこと、身近な公家たちにも厳しい態度を辞さなかったことは明らかであるが、これら後陽成天皇のエピソードについて、読者はどう感じたであろうか。

今回紹介したエピソードは、後陽成天皇がなかなかに頑なな人物であると感じさせるものであった。しかし、特異な話からその人となりを判断できるのだろうか。想像してみてほしい。皆さんが友人と大喧嘩をしたとしよう。それも口汚い言葉で罵りあうほどの大喧嘩だ。その喧嘩が第三者によって詳しく日記に書かれ、百年後、あなたに関する史料がその日記の記述しか残らなかったとする。後世の人はその日記からあなたのことを「非常に口が悪く、短気な性格なのだろう」と思うかもしれない。その場合、大半の読者は「そのときはいつもの自分ではなかった」と、反論したくなるのではないか。

これは偏に後陽成天皇の平素を切り取って紹介できなかった執筆者の力不足である。後陽成天皇の本当の姿を知りたい方は、当時の史料を繙き、ぜひご自身の目で確かめてほしい。

（井手麻衣子）

【主要参考文献】

小川剛生「禁裏における名所歌集編纂とその意義―後陽成天皇撰『方輿勝覧集』を中心に―」（吉岡眞之・小川剛生編『禁裏本と古典学』、塙書房、二〇〇九年）

小高道子「古今伝授から御所伝授へ―歌神と古今伝授後奉納和歌―」（鶴﨑裕雄・小高道子編『歌神と古今伝授』、和泉書院、二〇一八年）

越智美登子「曼殊院良恕法親王歌会をめぐって―後陽成、後水尾歌壇展開の一側面―」（『国語国文』第五十八巻第八号、一九八九年）

久保貴子『後水尾天皇―千年の坂も踏みわけて―』（ミネルヴァ書房、二〇〇八年）

酒井茂幸「後陽成天皇の収書活動―文学関係資料を中心に―」（『禁裏本歌書の蔵書史的研究』、思文閣出版、二〇〇九年、初出二〇〇八年）

髙岸輝・黒田智編『天皇の美術史3　乱世の王権と美術戦略　室町・戦国時代』（吉川弘文館、二〇一七年）
辻　達也「後陽成院とその周辺」（『近世堂上和歌論集』、明治書院、一九八九年）
根崎光男「近世の鷹狩をめぐる将軍と天皇・公家」（『人間環境論集』六（二）、法政大学人間環境学会、二〇〇六年）
橋本政宣『近世公家社会の研究』（吉川弘文館、二〇〇二年）
藤井讓治『天皇の歴史05巻　天皇と天下人』（講談社、二〇一一年）
『宸翰　天皇の書―御手が織りなす至高の美―』（京都国立博物館、二〇一二年）

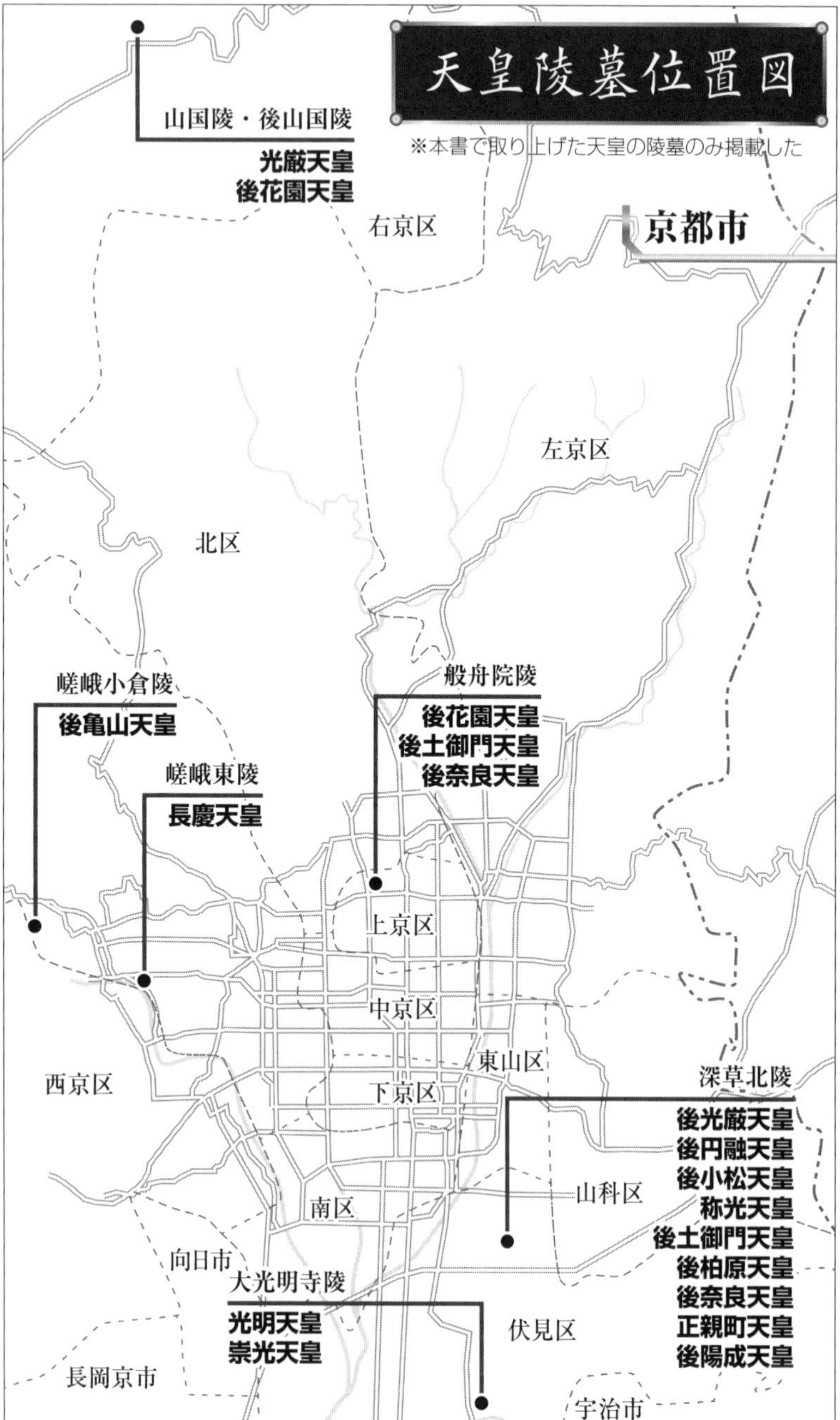
天皇陵墓位置図
※本書で取り上げた天皇の陵墓のみ掲載した
京都市
山国陵・後山国陵
光厳天皇
後花園天皇
右京区
左京区
北区
嵯峨小倉陵
後亀山天皇
嵯峨東陵
長慶天皇
般舟院陵
後花園天皇
後土御門天皇
後奈良天皇
上京区
中京区
東山区
下京区
西京区
深草北陵
後光厳天皇
後円融天皇
後小松天皇
称光天皇
後土御門天皇
後柏原天皇
後奈良天皇
正親町天皇
後陽成天皇
山科区
南区
向日市
大光明寺陵
光明天皇
崇光天皇
伏見区
長岡京市
宇治市

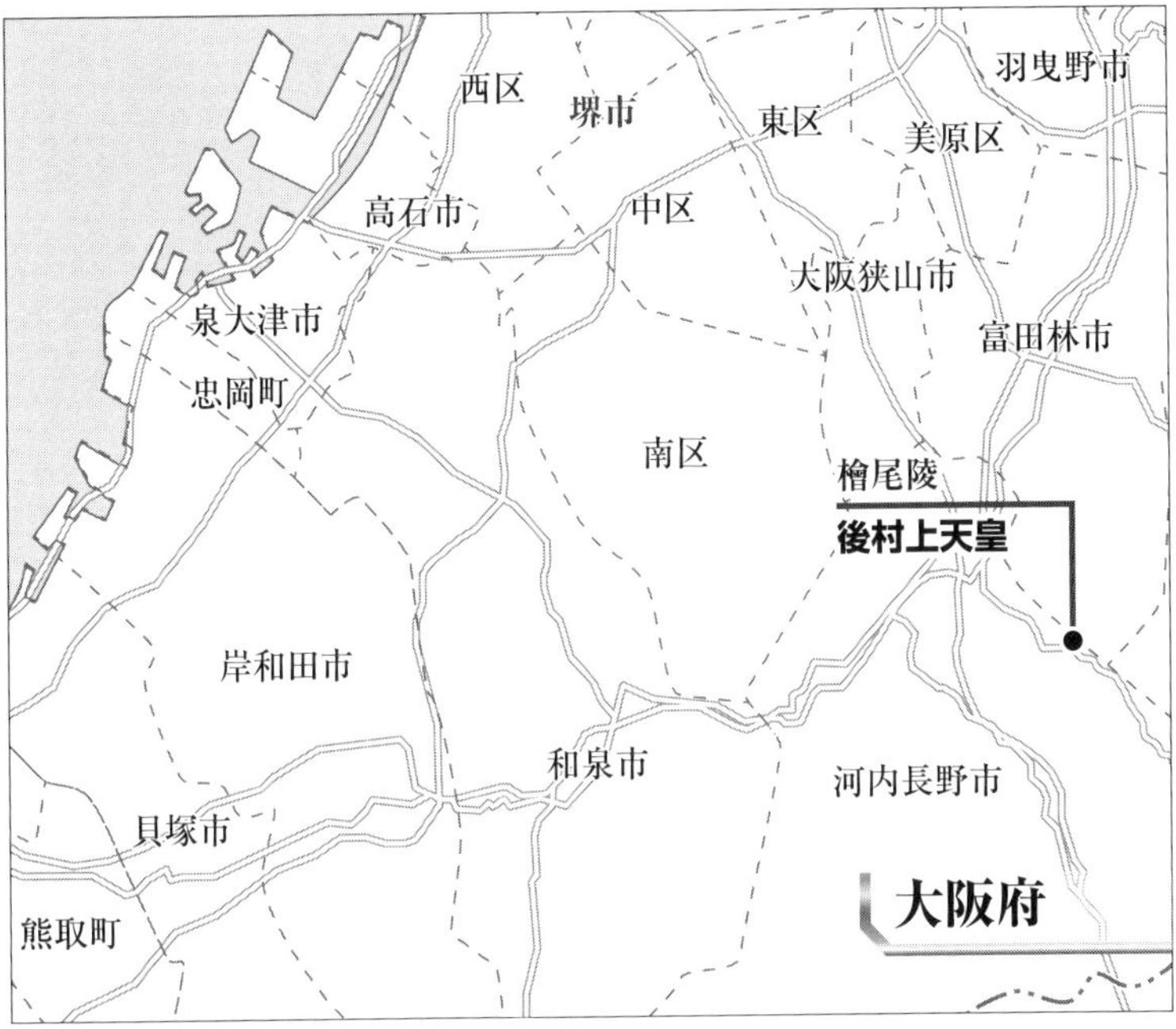
西区
堺市
東区
羽曳野市
美原区
高石市
中区
大阪狭山市
泉大津市
富田林市
忠岡町
南区
檜尾陵
後村上天皇
岸和田市
和泉市
河内長野市
貝塚市
大阪府
熊取町

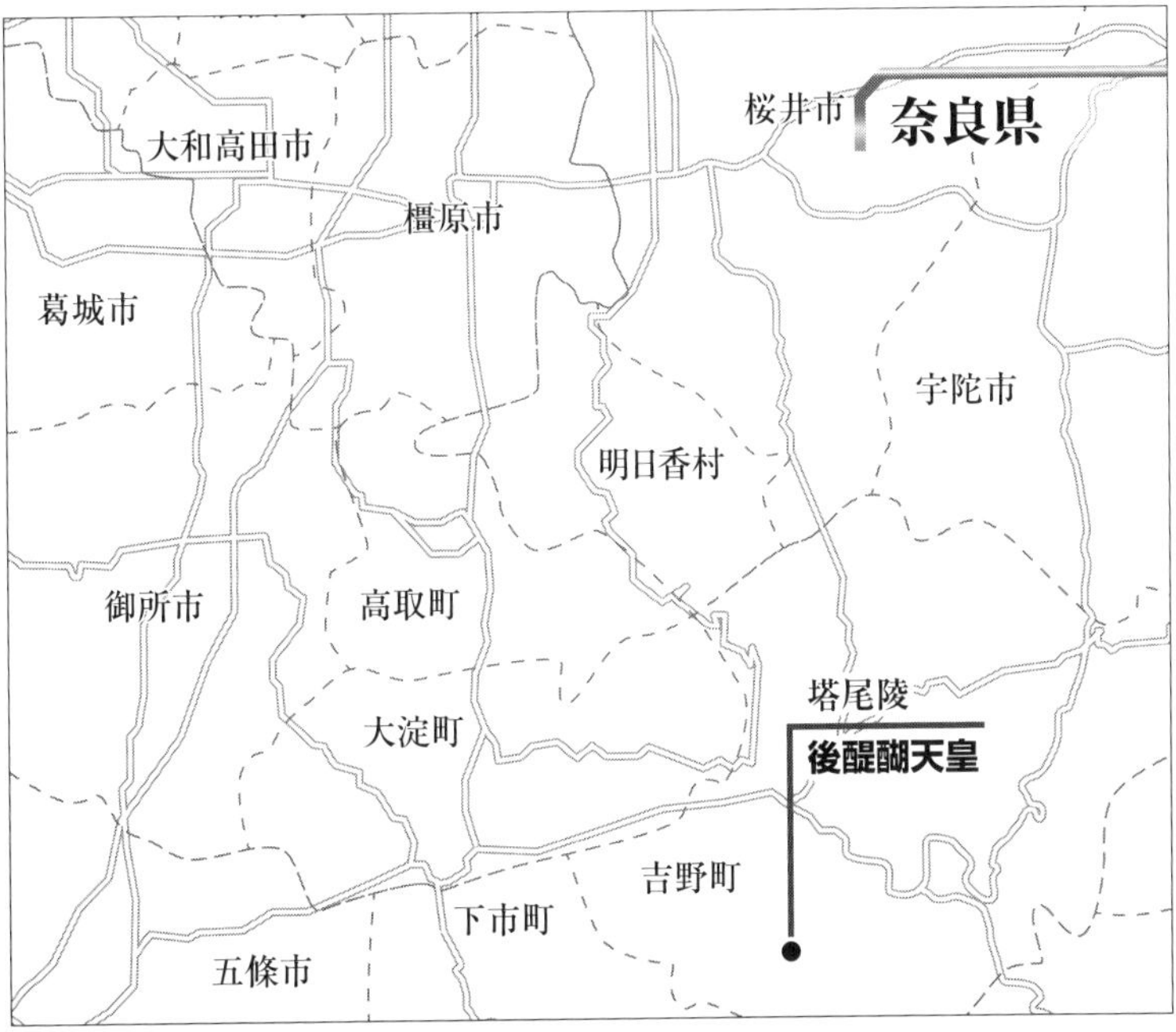
桜井市
奈良県
大和高田市
橿原市
葛城市
宇陀市
明日香村
御所市
高取町
塔尾陵
大淀町
後醍醐天皇
吉野町
下市町
五條市

あとがき

室町時代の天皇家について考えるにあたって避けて通れないトピックとして「南北朝正閏論《せいじゅんろん》」問題がある。最後の最後に小難しい議論を蒸し返すのも無作法かと思われるので、ごくかいつまんで説明すると、戦前の大日本帝国体制下、南朝と北朝のどちらが正統な天皇家であったかが、学問としてではなく、政治的問題として議会で論争されたのである。で、どちらが「正」（正統）で、どちらが「閏」（非正統）かというと、後醍醐は正しい手順で即位したから南朝が「正」、北朝は〝逆賊〟足利尊氏に擁立されたのだから「閏」ということにされた。ただ、当時の天皇（つまり昭和天皇）の血統上の先祖は北朝であるという厳然たる事実が、この問題をややこしくさせた。

戦時体制下の日本中世史学界では、東京帝国大学教授が皇国史観の旗手だったので、学問の側も決して対岸の火事ではなかったのであるが、戦後の歴史学では、どちらを「正」、どちらを「閏」としてきたのだろうか。もちろん研究者個々人においてはさまざまな考え方もある（あった）だろうが、最大公約数的な答えとしては「どちらでもよい」ということになる。

南北朝正閏論の「正」と「閏」というのは、「どちらがあるべき姿の天皇か」という問題関心を根底に持っている。言い方を換えれば「天皇はどうあるべきか」「皇位継承はどうあるべきか」という「べき論」であって、そこに存在するのは価値判断である。しかし、戦後歴史学の基本的な考え方、おそらくそれは人文系の学問全体に共通していると思うが（信じているが）、「天皇はこういう存在であった（その背景には、かくかくしかじかの社会背景があった）」「皇位継承はこのように当時の社会で正当化された」ということを究明することに徹する、「である（であった）」論を是としてきた。主観的な価値判断を可能な限り排除するというのが、学問の基本的な考え方とされている。

そこで本書であるが、本書は、あくまで南朝と北朝を淡々と並列しており、また年号も南朝には南朝年号、北朝には北朝年号を用いるなど、「べき論」を差し挟んでいない。そういう意味では学問的な姿勢が貫かれているといえよう。その一方で、「成果を社会に還元する」という、研究者のもう一つのプロ意識にも溢れているように思う。学問的成果は研究者だけで共有されればよいという考え方でなく、一般読者にも理解してもらってこそ学問の未来が拓かれる、そういう矜持が、各執筆分担者の話題選択や語り口から伝わってくる。

「和魂洋才」という言葉があるが、〈和魂〉を〈「べき論」を排除する学問的姿勢〉に、〈洋才〉を〈一般読者にも伝えようとする語り口〉に置き換えていただければ、そのような作品として本書は出来上がったものと自負している。もっとも自負していると言っても、そこに編者（石原）は何の貢献もしていない。もう一人の編者（久水氏）と、各執筆分担者、そして丸山裕之氏をはじめとする戎光祥出版株式会社の編集チームの骨折りのなせるわざである。それらの努力に深謝するとともに、多くの読者に伝わってほしいと願う次第である。

二〇二〇年一月

石原比伊呂

【執筆者一覧】（掲載順）

久水俊和　別掲。

石原比伊呂　別掲。

中井裕子

一九七七年生まれ。現在、相国寺史編纂室研究員。

〔主要業績〕「綸旨の施行からみる建武政権の特質」（『ヒストリア』二二二、二〇一〇年）、「後醍醐天皇による勅願寺認定について」（原田正俊編著『日本古代中世の仏教と東アジア』、関西大学出版部、二〇一四年）、「鎌倉後期の叙位・除目と公家政権」（『ヒストリア』二七七、二〇一九年）。

生駒孝臣

一九七五年生まれ。現在、花園大学文学部専任講師。

〔主要業績〕『中世の畿内武士団と公武政権』（戎光祥出版、二〇一四年）、『楠木正成・正行』（戎光祥出版、二〇一七年）、「後鳥羽院と承久京方の畿内武士」（野口実編『承久の乱の構造と展開』戎光祥出版、二〇一九年）。

大薮　海

一九八二年生まれ。現在、お茶の水女子大学基幹研究院人文科学系助教。

〔主要業績〕『室町幕府と地域権力』（吉川弘文館、二〇一三年）、「室町幕府―権門寺院関係の転換点―康暦の強訴と朝廷・幕府―」（中島圭一編『十四世紀の歴史学―新たな時代への起点―』高志書院、二〇一六年）、「康暦の強訴終結後の混乱と南都伝奏の成立」（『お茶の水史学』六二号、二〇一九年）。

芳澤　元

一九八二年生まれ。現在、明星大学人文学部助教。

〔主要業績〕『日本中世社会と禅林文芸』（吉川弘文館、二〇一七年）、「中世後期の社会と在俗宗教」（『歴史学研究』九七六号、二〇一八年）、「足利将軍家の受衣儀礼と袈裟・掛絡」（前田雅之編『画期としての室町—政事・宗教・古典学—』勉誠出版、二〇一八年）、『足利将軍と中世仏教』（相国寺教化活動委員会、二〇一九年）。

池和田有紀

一九七四年生まれ。現在、宮内庁書陵部文書研究官。

〔主要業績〕「伏見宮と綾小路一族—伏見宮旧蔵『梁塵秘抄口伝集』巻十の書写者についての再検討—」（松岡心平編『看聞日記と中世文化』森話社、二〇〇七年）、「『郢曲相承次第』再考」（『書陵部紀要』六一号、二〇一〇年）、「『大日本史』献上本について」（『書陵部紀要』六三号、二〇一二年）。

松永和浩

一九七八年生まれ。現在、大阪大学適塾記念センター准教授。

〔主要業績〕『室町・戦国期研究を読みなおす』（共著。思文閣出版、二〇〇七年）、『室町期公武関係と南北朝内乱』（単著。吉川弘文館、二〇一三年）、『佐治敬三〝百面相〟大阪が生んだ稀代の経営者』（単著。大阪大学出版会、二〇一九年）。

田中奈保

一九七九年生まれ。現在、鎌倉女学院中学校・高等学校教諭。

〔主要業績〕「高氏と上杉氏—鎌倉期足利氏の家政と被官—」（『鎌倉遺文研究』第一六号、鎌倉遺文研究会、二〇〇五年。のちに田中大喜編著『下野足利氏』戎光祥出版、二〇一三年に再録）、「貞和年間の公武徳政構想とその挫折—光厳上皇と足利直義の政治的関係から—」（阿部猛編『中世政治史の研究』日本史史料研究会、二〇一〇年）、「下野国足利荘の開発と交通」（海老澤衷編『よみがえる荘園』勉誠出版、二〇一九年）。

髙鳥　廉

一九八九年生まれ。現在、日本学術振興会特別研究員PD。

〔主要業績〕「室町前期における足利将軍家出身層の身分と役割」（『歴史学研究』九八七号、二〇一九年）、「室町期の臨時祈禱と公武関係―足利義持・義教の政治的立場をめぐって―」（『日本歴史』八四七号、二〇一八年）、「大徳寺十刹化の再検討―至徳三年説をめぐって―」（『年報中世史研究』四三号、二〇一八年）。

大澤　泉

一九八〇年生まれ。現在、鎌倉歴史文化交流館学芸員。

〔主要業績〕「鎌倉期常陸国における国衙機構の変遷と在庁官人」（『茨城県史研究』第九一号、二〇〇七年）、植田真平・大澤泉「伏見宮貞成親王の周辺：『看聞日記』人名比定の再検討」（『書陵部紀要』六六、二〇一五年）、「鎌倉期における若狭国府中域の構造と太良荘」（海老澤衷編『よみがえる荘園』勉誠出版、二〇一九年）。

田村　航

一九六八年生まれ。現在、明治学院大学非常勤講師。

〔主要業績〕『一条兼良の学問と室町文化』（勉誠出版、二〇一三年）、「中原康富と伏見宮家」（松岡心平編『看聞日記と中世文化』森話社、二〇〇九年）、「貞成親王と和気茂成―伏見宮の連歌会から―」（『藝能史研究』第二〇五号、二〇一四年）。

豊永聡美

一九六〇年生まれ。現在、東京音楽大学音楽学部教授。

〔主要業績〕『中世の天皇と音楽』（吉川弘文館、二〇〇六年）、「鎌倉武士と琵琶の文化圏」（福田豊彦・関幸彦編『「鎌倉」の時代』山川出版社、二〇一五年）、『天皇の音楽史』（吉川弘文館〈歴史文化ライブラリー〉、二〇一七年）。

森田大介

一九八九年生まれ。現在、総合研究大学院大学文化科学研究科日本歴史研究専攻博士後期課程。

〔主要業績〕「室町期の官文庫について」（『大正大学大学院研究論集』第三八号、二〇一四年）、「壬生家の文書管理について」（小此木輝之先生古稀記念論文集刊行会編『小此木輝之先生古稀記念論文集　歴史と文化』青史出版、二〇一六年）、「『康富記』から見る下級官人と御訪について」（『鴨台史学』一四号、二〇一七年）。

木下昌規

一九七八年生まれ。現在、大正大学文学部専任講師。

〔主要業績〕『足利義輝』（編著。戎光祥出版、二〇一八年）、『足利義晴』（編著。戎光祥出版、二〇一七年）、『戦国期足利将軍家の権力構造』（岩田書院、二〇一四年）。

水野　嶺

一九八八年生まれ。現在、東京大学地震研究所（地震予知研究センター）特任研究員。

〔主要業績〕『戦国末期の足利将軍権力』（吉川弘文館、二〇二〇年）、「幕府儀礼にみる織田信長」（『日本史研究』六七六、二〇一八年）、「足利義昭の大名間和平調停と「当家再興」」（『古文書研究』八五、二〇一八年）。

井手麻衣子

一九八六年生まれ。現在、福岡女子大学百年史編纂室編纂員。

〔主要業績〕「細川文庫「藤孝事記」について」（『古文書研究』七五号、二〇一三年）、「織豊期公家の集団的参礼にみる身分秩序構造」（『織豊期研究』一七号、二〇一五年）、「清原良賢の贈位をめぐって」（『九州文化史研究所紀要』六二号、二〇一九年）。

【編者略歴】

久水俊和（ひさみず・としかず）

1973年生まれ。現在、明治大学文学部助教。

主な著書・学術論文に、『室町期の朝廷公事と公武関係』（岩田書院、2011年）、「中世天皇制と仏事・祭祀」（『歴史評論』836、2019年）、「後醍醐天皇と山陵造営」（『季刊考古学』150、2020年）などがある。

石原比伊呂（いしはら・ひいろ）

1976年生まれ。現在、聖心女子大学現代教養学部准教授。

主な業績に、『室町時代の将軍家と天皇家』（勉誠出版、2015年）、『足利将軍と室町幕府 』（戎光祥出版、2017年）などがある。

室町《むろまち》・戦国天皇列伝《せんごくてんのうれつでん》

2020年3月20日初版初刷発行

編　者　久水俊和　石原比伊呂

発行者　伊藤光祥

発行所　戎光祥出版株式会社

〒102-0083 東京都千代田区麹町1-7 相互半蔵門ビル8F

TEL：03-5275-3361（代表）　FAX：03-5275-3365

https://www.ebisukosyo.co.jp

編集協力　株式会社イズシエ・コーポレーション

印刷・製本　モリモト印刷株式会社

装　丁　　堀 立明

ISBN：978-4-86403-350-3